基于产城融合和"工业上楼"的高标准产业园建设研究

高　耀　张彤炜　陈俊奀　周书东
程建兵　胡　冰　苏梓豪　吴立锋　主编

中国建筑工业出版社

图书在版编目（CIP）数据

基于产城融合和"工业上楼"的高标准产业园建设研究/高耀等主编. -- 北京：中国建筑工业出版社，2024.12. -- ISBN 978-7-112-30512-4

I. F424

中国国家版本馆CIP数据核字第2024BP6602号

本书通过结合实践案例的方式介绍了"工业上楼"模式的创新之处，从产城融合的策略、立体化空间规划、模块化建设方法、绿色可持续技术应用出发，提出实施"工业上楼"模式过程中面临的关键技术问题与优化策略。通过深入具体分析新加坡、中国香港、深圳及东莞等地的实践案例，展示创新点在实际项目中的应用情况，以及它们对提高产业园区竞争力、促进经济可持续发展的积极影响。

本书共13章，主要内容分别为：新时代产城融合发展新解读；"工业上楼"模式综述；"工业上楼"项目产业定位；规划空间布局与景观设计；交通流线设计；建筑结构设计；生产设备与水电设施配置；施工技术与应用；室内环境与供暖、通风和空调系统；运营管理与服务；绿色与可持续建筑技术专篇；消防规划专篇；"工业上楼"案例简析等内容。可供专业规划人员、专业施工技术人员以及在校学生选用。

责任编辑：杨 杰
责任校对：张 颖

基于产城融合和"工业上楼"的高标准产业园建设研究

高　耀　张彤炜　陈俊奕　周书东
程建兵　胡　冰　苏梓豪　吴立锋　主编

*

中国建筑工业出版社出版、发行（北京海淀三里河路9号）
各地新华书店、建筑书店经销
北京科地亚盟排版公司制版
河北鹏润印刷有限公司印刷

*

开本：787毫米×1092毫米 1/16 印张：20 字数：423千字
2024年12月第一版　　2024年12月第一次印刷
定价：**98.00**元
ISBN 978-7-112-30512-4
（43873）

版权所有　翻印必究
如有内容及印装质量问题，请联系本社读者服务中心退换
电话：（010）58337283　QQ：2885381756
（地址：北京海淀三里河路9号中国建筑工业出版社604室　邮政编码：100037）

编写委员会

主　　编：高　耀　张彤炜　陈俊奕　周书东　程建兵
　　　　　胡　冰　苏梓豪　吴立锋
副 主 编：张　伟　吴恩泽　徐伟峰　周海军　谭　强
　　　　　吴雪琴　付晓辉　辛奇芮　邓凤清　齐阿龙
　　　　　熊红娟　叶雄明　徐　旭　陈日文
参编人员：周国义　蒋显德　周世宗　钟万才　颜芷莹
　　　　　王　磊　黄京新　王倾莹　王育凯　陈　明
　　　　　易春荣　马皓毅　王代添　刘正清　杜昇泽
　　　　　周　林　费世文　卢太林　王　杰　曾昭政
　　　　　李　杰　张　凉　王志岭
主编单位：东莞市建筑科学研究院有限公司
　　　　　中铁建工集团有限公司
参编单位：广东信鸿产业集团有限公司
　　　　　中铁建工集团（东莞）建设有限公司
　　　　　中铁建工集团第五建设有限公司

前 言

本书从工业全球化、城市化加速以及产城融合的背景出发,阐述在产业用地日益紧张的现状下,如何通过引入"工业上楼"概念作为创新解决方案,应对产业用地紧张问题,并解释"工业上楼"概念起源,以及在现代城市规划和产业发展中的重要性。

"工业上楼"模式作为促进产业转型升级的全新策略,在规划建设施工等多角度皆处于起步阶段。本书通过对比传统产业园区与"工业上楼"模式的差异,分析后者如何在实践中提高土地利用效率、促进产业转型升级的价值。本书"工业上楼"模式的研究内容包括产业定位与规划、空间布局与设计、交通物流规划、建筑技术与施工方法、环境控制与设施配置、建筑与可持续性实践等方面。通过跨学科合作,结合多领域知识和技术,为"工业上楼"产业园模式提供科学的规划和实施路径支持。

本书通过结合实践案例的方式介绍了"工业上楼"模式的创新之处,从产城融合的策略、立体化空间规划、模块化建设方法、绿色可持续技术应用出发,提出实施"工业上楼"模式过程中面临的关键技术问题与优化策略。通过深入具体分析国外及国内等地的实践案例,展示创新点在实际项目中的应用情况,以及它们对提高产业园区竞争力、促进经济可持续发展的积极影响。

基于对"工业上楼"模式的深入研究和实践分析,本书对"工业上楼"发展历史、发展趋势、未来可能面临新挑战和机遇进行了探讨,案例研究为其他地区和项目提供参考,为政府、开发商、企业提出政策建议和指南。

目 录

第1章 新时代产城融合发展新解读 ... 1
1.1 产城融合发展背景 ... 1
1.2 产城融合内涵解析 ... 1
1.2.1 产业结构的融合 ... 2
1.2.2 空间结构的融合 ... 3
1.2.3 社会结构的融合 ... 3
1.3 产城融合演变机制 ... 4
1.3.1 1.0 阶段：单纯追求工业增长的传统型工业园区 ... 4
1.3.2 2.0 阶段：注重植入创新元素的创业型科技工业园区 ... 5
1.3.3 3.0 阶段：全面激发创新并依靠创新支撑发展的综合型新型城市 ... 6
1.4 产城融合发展新趋势 ... 6
1.4.1 在功能上更加关注产业链业态一体 ... 7
1.4.2 在内涵上更加突出知识人口的集聚 ... 7
1.4.3 在空间上"工业上楼"成为新亮点 ... 7
1.4.4 在形态上更加突出智慧型园区建设 ... 8
本章参考文献 ... 8

第2章 "工业上楼"模式综述 ... 9
2.1 "工业上楼"模式概念 ... 9
2.2 "工业上楼"模式的发展历程及模式分类 ... 10
2.2.1 "工业上楼"模式的发展历程 ... 10
2.2.2 "工业上楼"模式的模式分类 ... 14
2.3 "工业上楼"模式的意义 ... 23
2.3.1 对政府的意义 ... 23
2.3.2 对产业地产商的意义 ... 25
2.3.3 对企业的意义 ... 25

2.4 "工业上楼"模式政策 ··· 26
2.5 "工业上楼"发展趋势 ··· 28
  2.5.1 趋势一：高品质 ··· 28
  2.5.2 趋势二：定制化 ··· 32
本章参考文献 ··· 34

第3章 "工业上楼"项目产业定位 ··· 35
3.1 区域产业筛选机制 ··· 36
  3.1.1 产业研究相关理论 ··· 36
  3.1.2 区域产业定位筛选 ··· 39
3.2 "工业上楼"模式下的产业筛选 ··· 42
3.3 定位模型方法论的运用 ··· 50
本章参考文献 ··· 54

第4章 规划空间布局与景观设计 ··· 55
4.1 产业园发展规划与布局 ··· 55
  4.1.1 历代产业园空间发展需求与特征 ································· 55
  4.1.2 产城融合下产业园空间规划特点 ································· 60
  4.1.3 产业园规划功能 ··· 66
  4.1.4 "工业上楼"模式下的规划空间布局 ······························· 69
  4.1.5 产城融合规划设计策略 ··· 78
4.2 产业园建筑区域的划分与整合 ··· 81
  4.2.1 建筑功能区特性与需求 ··· 81
  4.2.2 建筑空间营造策略 ··· 85
  4.2.3 产业园室外公共空间活力营造的策略 ····························· 90
  4.2.4 高层厂房特殊空间策略 ··· 92
  4.2.5 立面设计 ··· 98
4.3 景观规划与实践策略 ··· 105
  4.3.1 景观设计的理念与原则 ··· 105
  4.3.2 产业园景观功能 ··· 108
  4.3.3 景观设计的实践策略 ··· 109
  4.3.4 "工业上楼"绿化景观 ··· 115
本章参考文献 ··· 125

第5章 交通流线设计 ··· 129

5.1 交通与流线特征 129
5.2 货运通道设计策略 132
 5.2.1 水平货运通道的优化与创新 133
 5.2.2 垂直运输系统的设计 137
 5.2.3 装卸平台设计要点 144
5.3 人行与客车通道的流线 148
 5.3.1 城市道路与产业园街区化的整合 148
 5.3.2 立体分流交通分流 149
 5.3.3 公共交通组织形式 152
 5.3.4 多样化交通方式的发展 152
5.4 先进物流技术的应用 153
 5.4.1 园区智慧物流技术分析 153
 5.4.2 智慧物流技术集成应用策略 154
5.5 停车场规划与管理 157
本章参考文献 160

第 6 章 建筑结构设计 162

6.1 "工业上楼"建筑结构设计要求 162
6.2 结构选型与概念设计 162
 6.2.1 结构选型 162
 6.2.2 结构概念设计 163
6.3 作用及作用组合的效应 164
 6.3.1 规范对荷载取值要求 164
 6.3.2 各地政策对荷载取值要求 164
 6.3.3 荷载效应组合 165
6.4 结构计算与分析 167
 6.4.1 高层工业建筑结构受力特征 167
 6.4.2 高层工业建筑结构计算分析 167
本章参考文献 168

第 7 章 生产设备与水电设施配置 169

7.1 生产设备配置的策略 169
 7.1.1 适应生产需求的配置原则 169
 7.1.2 生产链视角下的设备与空间 170

7.1.3 高层工业厂房隔振策略 ··· 173
7.1.4 生产设备未来发展趋势 ··· 175
7.2 工业厂房配电设施规划与配置 ··· 176
7.2.1 供配电系统设计原则与实施 ··· 176
7.2.2 机电安装技术及其优化 ··· 177
7.2.3 管线布置与综合优化技术 ··· 178
7.2.4 设备安装工程中的接地问题探讨 ··· 179
7.3 "工业上楼"中的给水排水设施配置 ··· 181
7.3.1 给水排水设施的重要性与需求特点 ······································· 181
7.3.2 给水排水设计的核心要点 ··· 182
7.3.3 给水排水设施的实施原则 ··· 183
7.3.4 高层工业建筑给水排水管网设计特殊考量 ································· 184
7.3.5 工业建筑新型给水排水系统及应用 ······································· 186
7.4 高层工业建筑的水电设备布局实际案例 ··· 187
7.4.1 钢构—机电一体化在工业厂房中的应用研究 ······························· 187
7.4.2 郑州华锐光电工业产业园项目 ··· 190
本章参考文献 ··· 191

第8章 施工技术与应用 ·· 192

8.1 绿色建筑材料的选择 ··· 192
8.1.1 低碳混凝土 ··· 192
8.1.2 高强钢筋 ··· 193
8.1.3 ALC预制墙板 ··· 193
8.1.4 保温建筑材料 ··· 194
8.2 装配式建筑施工技术 ··· 195
8.2.1 大跨度钢梁安装施工 ··· 195
8.2.2 独立大截面和超高框架柱加固体系施工 ··································· 195
8.2.3 砌体填充墙墙体砌筑施工 ··· 196
8.2.4 温度伸缩后浇带施工 ··· 196
8.2.5 无支撑预制叠合板施工 ··· 196
8.2.6 组合灌浆套筒施工 ··· 198
8.3 模板工程施工技术 ··· 199
8.3.1 重型盘扣架模板支撑技术 ··· 200

　　　　8.3.2　清水混凝土模板施工技术 ·· 202
　8.4　BIM 技术 ··· 205
　　　　8.4.1　装配式混凝土结构 ·· 205
　　　　8.4.2　装配式钢结构 ··· 207
　本章参考文献 ··· 209

第 9 章　室内环境与供暖、通风和空调系统 ·· 210
　9.1　室内环境的重要性 ··· 210
　　　　9.1.1　企业效率与员工健康的影响 ·· 210
　　　　9.1.2　"工业上楼"模式下特殊考量 ··· 211
　9.2　温湿度、噪声控制策略 ··· 212
　　　　9.2.1　温湿度、噪声值的设计标准 ·· 212
　　　　9.2.2　现代控制技术与设备 ··· 215
　9.3　通风与空气质量优化 ··· 216
　　　　9.3.1　通风系统的设计与应用 ·· 216
　　　　9.3.2　空气质量的监测与改善 ·· 218
　9.4　供暖和空调系统的设计 ·· 220
　　　　9.4.1　供暖系统设计 ··· 220
　　　　9.4.2　空调系统设计 ··· 222
　　　　9.4.3　冷热源系统设计 ·· 223
　本章参考文献 ··· 224

第 10 章　运营管理与服务 ·· 225
　10.1　产业园发展历程 ·· 225
　10.2　产业园运营管理现状及存在的问题 ····································· 227
　10.3　产业园运营管理需求分析 ··· 227
　10.4　产业园运营管理趋势及优化策略 ······································ 228
　　　　10.4.1　产业培育和服务 ··· 228
　　　　10.4.2　坚持产业集聚理念不动摇 ·· 228
　　　　10.4.3　以龙头企业带动上下游企业协同发展 ····························· 229
　　　　10.4.4　加强产业园区企业间的沟通交流 ·································· 229
　　　　10.4.5　推动园区运营管理向数字化转型 ·································· 229
　10.5　深圳湾科技园区项目实践 ··· 229
　　　　10.5.1　项目概况 ·· 229

10.5.2　建设目标 230
　　　10.5.3　应用情况 231
　　　10.5.4　建设成果 232
　本章参考文献 234

第 11 章　绿色与可持续建筑技术专篇 236
11.1　绿色与可持续发展理念与实践 236
　　　11.1.1　绿色工业建筑国内发展情况 236
　　　11.1.2　"工业上楼"可持续发展意义 239
11.2　能源利用与碳排放优化 242
　　　11.2.1　规划空间与建筑设计绿色主动节能 242
　　　11.2.2　环保建材与绿色施工过程 249
　　　11.2.3　建筑节水节能 250
　　　11.2.4　绿色电气暖通（HVAC）系统 254
11.3　绿色生产与循环利用 259
　　　11.3.1　产业循环利用优势的策略与实践 259
　　　11.3.2　现代废弃物处理技术 260
　　　11.3.3　绿色 BIM 理念节能设计要点 260
　本章参考文献 261

第 12 章　消防规划专篇 264
12.1　"工业上楼"消防的重要性 264
　　　12.1.1　"工业上楼"与传统工业的消防差异 264
　　　12.1.2　高层工业建筑的消防设计 265
12.2　消防系统与技术在"工业上楼"中的应用 268
　　　12.2.1　建筑消防系统的分类 268
　　　12.2.2　高层工业建筑消防给水系统设计 275
　　　12.2.3　防烟设计通则 277
　　　12.2.4　紧急疏散与逃生路径规划 278
　　　12.2.5　高层工业厂房建筑特殊防火设计 278
　　　12.2.6　工业标准厂房消防安全管理工作相关策略 281
12.3　"工业上楼"消防的发展方向 282
　　　12.3.1　火灾预警系统 283
　　　12.3.2　智能化监控与报警系统 283

12.3.3 数据驱动的消防安全管理 …… 284
   12.3.4 智能消防系统的部署 …… 284
  本章参考文献 …… 286

第13章 "工业上楼"案例简析 …… 288
  13.1 松湖智谷 …… 288
    13.1.1 项目概况 …… 288
    13.1.2 项目创新点 …… 289
  13.2 欧菲光·湾区科创中心 …… 292
    13.2.1 项目概况 …… 292
    13.2.2 项目创新点 …… 293
  13.3 信鸿湾区智谷 …… 294
    13.3.1 项目概况 …… 294
    13.3.2 项目创新点 …… 296
  13.4 力合科创（双清）创新基地 …… 297
    13.4.1 项目概况 …… 297
    13.4.2 项目创新点 …… 299
  13.5 惠城高盛智谷 …… 300
    13.5.1 项目概况 …… 300
    13.5.2 项目创新点 …… 302

第1章 新时代产城融合发展新解读

1.1 产城融合发展背景

在国外,"产城融合"发展模式形成了区域新的经济增长极。20世纪40年代,英国开始建设卫星城,西方发达国家开始有意识地在特大城市周围培育生活和工作平衡的独立新兴城市,成为产城融合发展的雏形,如日本筑波科学城和法国索菲亚·安蒂波里斯科学城等从产业园区开始培育功能完善的产业新城,有效缓解了中心城市的人口、交通压力,形成了区域新的经济增长极。

在国内,产业园"孤岛经济"催生产城融合的新型城镇化规划。

我国历经40余年的改革开放,经济、社会、文化等方面均取得了巨大的进步,其中城市化成效显著。产业园区作为推动科技进步、发展科技型产业的重要载体,在促进高新技术产业集聚、科技成果转化等方面发挥着不可磨灭的作用。2005年后,我国产业园区发展带动了新城、新区和大学城等多种新型城市空间的出现,然而,传统产业园区缺乏必要的配套设施,功能模式单一,远离城市核心区,形成"孤岛经济",制约了产业园区的可持续发展及其与周边城市的融合。

2012年,我国首次提出产城融合概念"工业化和城镇化良性互动""推进以人为核心的城镇化建设,产业和城镇融合发展"。随着我国社会经济的进步,一、二、三产业的发展,2014年我国正式发布《国家新型城镇化规划(2014—2020年)》(以下简称《规划》),强调产城融合要紧密,产业集聚与人口集聚要同步进行。这一《规划》的发布,启示我国城镇化在新一轮经济结构下开始产城融合新发展,产业和城市的良性互动、相互协调、深度融合成为推动城镇经济发展的核心力量。

1.2 产城融合内涵解析

从定义看,"产"是指产业集聚区空间,"城"是指城市其他功能区空间。产城融合广义来讲包括社会的融合、经济的融合、文化的融合、产业的融合、空间的融合等,如图1-1所示。所谓的产城融合,简单地讲就是产业园区等与城市协同共进、相辅相成、良性互动发展。产业是城市发展的基础,产业发展是城市功能的重要元素和基本动力,产业集聚会带动要素流动,有利于专业性外部服务和配套设施的发展,从而成为提高城市竞争力、促进城市化的重要手段;而城市是产业发展的载体和依托,城市化的发展伴随着城市功能的完备,城市化水平的提升将带动各种要素集聚,进一步强化产业集群,为产业发展提供重要支撑。深度融合产业与城市,以城促产、以产兴城,两者形成紧密的产业生态系统,从而实现城市工业化、工业城市化的健康持续发展。

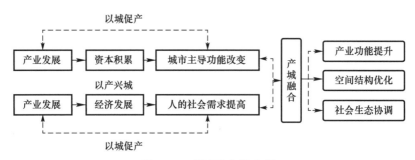

图1-1 产城融合的内涵

产城融合三大构成要素分别是:产业结构、空间结构、社会结构。三大结构的融合,如图1-2所示。

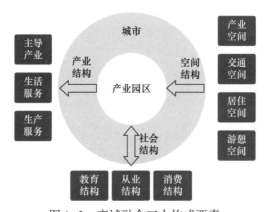

图1-2 产城融合三大构成要素

1.2.1 产业结构的融合

产业结构是动力,良好的产业基础是产业园区发展的初始驱动力,产业结构升级导致社会结构中的就业结构和消费结构发生变化,影响空间结构分异。

产业结构的融合是指园区在产业组织过程中,要结合主导产业的不同需求及特点,既要配备与生产紧密结合的生产性服务业,又要配套与居民生活息息相关的生活性服务业,形成网络化产业关联结构,如图1-3所示。

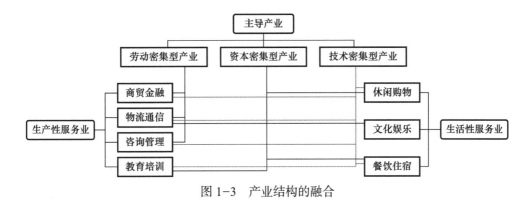

图1-3 产业结构的融合

1.2.2 空间结构的融合

空间结构是载体,随着产业结构沿"劳动密集型—资本密集型—技术密集型"路径的升级,生产空间与生活空间的联系更加密切,现代服务业发展需要紧密结合生活空间,而城市空间功能与产业功能的融合有助于创新型产业的发展。

产城融合将产业的不同空间需求与城市的不同功能区作为彼此联系的网络空间单元,形成了产业复合、职住平衡、服务配套和生态宜居的空间组织方式,见表1-1,从而达到让居民就近就业、购物和休闲的目的。

产业类型及空间特点　　　　　表1-1

产业类型	产业门类	产业空间特点	就业人群	城市空间要素需求		
				交通	居住	游憩
劳动密集型	电子信息、服饰加工、食品制造	用地空间相对灵活	以普通技工为主,收入较低	生产、生活性交通并重	分散居住、靠近厂房	超市、公园、健身、影院和餐饮
资本密集型	装备制造、石化、机械等	用地规模大、空间较完整	多元化	以对外交通、生产性交通为主	集中住宅、位于厂区内	小卖部、游园
技术密集型	研发创新型企业、高技术企业	用地空间较灵活	以高级技术人员、高素质人群为主,收入较高	以生活性交通为主	高端住宅、个性化、讲究环境品质	购物中心、会所、餐饮、酒店、文化博览、体育休闲、会展中心

1.2.3 社会结构的融合

社会结构是保障,居住人群受教育程度决定就业需求的匹配度,不同产业工人对产业、交通空间的需求不一。消费能力的分层也导致了居住、游憩空间需求的多样化。

社会结构的融合是指产业园区内居民的受教育结构、从业结构和消费结构相互匹配，并与产业结构、空间结构相协调。如图1-4所示，产城融合的核心是促进居住和就业的融合，产业结构决定就业结构。就业结构直接影响居民收入水平，不同的收入水平使得消费结构具有明显的层次性，并导致社会服务需求的差异化，进而反过来促进产业结构的调整与优化，因此城市的居民是否与当地就业需求相匹配成为促进产城融合的基础。

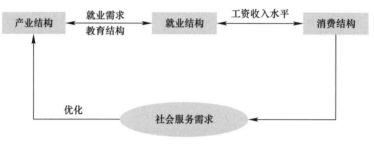

图1-4 社会结构的融合

产城融合发展是产业园区升级转型的过程，在产业升级的背景下，对于就业人口结构、产业园区公共服务配套、产业优化升级、人居环境配套、社会服务保障等诸多因素的统一协调，是城市空间载体发展的重要思路。产城融合理念体现在空间上可分为宏观、中观、微观3个层次：宏观上避免因过去产城分离导致的园区空间和城市空间相背离的现象，关注城市空间和园区空间的融合；中观上注重园区内部空间生产生活配套功能的融合；微观上关注人与人居环境的融合。在促进产业集聚、加快产业发展的同时，按照产城融合发展的理念，加快产业园区从单一的生产型园区经济向综合型城市经济转型这一进程。

1.3 产城融合演变机制

产城融合是为解决城市化推进过程中出现的产城分离现象这一问题而提出的区域发展思路。其演变机制可依据驱动要素、产业内容、城市形态等因素分为三个阶段，我国产业园区产城融合经历了传统工业区、创业型科技工业园区、综合型新型城市三个阶段，每一个阶段都有其突出特征，如图1-5所示。

1.3.1 1.0阶段：单纯追求工业增长的传统型工业园区

在20世纪90年代早期（1.0时期），中国工业产业园的发展还处于初级阶段。在这个时期，园区的规模相对较小，主导产业为食品、纺织、低端制造等劳动密集型传统产业，技术水平低下，成品附加值低。工业园主要采用传统的厂房模式，企业需要自行负责生产设备、厂房建设和基础设施建设等，功能需求单一，管理体系尚不健全。

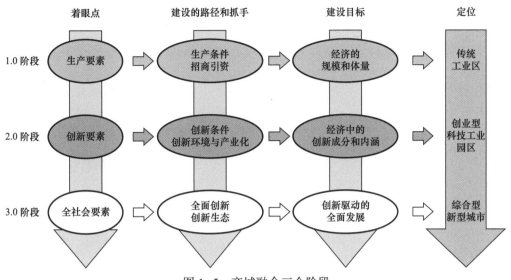

图 1-5 产城融合三个阶段

其主要特征：一是通过土地开发，即单纯的土地运营，基本实现基础设施的"七通一平"，形成单一的、封闭格局的产业基地。二是产业以工业为主导，且以导入为主，市场以出口为主。三是从业人口主要以工人为主，由于生活配套是小规模、小等级的配套模式，所有工人的生活主要依靠工厂宿舍来解决。四是空间形态往往是在城市中心区近郊形成的，与主城相对独立发展，所有城市规划中大多将其作为城市边缘地区或郊区的闲置用地，与城市关系松散，整体呈现的是一种有产无城的发展形态。

1.3.2 2.0阶段：注重植入创新元素的创业型科技工业园区

在 2000 年左右（2.0 时期），传统工业园经历了变革，其中最突出的特点是产业规模化聚集。这种发展模式表现为政府在城市郊区或其他合适地段规划建设大规模的产业园区，提供现代化的厂房、基础设施和服务设施。这些园区的规模相对较大，能够容纳大量的企业。企业在园区内共享园区资源与服务，包括物流、安全、通信等，降低了企业的生产成本和经营风险。同时，园区内相似或互补性强的企业相互之间形成了产业链并产生规模化的产业聚集效应。

其主要特征有：一是整体已从单纯的土地运营向综合的"产业开发"转变，从注重硬环境建设向注重优化配置科技资源和提供优质服务的软环境转变，开始由单一的产业基地向集工业、生活、娱乐、社区、交流、自然与人文景观为一体的、开放的科技工业城区演变。二是产业结构不断优化升级，重点发展高新技术产业、高端制造业、现代服务业等战略性新兴产业。三是就业人口构成逐渐丰富，高新技术产业人群比例增加。四是城市功能逐步完善，各类服务设施逐渐健全，如建设了工业邻里、职业学校、人才公寓、酒店、产业服务平台等生活性和生产性服务设施，但仍以产业发展为重点，侧重的仍是产业对城市功能的需求。五是空间范围不断扩展,与周边城市的联系日益密切,并且产生辐射扩散效应。

1.3.3 3.0阶段：全面激发创新并依靠创新支撑发展的综合型新型城市

在2010~2020年期间（3.0时期），产业园迎来了土地集约化、智能化和数字化发展的新时代。园区模式主要集中在两个关键方面：智能制造园区和创新综合园区。智能制造园区强调智能化和数字化发展，引入先进的自动化生产线、物联网技术和大数据分析等数字化工具，推动企业向智能制造转型，提高生产效率，促进产业与信息技术的深度融合；在这个时期，"工业上楼"作为一种新的工业载体空间模式出现，它通过垂直建筑设计，将多个不同功能的厂房堆叠起来，解决城市经济在快速发展过程中面临的土地短缺和原有工业用地利用率低的问题。新的模式带动了技术创新和产业升级，为中国产业园区的可持续发展不断赋能。

其主要特征：一是随着创新势能的提升，新产业、新业态、新模式大量涌现，促使产业空间载体设计进一步创新。二是随着产业结构的优化升级，生产空间与生活空间的联系更加紧密。三是就业人口结构复杂化，工人人口占比大幅下降，高技术人才、海外高层次人才、产业领军人才、创新创业人才等高端知识人口占比不断提升，因此出现了各个层次的不同功能需求，从而促使城市服务设施逐渐完善，配套能级不断增加，如创新创业、科技研发、生态宜居、休闲旅游等高端业态将成为未来产城融合拓展的新方向。四是整体实现了从综合的"产业开发"向"城市氛围培育"的转变。

1.4 产城融合发展新趋势

目前产城融合发展的新趋势为：从初级阶段的"以产带城""以城装人"向"以城育人""以城兴产"的高阶段方向发展，从"产业主导"向"以人需求"迈进，从"功能导向"向"人本导向"回归，如图1-6所示，以人的需求作为主要切入点，完善城市公共服务设施，同时建设产业创新生态，汇集产业创新要素，建立城市产业特色，提高城市核心竞争力。

图1-6 产城融合发展新趋势

1.4.1 在功能上更加关注产业链业态一体

更注重产业生态的集成、产业要素的集聚、产业链的协同，产业生态更为丰富。以"三生融合"为目标，全面打造综合体式配套服务。突出工业综合体集聚功能，将原本零星分散的配套指标综合使用，升级传统工业用地中布局分散、功能单一的产业内部配套，进一步提升品质、景观、利用率和综合性，产城融合更相得益彰。改变原来散点式工业项目开发模式，实现城市工业项目集群建设和资源高效配置，打造生态、生产、生活相得益彰的产业创新综合体，全面提升工业项目生活品质、风景观感及建筑利用率。

1.4.2 在内涵上更加突出知识人口的集聚

产城融合3.0阶段的核心内涵是：能够激发创新并依靠创新支撑发展。而高端知识人口恰好具备此方面的优势，这是由于高端知识人口不但能够营造促进知识交流、产生、定价与价值放大的良好氛围，而且能够不断增加一个区域的多样性，带来新文化、新文明和多样化生活的凝聚力，从而使产业具备响应变革、创造变革乃至引领变革的能力。国内外许多老工业基地的衰落无一不是缺乏新知识人口的集聚。

这就需要园区能够承载高端知识活动的城市建设和社会建设，在提供公共服务、生态化优美环境、国际化人居社区、友好性政务管理等方面走在全国前列，打造实现高社会价值的现代知识城社区。

1.4.3 在空间上"工业上楼"成为新亮点

土地和生态资源的日益稀缺使得高效利用土地成为未来发展的必然趋势。产城融合的发展模式也必将逐渐从外延式扩张向创新驱动的内涵型发展方式转变。在未来新城规划中，将更加注重与产业发展的互动，空间布局更多地结合产业特征进行规划，经济活动与生产要素通过合理的空间流向，使土地承载的产业活动在空间的选择上更趋于合理化，如图1-7所示。

借鉴东京、新加坡，实施立体城市模式也是提高空间利用效率、走出融合瓶颈的重要方式。实施立体城市模式的关键，在于根据城市功能板块的需求，统筹布局、集约运营城市各类资源。通过竖向发展、大疏大密、产城一体、资源集约、绿色交通、智慧管理等规划发展，完善城市化布局和形态，改善城市低密度分散化倾向，提升城市密集度，提高城市土地使用效率。

从当前实践来看，通过工业上楼实现产业高密度开发，是推动我国大多数城市平面式的产城分区模式转变为垂直化发展的产城融合模式的有效方法，有助于促进产业与城市功能融合、空间整合，达到"以产促城，以城兴产，产城融合"的协同发展格局。

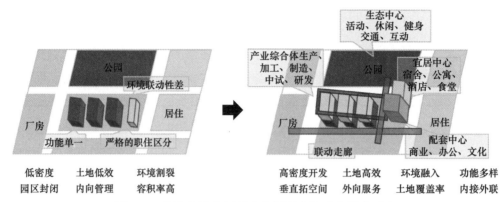

图 1-7　传统产城分区模式和新兴产城融合模式对比

1.4.4　在形态上更加突出智慧型园区建设

"互联网+"背景下，主流国家高新区都普遍把智慧城市建设作为新一轮园区产城融合建设的主体任务。这是由于智慧城市建设既为宜居生活提供了便利，也为知识和信息的交互提供了条件，是促进新经济发展的基础和前提。

通过云、网、端等新基础设施的不断完善，推动园区逐步向宜居宜业的智慧型城区转变，促使产业社区、知识社区、众创空间、虚拟空间等载体延伸与整合，消除空间功能割裂的问题，实现与周边区域的有机融合，促使生产、生活、生态功能平衡发展，加速科研、生产、商务功能有机组合，形成生态化产业经济群落。推动产业空间形态与城市功能形态较好融合，打造的是产、城、人互为促进的良性循环系统。

➲ 本章参考文献

[1] 杨雪锋，曹春露，王淼峰. 新城新区产城融合：演变历程与发展策略[J]. 中国名城，2023，37（12）：3-9.

[2] 李一宁. 产城融合背景下从传统产业园区到产业新城的转型路径探索——以广安市前锋区经济技术开发区为例[J]. 城市建筑空间，2024，31（03）：83-86.

第 2 章 "工业上楼"模式综述

2.1 "工业上楼"模式概念

当前，我国尚未有官方文件对"工业上楼"进行明确统一的定义，业界对此定义亦众说纷纭。理论上只要在工业用地上建设一层以上，拥有电梯、吊装设备等配套设施，能将企业的研发、生产等多项活动集中开展的多层厂房，均可称为"工业上楼"。

截至 2023 年底，广东省内已有深圳、佛山、东莞等地的区域性政府文件中明确提到"工业上楼"概念，对"工业上楼"的定义如下：

（1）2019 年深圳市宝安区定义：建筑高度超过 24m 且不超过 100m 的厂房。

（2）2021 年佛山市三水区乐平镇定义：厂房层级须达到 4 层及以上，主体建筑高度不低于 24m 且不超过 100m，单层层高不低于 4.2m，总建设面积达到 1 万 m^2 以上，用地容积率不小于 1.0。

（3）2021 年东莞市水乡功能区定义（由戴德梁行提供编研服务）：符合国家通用建筑标准及行业要求，具有相近行业高通用性、高集约性的特点，消防、节能、环保等符合国家及地方现行规范和政策要求，24m 以上、5 层或以上且配置工业电梯的厂房和集研发、试验、生产一体的综合工业建筑。

2021 年深圳市光明区定义（由戴德梁行提供编研服务）：具备相近行业高通用性、高集约性的特点，符合国家通用建筑标准及消防、节能、环保等现行规范和政策要求，用地性质为普通工业用地（M1）或新型产业用地（M0）、容积率 3.0 或以上、高度 24m 以上、层数 4 层以上配置工业电梯且集生产、研发、试验功能于一体的高标准厂房和工业大厦。

其中，东莞市水乡功能区和深圳市光明区均由第三方研究机构戴德梁行提供编研服务，因此定义较为接近。作为较早开始深入研究工业上楼的机构，戴德梁行对工业上楼的定义为：具备相近行业高通用性、高集约性的特点，符合国家通用建筑标准及消防、节能、环保等现行规范和政策要求，用地性质为普通工业用地（M1）、新型产业用地（M0），容积率不低于 2.5，高度 24m 以上，层数 5 层及以上，配置工业电梯且集生产、研发、试验功能于一体的厂房。

为了与传统多层厂房区分，一般要求"工业上楼"建筑层高在 24m 以上，或层数至少 4 层。此外，"未来工厂""摩天工厂""高标准厂房""5.0 产业空间"等概念，在主体建筑形态上与工业上楼区别不大。

随着近几年来工业上楼项目逐步推广，根据实际经验，结合市场反馈，工业上楼的建筑形态也愈发多样化。为了满足企业的"首层"需求，提高高楼层利用率，在传统多层厂房的基础上，已衍生出了复合式高层工业厂房等新业态。通过设置双首层空间、环形盘道等方式，提升高层货运效率，提升企业上楼意愿，减少高层空置率。

综合以上，本研究采用以下定义：符合国家通用建筑标准及消防、节能、环保等现行规范和政策要求，用地性质为普通工业用地（M1）或新型产业用地（M0），容积率不低于1.0，高度24m以上，层数4层以上，配置工业电梯且集生产、研发、试验功能于一体的高标准厂房和工业大厦。

2.2 "工业上楼"模式的发展历程及模式分类

2.2.1 "工业上楼"模式的发展历程

自中华人民共和国成立以来，我国的工业体系经历了不断演变和发展，厂房空间也在不同历史时期发生了显著变化。这演变的背后反映了我国工业发展的脉络和特征。

初创阶段，我国建立了承载重型工业的单层封闭式厂房，主要服务于钢铁、能源、机械等传统产业。这个阶段的厂房空间设计注重生产的实体需求，以满足当时工业化进程的基本要求。

随着改革开放，我国迎来了轻工业的迅猛发展，多层厂房成为应对新型产业需求的解决方案。服装、五金、家电等轻型工业在这一时期崛起，对空间的多样性和灵活性提出了新的挑战。

进入21世纪，产业升级转型成为经济发展的新趋势，对于高标准、高荷载、高品质厂房的需求逐渐凸显。这时期的厂房设计更注重先进技术的应用和满足环保要求，以适应新型产业的发展需要。

在经济增长目标的推动下，我国工业不断迈向更高水平，但也面临转型升级和土地资源紧缺的双重压力。在这一背景下，出现了"工业上楼"的模式，通过将工业空间纵向上升，实现土地资源的更有效利用，同时满足产业升级的要求。

对于"工业上楼"的发展历程，我们可以划分为四个阶段："工业上楼1.0"阶段主要反映了初期的封闭式厂房建设；"工业上楼2.0"阶段则代表了轻型工业快速发展时期的多层厂房模式；而"工业上楼3.0"阶段则满足了新世纪产业转型的需求，注重高标准厂房的建设；"工业上楼4.0"阶段则注重提升空间使用效率和打造更智能、绿色和灵活的生产环境，以实现土地资源高效集约化，并进一步适应现代制造业的发展趋势。

这四个阶段不仅代表了"工业上楼"模式的不同发展阶段，也反映了我国工业发展的演进和适应不同时期经济需求的能力。如图2-1所示，这一演变历程清晰地展示了我国工业空间在不同历史时期的应变和创新。

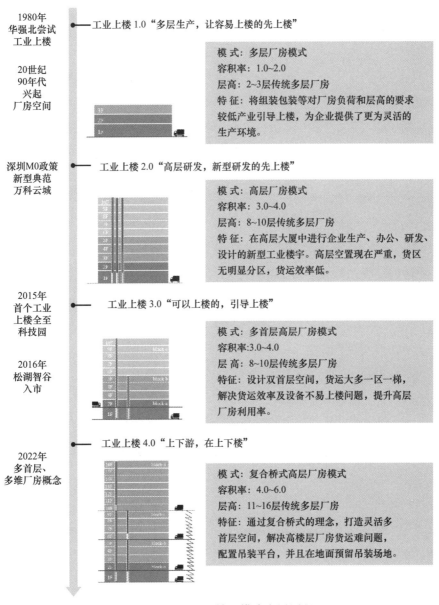

图2-1 "工业上楼"模式发展历程

1. "工业上楼"1.0

"多层生产，让容易上楼的先上楼"。

"工业上楼1.0"阶段即多层生产，可追溯至20世纪90年代。在改革开放后，全国范围内的工业化迅速展开，沿海地区兴起了"三来一补"产业，而内陆地区的手工制造业也开始规模化生产（"三来一补"指"来料加工""来件装配""来样加工"和"补偿贸易"）。

在这一时期，以服饰、家电、食品、零件组装为主的产业对厂房负荷和层高的要求相对较低，因此它们开始将生产从楼下向楼上转移，导致4~5层的厂房空间逐渐兴起。这一时期的"工业上楼"1.0阶段，即多层生产，标志着在工业化蓬勃发展的背景下，企业开始探索垂直生产的模式。

在这个初期阶段，多层生产的模式为企业提供了更为灵活的生产环境，特别是那些对厂房空间要求相对较低的产业。这种垂直发展的模式有效利用了有限的土地资源，为工业化的迅速发展提供了必要的支持，为后续的工业上楼发展奠定了基础。

一个典型的例子是1980年始建的深圳华强北工业区，该区域在这个时期成为多层生产的代表。

在华强北的早期阶段，电子业以"来件装配"为主导，特别是电子零件和电话机等产品的装配环节并不依赖于重型设备，因此选择了上楼生产这一相对轻便的方式。尽管在这个时期，多层厂房的形态相对简单，而且配套设施相对缺乏，但这为企业提供了更为灵活的生产环境，同时也为产业空间的增长创造了条件。特别是对于不依赖重型设备的电子业，上楼生产成为一种更为有效的选择。

华强北的这一阶段展示了工业上楼在实践中的初探，为后续工业上楼的发展提供了宝贵的经验。通过在实践中逐步完善配套设施、提升建筑形态，工业上楼在后续阶段得以更为全面和健康地发展。因此，这个早期的多层生产阶段对于工业上楼的整体发展具有重要的启示作用。

时至今日，华强北片区内的上步工业区、龙胜配件城，仍然以多层生产的模式发挥着重大作用，支撑华强北逐步成为特区建设初期最大的产业基地。

2."工业上楼"2.0

"高层研发，新型研发的先上楼"。

"工业上楼"2.0的时代始于2000年后，伴随着新技术、新产业、新业态和新模式的不断涌现，引发了传统工业生产方式和产业结构的翻天覆地变化。

在这一时期，我国工业发展迎来了产业转型升级的关键时刻，特别是在高度推崇科技创新的背景下，积极发展高附加值的科技创新产业。与此同时，面对土地资源的日益紧张，出于对土地集约利用、传统工业迈向新技术、协同生产和总部经济的需求，新型产业，包括研发、创新、设计等，纷纷选择上楼生产和办公。

2014年，深圳市作为试点新增了M0的用地类型，专门供给融合研发、创新、设计、中试、无污染生产等创新型产业的新型用地。这类用地在强度限制和建筑形态上与传统厂房有着巨大的区别。以深圳万科云城为例，该项目的产业用地容积率超过4.0，建筑高度超过100m，建筑形态更加现代灵活，成为深圳市新型产业用地建设的典范。

这一阶段的"工业上楼"2.0时代实质上是将研发、创新等新型工业环节优先上楼生产。这种高层研发和创新的模式不仅为企业提供了更具创造性和灵活性的工作环境，也为城市产业结构升级和可持续发展奠定了基础。

3. "工业上楼"3.0

"可以上楼的，引导上楼"。

"工业上楼"3.0阶段应对全球产业发展中的"再工业化"趋势，将先进制造业确定为未来工业发展的主攻方向。在这一大背景下，深圳作为先行者率先推出了"20大先进制造园"规划布局，而"工业上楼"成为解决这一挑战的重要手段。

相对于香港新海怡的垂直工厂和新加坡兀兰飞腾的堆叠式厂房，不断迭代的"工业上楼"已经发展成为一种高度先进的模式。该模式通过高标准荷载、高效率垂直交通和高灵活生产单元，将重型车间、轻型生产、研发检测以及配套服务融合在同一厂房单元中，实现了"工业上下楼"与"产业上下游"的有机结合。

以深圳全至科技创新园为例，该园区在$3hm^2$的用地上建设了16万m^2的产业空间，其中科创大厦高达23层。通过高层研发办公和低层生产制造的空间划分，成功入驻了160多家中小微科技型企业，成为"工业上楼"的新典范。类似的东莞松湖智谷通过对厂房内部结构的进一步优化，使空间更为灵活，既可作为办公空间又可作为生产制造空间，加速了先进制造和科技创新的互融共进。

"工业上楼"3.0时代将引导支撑先进制造业中可以上楼的环节上楼生产。这不仅有助于推动产业结构的升级，还为城市可持续发展提供了新的解决方案，对于解决城市空间高效利用的难题具有重要意义。

4. "工业上楼"4.0

"上下游，在上下楼"。

在面对土地资源稀缺与产业升级迫切需求的双重挑战下，"工业上楼4.0"模式应运而生，开创性地提出了复合桥式高层厂房的解决方案，旨在破解空间制约瓶颈，推动制造业向更高层次跃进。

复合桥式高层厂房模式通过独特的复合桥式设计，将每四层作为一个功能单元紧密相连，创造性地构建出多层空间格局，有效缓解了高层厂房物流难题，激发了企业向上发展的积极性，彰显出高适应性和高效能的双重优势。在此框架下，生产与研发的布局得以优化，比例约为3:1，极大地促进了生产力的提升和技术创新的深化。通过复合桥式的理念，使每层平台分管4层，打造灵活的首层空间，解决高楼层厂房货运难、上楼意愿小的壁垒，具备高适应性、高效率的特点。此模式实现了生产比例的大幅增加，生产功能与研发功能比例约 3∶1。

南山智造·红花岭基地项目，作为"工业上楼 4.0"理念的典范之作，不仅是南山区国资系统在产业空间战略上的先锋试验田，更是南山区捍卫高端制造业空间资源的坚实起点。项目遵循"政府引导、国资参与、利益协调"的发展模式，大胆探索"工业上楼"的新路径，旨在打造一个面向未来、汇聚高端要素、创新驱动、绿色低碳的标杆产业园区。改造竣工后，该基地预计将释放近 80 万 m^2 的高品质产业空间，树立南山乃至深圳最大规模的智能制造高地，预期吸引智能制造、生物医药、工业互联网及大数据等前沿领域的顶尖企业聚集，共同塑造一个紧密协作、产业链上下游无缝对接的现代化产业生态体系。

"工业上楼"4.0 时代不仅实现了空间使用的高度集约化，还深度融合了工业 4.0 的核心理念，即通过智能化、信息化手段彻底变革传统的生产方式。此阶段的"工业上楼"不仅仅是物理空间上的堆叠，而是构建了一个高度整合、协同高效的产业生态系统，真正实现了"上下游，在上下楼"的理想状态。

2.2.2 "工业上楼"模式的模式分类

"工业上楼"发展模式的探索，最早起源自美国和日本，如 20 世纪 60 年代日本基于城市复兴政策将生产线安置在高层建筑物内，这种模式被称为"立体城市化工业"。20 世纪 80 年代以来，为解决城市土地资源紧缺问题，新加坡和中国香港都开始对工业上楼形成初步探索，形成了"香港工业大厦"和"新加坡堆叠式厂房"两种典型模式。经过早期萌芽发展，"工业上楼"模式被逐渐引入中国内地，在珠三角地区率先示范应用，形成了"珠三角工业综合体"，并逐步往内陆城市发展。

这几种模式在产业门类、产业空间等方面存在一定的共性，但由于城市区位、发展时期、产业结构的不同，"工业上楼"的产品特征呈现阶段性不同。

1. 国内实践：工业大厦

香港"工业上楼"起步较早，根据其产业结构的变化也经历了从"建"到"改"和"拆"的全生命周期，对内地相关实践有较好借鉴意义。

缘起：轻工业的蓬勃发展。

香港工业大厦（Factory Estate）建设始于 20 世纪 50 年代起的香港制造业飞速发展。20 世纪 50 年代起，香港开始进入全球制造业分工体系，成为亚洲重要的轻工业品生产地，逐步形成以低技术、劳动密集、出口为导向的手工业、轻工业为主的产业结构。20 世纪 60 年代末，香港制造业约占本地生产总值的 30%，制造业就业人口占全部就业人口的 47.7%。

香港作为世界上人口密度最高的城市之一，地少人多，土地开发率仅 24%，其中工业用地仅占 2.3%，土地资源极其稀缺。而多层工业大厦非常适合小规模、劳动密集型的轻工业发展。为解决土地资源紧缺与工业发展需求的矛盾，香港政府开始大力推进"工业上楼"项目。1955年起，香港兴起建设了一批10～15层高、"下店上厂"、兼有居住功能的建筑，许多制造业作坊也得以从居民区迁出，搬入工业大厦。20世纪70～90年代期间，香港建设了大量的工业大厦，其规模约占现状全部工业建筑规模的70%，如图2-2所示。

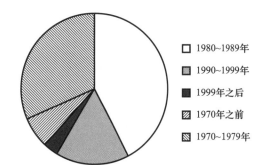

图2-2 香港私人工业大厦建成年代分布

数据来源：香港差饷物业估价署，《香港物业报告2022》。

如图2-3所示，香港工业大厦地块容积率基本在3.0以上，建筑高度通常在50m以上，以研发和轻型生产为主。内部则通常有两个或两个以上的货物升降机，标准层被分隔为多个单独使用的单元，被不同租客所占据，发挥制造、组装和仓储的功能，里面集中电子、服装、玩具、珠宝、印刷、食品加工等产业，是过往香港发展繁荣的基础。

长江大厦(第一次重建后)

图2-3 香港工业大厦

图片来源：《香港物业报告2022》。

衰落：与产业升级脱节造成大量空置。

随着20世纪70年代末以来香港本地人力、土地成本上涨，以及1979年内地的改革开放对港商的吸引，香港产业结构从制造业为主向服务业为主转型，至2020年，香港服务业占GDP的93.4%，香港制造业规模不断下降，厂房需求大幅萎缩。大量的工业大厦与服务业主导的香港产业发展方向完全相悖，发展后期只能被用作商业、文化、办公等其他用途，空置问题愈发严重。

在此背景下，工业大厦活化成为香港关注的焦点。如图2-4所示，20世纪90年代之后，香港政府开始逐步放宽对工业大厦的使用限制，1999年颁布了《商贸地带概念及工业用地改划指引》，提出"商贸混合地带"概念，用以盘活大量闲置的工业大厦，重新植入与香港都市属性相匹配的新业态。后期，香港特区政府又在2010年和2018年实施了两轮"工厦活化计划",陆续颁布了一系列工业大厦再利用政策措施,涉及规划用途调整、土地价值评估、建筑容积率调整、支持新兴产业发展等多个方面。

除了鼓励工业大厦增加文化艺术、创意设计、商业办公等用途外,特区政府近年来积极推进"再工业化",发展以高新技术和智能生产为基础、无需占地过多的高增值制造业。其中,受惠于香港近年跃升成为全球第六大数据中心市场,数据中心需求猛增,工厂大厦转型成为数据中心备受瞩目。据香港规划署数据,2014～2020年香港工业大厦中的数据中心面积翻了一倍,从17.9万 m^2 增长至38.5万 m^2,还有近16.5万 m^2 正在改造中(表2-1)。

工厂大厦参考行业一览表(2023年) 表2-1

行业类别	服装制品(染色及整染除外)、配件、寝具和纺织品制造;金属加工制品制造及金属铸造;橡胶及塑料产品制造;木材、藤器、竹器、纸、水松、稻草、漆器及编结材料产品制造;设备、机械、电器、灯饰及软垫家具制造及修理;计算机、电子、光学产品制造及修理;钟表、珠宝及相关物品制造及修理;印刷、乐器、体育用品及文具制造;玻璃产品制造(玻璃制造除外);皮具制造,包括行李箱、手袋、银包、腰带、表带及鞋;广告及多媒体制作;医疗、药品、卫生用品、化妆品及洗洁精制造

资料来源:香港房屋委员会。

图2-4 工业大厦成功活化案例

资料来源:网络图片,分别为活化为商厦用途的海怡工业大厦、改为文创基地用途的怡达工业大厦、南丰纱厂。

20世纪50年代,香港为解决土地资源紧缺与工业发展需求的矛盾,将低技术、劳动密集的手工业、轻工业搬上高楼,形成工业大厦。随着产业不断更新升级,工业大厦主导产业门类也变成以服装、医药、电子等轻型产业为主,近年香港数据中心市场活跃,工业大厦改造为数据中心也引人瞩目。

从香港的具体实践来看，工业大厦的萌发更多是由于土地资源紧缺的倒逼，当缺乏科学的细分领域产业发展规划，同时本地制造业未能成功转型升级，过量建造的工业大厦就必然走向转型再利用之路。借鉴香港工业大厦的发展历程，工业楼宇是产业空间的载体，应与产业结构相适配，工业上楼应始终将产业引导作为重要目标，产业发展是工业上楼项目长期稳健运营的基础和前提。

工业大厦其建筑形态也有一定限制性，如图2-5所示，地块容积率高，通常可达3.0以上，建筑通常在50m以上，产业以多适配研发和轻型生产等为主。工业大厦优势在于产业集聚度高，可塑造园区地标形象，但由于楼层较多，使物流组织难度增大、货运效率有限，无法适应重型设备上楼，楼板荷载、柱跨间距等限制对生产有较大影响，因而产业适配性差，仅适用于中小规模的高端制造及研发试验、设计等产业环节。

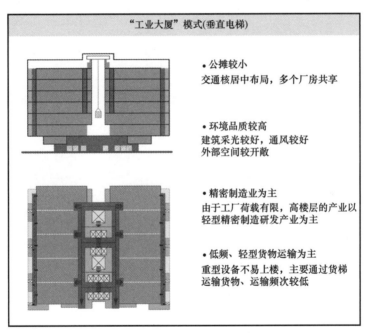

图2-5 "工业大厦"模式垂直电梯

2. 新加坡实践：堆叠式厂房

尽管新加坡国土面积仅有720km² 左右，但是工业对其GDP的贡献占比达到25%。紧缺的国土面积和发达的工业制造业之间存在矛盾，新加坡创造性地建设运营了一批具有代表性的"堆叠式工厂"项目。该模式是一种新加坡独创、专门针对从事都市型无污染产业的中小型企业的工业空间模式，为中小企业提供集研发、中试、制造、仓储和办公于一体的配套空间，有效地降低了生产成本。

20世纪80年代，新加坡逐步由服装、纺织、玩具等劳动密集型产业转型发展为技术密集型产业，重点发展集成电路、工业电子设备、化学和生物医药等产业集群。为应对城市土地资源极其紧缺的情况，新加坡贸工部下属的裕廊集团建设和运营了一批"堆叠式厂房"，如新加坡最大的现代化工业基地裕廊工业区，纵向增加工业发展空间，不断提升产业链上下游的集聚度。兀兰飞腾便是由裕廊集团建设运营的典型新加坡"堆叠式厂房"，如图2-6、图2-7所示。

图 2-6　新加坡兀兰飞腾项目

图 2-7　新加坡兀兰飞腾项目剖面示意图

堆叠式厂房多数容积率在2.0~2.5之间，通常为4~9层，立面形态上，多以三层为一个单位向上堆叠，呈现三层叠三层最高为9层的形态，除了一般配有直达货梯、装卸货平台等生产辅助设施外，并通过盘道连接每个单元的首层，重型货车可通过旋转式坡道直接进入生产空间，增加货车运输原材料和成品的及时性，降低企业仓储需求，为物流要求较高的企业提升运营效率，实现土地集约利用的同时，可以有效解决高层厂房货运难题。

平面形态上，厂房的一个单元内有三层楼面，合理地集"货车装卸、停车、生产、研发、制造、仓储、员工休息"于一体，基本满足制造企业延伸的功能需求，如图2-8所示。堆叠式厂房平面设计紧凑、物流组织灵活，对入驻产业的适配性强，虽然容积率不高，产业集聚度低于高层厂房大厦，但实际效益更有优势。

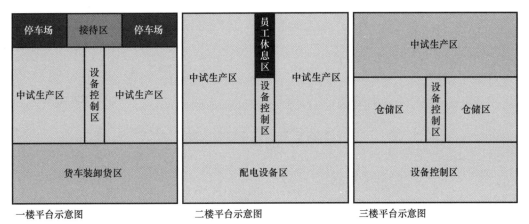

图 2-8　裕廊大士工业园平面形态

新加坡将工业划分为两种模式，B1、B2 不同模式对于工业空间的主要用途和附属用途均为 60% 与 40%，但在细分用途上有所区别。B1 模式适用于清洁工业和轻工业，B2 模式适用于一般工业和特殊工业，如图 2-9 所示。

工业模式1(清洁工业、轻工业)

最低60%主要用途	
制造业(轻工业)	印刷/出版
食品工业(包装)	电子商务
核心媒体	工业培训

最多40%辅助用途	
辅助办公室	会议室
陈列室	特定商业场所
托儿中心	工业食堂
工人宿舍	辅助展示区

工业模式2(一般工业和特殊工业)

最低60%主要用途	
制造业	维修与保养
生产	化学品油品储存
装配	针织厂
核心媒体	电子商务
工业培训	

最多40%辅助用途	
辅助办公室	会议室
病房	柴油和泵点
机电服务	陈列室
工人食堂	特定商业场所

图 2-9　新加坡工业模式

可以看到，与香港不同的是，新加坡的产业结构中重工业比重更大。由于重工业对建筑承重、建筑层高的要求非常高，采用多高层厂房的形式会导致建筑使用不经济，因此新加坡的高层工业大厦非常少，工厂多数在 4～9 层。

20 世纪 80 年代，由于重工业发展迅速且空间用地紧张，新加坡主要发展堆叠式厂房，如现代化工业基地裕廊工业区，大量采用了堆叠式厂房提升产业集聚度。

堆叠式厂房建筑高度为 24m 以下，4～9 层厂房，以三层为一个单元向上堆叠，将地块容积率提高至 2.0 以上。堆叠式厂房配有直达货梯、装卸货平台等生产辅助设施，可实现中试生产制造、研发办公、物流仓储三大功能。堆叠式厂房优势在于符合相关规范，平面排布更集中，物流组织灵活，以高频、重型货物运输为主，对生产限制小，产业适配性强，大部分生产可上楼，更多的重型制造空间可落于高楼层厂房。但因容积率不高，产业集聚度低于工业大厦。且公摊较大，环形盘道组织货物运输，交通核占地面积较大，如图 2-10 所示。

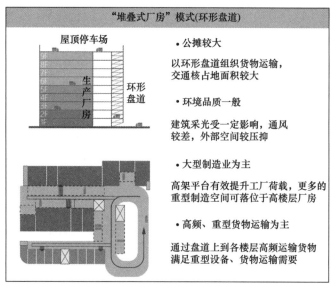

图 2-10 "堆叠式厂房"模式环形盘道

3. 珠三角实践：工业综合体

住房和城乡建设部近日发布的《2021年城市建设统计年鉴》显示，在我国人口密度前十的城市里，广东占了6席。人地矛盾突出、土地开发强度高是珠三角城市普遍的用地特征。

因此早在2005年珠三角率先引入工业上楼模式，制造业发达、用地紧张的佛山以"顺德天富来国际工业城项目"为代表，率先开拓"工业上楼"市场，以深圳、东莞为代表的城市接棒推广示范应用。

2005年，天富来国际工业城作为珠三角区域最早的商品化高层厂房诞生。如图2-11所示，天富来国际工业城是借鉴香港"高层厂房"的典型工业上楼项目，将原来容积率只有0.35的容里工业区土地利用率大幅提升，整个工业城的容积率达到了2.8。

图 2-11 顺德容里天富来国际工业城

珠三角在较早期就出现了"工业上楼"形态的产品，其中重要原因是珠三角产业底层DNA——电子信息产业发展迅速。伴随改革开放，20世纪80年代深圳、东莞、珠海、佛山等城市承接从香港转移的都市型轻工业，后来逐步演化成电子信息产业，其中封装工序、测试工序、零配件加工制造等环节，均可上楼。

当然工业大厦这样的模式远远无法满足产业结构的升级。2010年以来，珠三角陆续诞生了一批以深圳全至科技创新园、东莞松湖智谷产业园等为代表的将生产、研发、办公、生活功能混合的新型"工业上楼"产业园综合体项目。以松湖智谷项目为例，该园区定位为"产城人融合新型智慧生态产业园"，项目建设总规划面积达100万m²，打造180万m²产城人融合的生态智造新城，平均容积率为3.75，容积率最高达到4.5以上。产品主要包括工业大厦、产业大厦、高端生产厂房、超高层企业总部大厦，配备人才公寓和产业配套设施，如图2-12所示。

图2-12 东莞松湖智谷产业园

典型项目松湖智谷部分建筑指标见表2-2。

松湖智谷部分建筑指标　　　　表2-2

分区	状态	业态
A区	已投产	工业大厦：8万m² 研发办公：7.5万m² 综合配套（仓储、餐厅）：3万m²
B区	已投产	工业大厦：6万m² 研发办公：9.8万m² 综合配套（食堂、宿舍）：4.5万m²
C区	已投产	工业大厦：6万m²
D区	2021年交付	工业大厦：10.6万m²
E～F区	2021年交付	工业大厦：17万m²
总开发体量		工业大厦：72.4万m²

从典型案例来看，珠三角的工业综合体有两个特征，这也是它在原有工业大厦、堆叠式厂房模式上升级的独到之处。一是以优化产业生态为指引，打造要素集聚的高新产业链。相比传统的工业大厦、堆叠式厂房等模式，工业综合体更注重产业生态的集成、产业要素的集聚、产业链的协同，可在一个产业园里构筑企业生产、研发、中试、配套、展销、办公等全生态链，产业生态更为丰富。二是以"三生融合"为目标，全面打造综合体式配套服务。改变原来散点式工业项目开发模式，实现城市工业项目集群建设和资源高效配置。

在深圳、东莞等为代表的珠三角城市已经先行先试的情况下，"工业综合体"发展模式相对成熟，这些城市陆续出台"工业上楼"扶持政策，全面鼓励发展，"工业上楼"市场进入标准化、精细化发展时代。与此同时，开始逐步向中国其他城市推广，例如青岛、苏州等城市也在相应尝试。

珠三角产业从劳动密集型、资本密集型向以科技创新为核心发展转型的过程，产业配套完善，但土地资源紧张，企业上楼意愿强烈，产业空间载体在迭代发展中，深圳、东莞等地纷纷探索融合工业大厦与堆叠式厂房的工业综合体模式，衍生出了综合研发、办公、试验、生产等多项功能为一体的工业综合体，产业要素更为聚集、产业链更为协同、产城更加融合。

工业综合体整体采用楼宇外观建设，容积率约 2.0 以上，围合式布置研发与高端制造生产用房，中央设置公共配套轴带，提供食堂、咖啡厅、嵌入式幼托、健身房等功能，注重各种生产要素的集聚，塑造产业生态。工业综合体优势在于产业集聚度良好，全面打造综合体式配套服务，有较强形象展示功能。因物流可利用室外吊装平台解决，对生产限制相对较小，有较好产业适配性，适用于兼顾产研功能与形象展示的场景。

在详细审视全球范围内"工业上楼"模式的发展情况后，我们可以发现，那些在此领域表现突出的城市，无不是在早期工业化进程中奠定了坚实基础，并在后期技术型制造业高度发达的背景下，由于土地资源的日益稀缺，而转向了"工业上楼"的发展模式。这种模式的实施，旨在容纳那些产业附加值较高、对空间和环境质量要求更为严格的高端制造业。换句话说，这些城市是在一种"被迫"的情境下，为了适应高端制造业的发展需求而选择了"工业上楼"。

从这一先决条件出发，我们可以看到，在我国大多数城市并不具备发展"工业上楼"的条件。这是因为，一方面，我国的城市化进程与工业化进程并不同步，很多城市的工业化基础相对薄弱；另一方面，虽然我国的城市土地资源也面临一定的压力，但相比土地资源紧张地区"工业上楼"的城市，我国的城市土地资源仍相对充足，尤其是中西部地区，可能传统的工业园区更为适宜。

尽管如此，推行"工业上楼"仍具有重要的战略意义。首先，它是对工业土地集约节约利用的一次创新尝试,有助于提高土地的使用效率,缓解土地资源压力。其次,通过"工业上楼",可以促进产业资源集聚,产业升级,推动高端制造业的发展,进一步提升我国的产业竞争力。在未来的发展中,各城市应结合自身情况,因地制宜探索适合自身的"工业上楼"发展模式。不同区域"工业上楼"发展模式见表2-3。

不同区域"工业上楼"发展模式　　　　　　　　　　表2-3

区域	聚集产业	建筑参数	优点	局限
中国香港工业大厦	适配研发和轻型生产。例如低技术、劳动密集的手工业,服装、医药电子等轻型产业	建筑高度:50m以上;容积率:3.0以上	产业集聚度高,可塑造园区地标形象,解决土地资源紧缺与工业发展需求的矛盾	楼层较多,使物流组织难度增大,货运效率有限,无法适应重型设备上楼,楼板荷载、柱跨间距等限制对生产有较大影响,因而产业适配性差
新加坡堆叠式厂房	包括生产制造、研发办公、物流仓储三大功能（配有直达货梯、装卸货平台等）,适合对生产条件参数要求较高的重工业,例如化工、电子制造等	建筑层数:4~9层（以3层为一个单元向上堆叠）;容积率:2.0以上	符合相关规范,平面排布更集中,物流组织灵活,重型、对生产限制小,产业适配性强,大部分生产可上楼	容积率不高,产业集聚度低于工业大厦。且公摊较大,环形盘道组织货物运输,交通核占地面积较大
中国珠三角工业综合体	产业相对轻型,上楼产业覆盖面较广	容积率:2.0以上	产业集聚度良好,全面打造综合体式配套服务,有较强形象展示功能。因物流可利用室外吊装平台解决,对生产限制相对较小,有较好产业适配性,适用于兼顾产研功能与形象展示的场景	有一定占地要求,但小于堆叠式厂房

2.3 "工业上楼"模式的意义

2.3.1 对政府的意义

1. 土地集约——提高土地效率,推动产业发展

土地集约化:通过"工业上楼"优化土地利用方式,城市可以更有效地容纳和支持不断增长的产业需求,提升土地利用率和产业承载力,成倍提高亩均产值和税收。这种集约化的发展不仅能够更充分地利用有限的土地资源,还能够推动城市整体经济水平的提升。

扩容不扩地:"工业上楼"模式以其高容积率的特性,在扩大产业规模的同时,避免了用地面积的进一步扩张,从而提升地均产值,推动了整体经济效益的提升实现"扩容不扩地"。这意味着在相对有限的土地资源下,"工业上楼"模式为企业提供了更大的发展空间,为城市经济创造了更多的附加值。

2. 城市面貌——提升产城形象,营造品质空间

统一建设:上楼园区普遍有较完善的集中规划,新型"工业上楼"建筑不仅改善了原有建筑空间,还提升了环境品质,对城市面貌起到了积极的改造作用,极大促进了产城形象提升。此外,这种统一规划的上楼园区也构建了更便捷的物流交通网络。为园区内的企业集聚提供了更好的基础设施和便捷的交通条件。

配套服务:上楼园区内的配套服务设施,如智慧食堂、企业服务超市、工业邻里中心、嵌入式幼托、青年公寓等,为园区职工提供了更便利的服务,创造了更具吸引力的生活环境,有助于营造品质空间,吸引和留住优秀产业人才。

3. 产业升级——提升产业协同,促进产业转型

产业聚集:共享式工业上楼为企业提供了更高的企业密度,使得有限的空间内能够容纳更多企业。这有助于构建交织连贯的上下游产业链,将研发、生产、展示、物流等多个产业环节有机地连接在一起。这种集成的产业链有助于形成合作共赢的产业生态,促进各个环节之间的协同作用,提高整体效益。在这样的综合体中,不同产业环节的企业可以更加紧密合作,促进知识和技术的交流与创新。这有助于推动产业的技术进步和升级,提升整个区域的产业竞争力。

品质园区:上楼园区的设计和建设往往具有较高的品质。这符合高附加值产业对于"高大上"环境的偏好,有助于吸引龙头企业入驻。这些园区通常需要符合一定的准入条件,例如无污染、低能耗等,这对中小企业来说是一种倒逼机制。为了进入这样的上楼园区,中小企业需要主动进行转型,满足高品质产业园区的要求,从而推动整个上楼产业的升级。

4. 顺应趋势——助推产业升级,发挥带动效应

满足双向需求:在应对集约利用空间和推动制造业高质量发展的双向需求时,实施"工业上楼"成为"三区三线"国土空间规划战略的一项必然选择。通过在城市更新活动中引入"工业上楼"模式,可以更好地利用有限的城市空间,实现集约化利用。这有助于提高土地资源的利用效率,同时推动制造业向更高质量的发展方向迈进。

发挥示范作用:粤港澳大湾区作为一个充满活力的经济区域,通过"工业上楼"模式的成功推广,成为引领沿海及内陆城市的典范。这种跨区域的推广不仅促进了不同地区之间的合作与交流,也为产业升级提供了跨足多地的战略路径。在这个过程中,城市之间的产业协同作用逐渐显现,为整个国家的制造业升级创造了有利条件。

2.3.2 对产业地产商的意义

1. 转型新方向

"工业上楼"作为一种全新的产业园区探索,以其在土地成本、运营模式和政策扶持等方面的多重优势,为产业的可持续发展提供了更为灵活和创新的路径。"工业上楼"作为新型产业园区的代表,为产业转型提供了一种全新的路径。因为垂直建设、共享运营和政策扶持等多重优势,这种模式有望成为未来产业园区规划的主流趋势,为企业在转型过程中创造更加有利的条件。

2. 拓展新途径

高端制造业作为国家经济发展的新引擎,不仅为经济提供了新的增长动能,同时也在产业园区开发中扮演着重要的角色。以高端制造为主要切入点,产业园区的开发主体能够更加顺利地拓展各类项目,为全面推动产业结构升级和经济发展注入新的活力。

3. 融资新手段

"工业上楼"与城市更新、旧村改造高新产业扶持政策相互融合,为融资提供了全新的可能性。这种融资新手段既体现在政策性融资的便利,也在于"工业上楼"既具备资产性质又具有产业性质,使其适用于多种融资方式,包括传统的抵押、质押、债权融资以及股权融资等。"工业上楼"作为一种具有明确产权的不动产形式,可以作为更为稳妥的抵押物。同时,由于"工业上楼"本身涵盖了产业的运营,因此也适用于债权融资,企业可以通过发行债券等方式融资。

2.3.3 对企业的意义

1. 产业协同

产业协同是"工业上楼"模式的一项重要特征,通过园区平台和垂直空间的合理配置,促使企业在上下游形成紧密的配套关系,从而实现协同发展和资源共享,达到双赢的局面。园区内的企业可以共享基础设施、服务设施以及人力资源。这不仅有助于降低企业的运营成本,还能够提高资源的利用效率。

2. 环境优势

上楼园区的建筑品质通常较高,注重现代化设计和施工标准。与传统厂房相比,高品质的建筑使得工作场所更加宜人,有助于提升员工的工作体验和生活品质,使得他们更愿意留在企业长期发展,为企业可持续发展打下了坚实的人才基础。

3. 降低成本

相对于老旧厂房违规涨租且缺乏专业园区服务的局面,"工业上楼"模式为产业园区的规范化提供了有力支持,通过打造功能复合、运作规范的园区,有效降低企业的综合运营成本。这一模式通过搭建集成化、统筹化的运营服务功能，有助于中小企业在成长期更为灵活地调整和控制资金，将更多资源用于技术研发和市场拓展。

2.4 "工业上楼"模式政策

在全国，"工业上楼"总体呈现市场实践与政策制定相互促进、相得益彰的发展趋势。国家发展改革委发布的《关于推广借鉴深圳经济特区创新举措和经验做法的通知》中，明确指出了对"工业上楼"模式的推广，标志着这一模式正在向标准化、规模化的方向发展。

2018年以来，多个城市先后出台了"工业上楼"相关政策措施。其中，2019年深圳宝安区率先在出台的"工业上楼"相关细则中，对建筑的层数、层高、承重等指标有初步指引。为了激励更多的市场主体参与，降低建设成本，珠海、青岛等地推出了混合功能用地、地价优惠、物业产权灵活分割、建设奖补等一系列的支持政策。针对产业引入和防止厂房空置的问题，佛山、青岛等地实施了租金优惠、租金补贴、招商奖补等扶持措施。东莞、惠州等地则通过颁布层高、承重、垂直交通、配套等技术标准，来推动项目的标准化和规范化。

1. 国家"工业上楼"政策

国家"工业上楼"政策见表2-4。

国家"工业上楼"政策   表2-4

年份/部门	条文	政策
2019自然资源部	《产业用地政策实施工作指引（2019年版）》	在"工业上楼"方面提供了明确的指导和支持，鼓励开发区、产业集聚区规划建设多层工业厂房，供中小企业进行生产、研发、设计、经营多功能复合利用。由此，在国家层面也积极推进这一模式的发展与应用
2021国家发展改革委	《国家发展改革委关于推广借鉴深圳经济特区创新举措和经验做法的通知》	在总结梳理深圳已复制推广的创新举措和经验做法第十条——"划定'区块线'，保障工业发展空间"的内容中，提出要推广工业上楼模式，由此工业上楼在国家层面得到进一步认可和推动

2. 各城市"工业上楼"政策

各地"工业上楼"政策见表2-5。

各地"工业上楼"政策   表2-5

年份/地区	条文	政策
2019深圳宝安	《深圳市宝安区工业上楼工作指引（试行）》	对"工业上楼"的产业引导、建筑设计、消防管理、环保管理、供水管理、供电管理、产业监督、设计审查、建设及使用监督等方面发布标准

续表

年份/地区	条文	政策
2019青岛	青岛西海岸新区印发《关于加快高层工业楼宇经济发展的实施意见（试行）》	从产业导向、开发建设和运营的投资主体、开发建设基本要求、功能配套要求、自持比例及分割转让要求、扶持政策、组织保障等七个方面对高层工业楼宇的建设发展进行了规范
2020苏州	《苏州工业园区优化营商环境行动方案》	指出提高用房用地效率，鼓励地上（地下）空间开发，最大限度提高土地节约集约利用水平，鼓励"工业上楼"，提高产业用地容积率等
2021佛山	《佛山市三水区乐平镇"工业上楼"扶持办法》	对"工业上楼"项目提供建设资金扶持、贷款贴息、租金补贴等，单个扶持对象扶持总额最高可达1000万元
2021东莞	《水乡功能区工业上楼产业引导指南》《水乡功能区工业上楼园区规划指南》《水乡功能区建筑设计指南》	系统全面提出了"工业上楼"导向产业目录、细分产业"工业上楼"适应性指南、"工业上楼"建筑指标标准指引、"工业上楼"园区规划指南等
2022深圳南山	《南山区城市更新和土地整备局2021年工作总结及2022年工作安排》	提出探索"工业上楼"解决方案，打造先进制造业空间解决方案的南山样板
2022深圳光明	《深圳市光明区"工业上楼"建筑设计指南（征求意见稿）》《深圳市光明区特色产业园区建筑设计指南（征求意见稿）》	提出兼具硬性指标与软性指引的"工业上楼"建筑设计指标体系，并根据光明承接的八大特色产业集群，打造属于光明区特色产业园区建筑设计的技术指导文件。从严落实"工业上楼"特色产业园区建筑设计指南细项指标，持续打造高标准、高品质产业空间
2023深圳（全市）	《深圳市"工业上楼"项目审批实施方案》	提出确保全市连续5年每年提供不少于2000万m^2"高品质、低成本、定制化"厂房空间的目标
2023深圳龙华区	《龙华区工业上楼项目企业进驻管理实施细则（试行）》（征求意见稿）	该细则是龙华区为贯彻深圳市政府关于推进"工业上楼"试点项目建设的战略部署，促进高端制造业与工业上楼项目有效对接，拓展优质经济产业空间供给，支持实体经济高质量发展、高标准打造深圳都市核心区而制定的政策文件
2023佛山	《顺德区鼓励"工业上楼"十条措施》	鼓励"工业上楼"推动工业厂房招商，促进顺德区产业用地节约集约利用，拓展产业发展空间，加强制造业空间保障，优化企业发展环境
2023青岛	《崂山区推动"工业上楼"工作的指导标准及政策措施》	深度对标苏州、深圳等先进城市经验做法，立足崂山实际，打破"横向"扩张的空间路径依赖，着眼于"纵向"布局，打造"垂直工厂"
2023上海	《关于推动"工业上楼"打造"智造空间"的若干措施》	明确鼓励国有、民营和外资等各类主体参与智造空间建设，力争3年推出3000万m^3，涌现一批科技含量高、核心竞争力强的独角兽企业、专精特新"小巨人"企业
2023江苏吴江	《关于支持加快产业更新的若干政策措施（试行）》	鼓励提高容积率、支持整体重建、允许部分改建、探索"工业上楼"、推动兼并重组、倡导连片开发、加快土地收购、给予提档支持、实施招商奖励9个方面，全力推动工业用地空间重构、资源重组、品质重塑
2023厦门思明区	《思明区先进制造业高质量发展实施方案（2023—2026年）》	鼓励实施"工改工"、引进专业运营机构等，结合开元创新社区、龙山文创园等片区开发建设、探索打造新型工业园区，建设一批定制化的高层工业楼宇，引进高科技、高附加值先进制造企业向上集聚，进行研发制造，推动"制造+研发办公"高度集约，以"向上增效"等方式有效发挥存量空间潜力

3. 政策共性

全国"工业上楼"的政策创新，聚焦在成本严控、产业导入、设计规范层面。政府对"工业上楼"项目有以下四个维度的鼓励性指导和限制性要求。

（1）开发建设基本要求

政策均鼓励项目利用城市更新的机会探索"工业上楼"模式，且从土地开发面积、容积率限制、是否符合"工改工"三个方面对"工业上楼"限定了详细的开发要求。

（2）产品构成及开发模式标准化

确定产品比例（如生产空间和配套设施占比）、各物业自持及租售比例、分割转让条件等。

（3）建筑标准化

为确保"工业上楼"落地实施，在"工业上楼"建筑设计指南方面，对载荷、层高、货梯、卸货平台、柱距、垂直物流等作出相关规定，为建设高标准工业大厦提供全面、系统、科学的技术指导。

（4）导向型扶持政策

在符合"轻型生产、环保型、低能耗"特征基础上，结合城市区域的未来产业导向，对满足"工业上楼"标准的产业园区的开发主体和入驻企业进行奖励扶持。

2.5 "工业上楼"发展趋势

2.5.1 趋势一：高品质

1. 三生融合

"三生融合"旨在全面考虑并协调生产、生活和生态三个方面，以实现职住平衡、提升生产空间质量、优化生活空间便利性，同时保护和打造优美的生态环境。

"三生融合"强调对城市和社区规划的全面性思考。首先，实现职住平衡意味着在城市规划中更好地融合工作和居住区域，减少通勤时间和交通成本，提高生活质量。其次，关注生产空间的高质化，强调在工业和商业区域创造先进、高效的生产环境，推动产业升级和经济发展。同时，优化生活空间便利性，着眼于提供方便、宜居的居住区域，使职工能更便捷地享受城市生活的各项服务和设施。最后，注重生态环境的美化与保护，致力于在城市规划中保留和创建绿色空间、生态走廊，提供宜人的自然环境，促进生态平衡。

2. 三创结合

"三创结合"旨在以高端制造为核心，构建创新城区，吸引社会资本的关注并引入创投,以激发年轻人的创新创业活力和激扬草根梦想,全面提升科技研发和应用水平。

这一理念的核心思想是将创新、创业和创投有机结合,形成相互促进的良性循环。首先,以高端制造为核心,强调通过引入先进的制造技术和生产方式,推动产业升级,提高城区的产业竞争力。其次,吸引社会资本关注和引入创投机构,为创新创业提供资金支持和专业指导,促使有潜力的创业项目落地生根。最后,通过提升科技研发和应用水平,不仅可以推动新技术的研究与应用,还能够培育更多科技型企业,为城区的经济注入新的动力。

3. 典型案例

（1）南山红花岭基地：高标准生产空间

南山红花岭基地位于南山区桃源街道留仙大道南侧。项目用地面积约11.8万 m^2,开发规模约78.2万 m^2,容积率6.6。其中高标准厂房占总建筑面积一半以上,单栋厂房高度近90m,层数16层,各项指标超过其他地区标准,产业园建筑面积约27万 m^2,如图2-13所示。

图2-13 南山红花岭基地

通常,制造业企业不愿"上楼"的原因有：重型设备不易上楼,厂房楼板荷载要求高,高层货梯难达标,货运效率低,该项目在这些难点上均有所突破。

一是层面布局按照"可拆可合"要求,设计出C字形、一字形两种厂房结构,尽可能保障流水线长度。如图2-14所示,其中C字形标准层面积达8000m^2,一字形标准层分别为3000m^2、5500m^2、8000m^2。各类厂房可灵活分拆成1600~8000m^2不等单元,保证了不同业态企业的生产需求。

二是层高预留了未来生产的需求高度。考虑到先进制造业的生产需求,层高定为首层8m,2~9层6m,10~16层4.5m。

三是楼层承重标准较高。该项目厂房的荷载标准为首层2.0t,2、5、9层为1.5t,10层及以上为0.8t,其他层为1.0t。这些负荷标准能满足绝大部分企业生产需求,荷载要求高的企业可入驻低楼层。

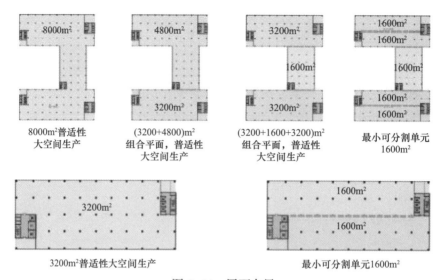

图 2-14 层面布局

四是借鉴新加坡裕廊"趋势工厂"经验,采用了盘道和高架平台,装卸货可直通各楼层。每栋建筑由 3 个三层单元堆叠,通过"环形坡道＋高架道路"模式,将货运交通引入第 2 层、第 5 层及第 9 层平台,实现多首层厂房。第 9 层平台有吊装重型设备的预留位置,同时 2、5、9 层预留有卸货平台及货车停车位,如图 2-15 所示。货车经盘道到达对应楼层平台卸货搬运,可大大缩减货运时间。

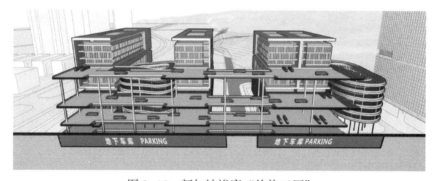

图 2-15 新加坡裕廊"趋势工厂"

(2) 东莞松湖智谷:高品质配套典范

松湖智谷产业园位于东莞市松山湖高新区,园区积极引进综合产业配套,实现"产学研展销"全产业链及"产城人文旅"融合发展,构筑"生产、研发、试制、中试、检测、营销、展示、办公"等为一体的"产城人"综合示范区。

园区以"产城融合、生态先行"的发展理念,采用 PPP 模式投入 5.1 亿元,打造 2km 滨水长廊景观带、3 大市政公园,绿化总面积达到 16 万 m²。被称为"一座长在公园里的智造产业新城",如图 2-16 所示。

图 2-16　东莞松湖智谷生态配套

园区配备一站式服务中心和专业的运营团队，为企业提供 8+N 的运营服务，包括不限于政策服务、人力资源服务、品牌建设服务、鹰眼服务、产业服务、科技服务、财税金融服务、定制服务、科技孵化器等，聚集企业生长的各种资源与要素，一站式为企业提供全生命周期精准服务，如图 2-17 所示。

图 2-17　东莞松湖智谷服务中心

围绕园区企业和员工的需求，以产业生态新城为核心理念，提供 5000m² 网红智能餐厅、配套商业街、共享会议室、一站式服务中心、政府政务中心、人才公寓、市政公交车站、园区接驳巴士、生态公园、科技孵化器、产品展示中心等基础服务，解决企业人才吃住行生活配套，如图 2-18 所示。

图 2-18　东莞松湖智谷生活配套

良好的经营环境和生活环境、一站式的完善产业配套，让园区不再是冰冷的钢筋混凝土工厂车间，而是企业经营和员工工作生活的温馨家园，实现产城人融合的生态新城、产业新城、智慧新城。

2.5.2 趋势二：定制化

定制化，即根据企业的需求量身定制生产空间。不同行业、不同类型的企业对于生产空间的需求存在较大差异，尤其是在"20+8"产业中，如生物医药企业、智能装备企业等，其对空间设置、层高、荷载、排污、排废等方面有特殊的需求。因此，强调定制化建设，按照企业需求灵活设计生产空间，以需定供可以更好地满足不同企业的特异性需求。定制化可分为结构性定制化和功能性定制化两个方面。

1. 结构性定制化

结构性定制化包括层高、荷载等核心硬性指标的个性化定制，而功能性定制化则包括满足生产线、生产工艺等具体需求。通过这种精细化的定制化建设，可以更好地适应不同行业、企业的特殊要求，提升产业园区的吸引力。

2. 功能性定制化

在功能性定制化方面，不同行业的企业存在着独特的需求，这包括了生物制药企业对于洁净生产环境和半导体企业对于超洁净生产空间的特殊要求，考虑应该包含结构性和功能性两个方面。结构性方面主要涉及硬性指标的个性化定制，如层高和荷载，而功能性则关注于满足不同企业的具体需求。

3. 典型案例

（1）宝龙智造园：预招商+定制化

宝龙智造园项目位于宝龙新能源产业基地内，用地面积 $38022m^2$，总建筑面积 $207880m^2$，是龙岗区为推动宝龙片区高端制造产业集聚发展重点打造的园区之一，重点发展ICT、电子元器件、AIOT、生命科学、绿色能源等战略性新兴产业，如图2-19所示。

图 2-19 宝龙智造园

宝龙智造园以"先引凤后筑巢"的理念，采用了创新的"预招商+定制化"模式，为企业提供了高度个性化的生产空间。按照"低价优质、度身定制、节能环保、智慧共享"理念，打造高标准智能制造产业园区。

这种"预招商+定制化"模式的优势在于，通过与企业的紧密合作，产业园区能够更精准地满足企业的实际需求，提供更符合其特色和发展方向的生产空间。

在这个独特的模式下，龙岗宝龙智造园首先进行了预招商，即在规划和建设之前与企业进行提前洽谈。通过与企业密切合作，提前了解其生产需求和特殊要求。在一期建设中，13.2万m^2的厂房的定制需求竟达到了42万m^2，这充分反映了企业对于个性化生产空间的强烈需求。

目前，已经有8家企业与宝龙智造园签约，厂房的定制化主要根据医药医疗器械产业的特征进行了精心设计。这包括了层高、装载能力等方面的结构性定制，同时也考虑了医疗行业对于洁净环境和其他功能性要求的定制。

通过引导企业参与规划和设计过程，产业园区能够更好地适应市场的变化，提高吸引力，进一步推动区域产业升级。这种定制化的模式将成为未来产业园区发展的重要趋势，为企业提供更灵活、更符合需求的发展空间。

（2）宝龙专精特新产业园：以需定供

宝龙专精特新产业园占地面积约8.84万m^2，容积率4.53，计容建筑量约40万m^2。园区定位为"专精特新""小巨人"、上市及拟上市、优质成长型企业集聚区，主导产业为高端装备及生物技术、新一代信息技术、新能源及新材料产业。宝龙专精特新产业园其独特的"基准高标准+预留定制化弹性"模式，为企业提供了高度灵活和个性化的生产空间。

宝龙专精特新产业园遵循"以需定供"的原则，在开展空间设计之前，首先针对全市20大战略性新兴产业集群的100多家代表性企业展开调研，组织多次行业研讨会，详细摸查不同类型企业对于空间的需求，然后再结合需求设计空间，如图2-20所示。

图2-20 产业园建设运营流程

产业园共包括6栋厂房，为满足不同产业不同环节的生产工艺需求，每栋厂房都按照"1~4层定制化、5~10层通用化"进行平面布局，如图2-21所示。

定制化厂房为了满足特定企业的生产工艺需求，通过签订《产业用房定制协议书》，明确建设标准与需求。再针对层高、荷载、标准层面积、机电设备、装修、电梯、空调等进行个性化定制，实现"一企一案"。

根据企业的需求进行了个性化定制，可容纳IT产业中的半导体与集成电路、超高清视频显示、BT产业中的生物发酵、大型医疗器械等产业。其中首层厂房层高不低于8m，地面荷载不低于1.5t/m^2。而1~4层则设计为可建设单层面积在6000~10000m^{2}之间的大平层，适合半导体和集成电路等领域的精密加工生产线，或者5亿元以上大型企业的自动化生产线。对于5层以上的厂房，设计了单层面积在3000~5000m^{2}之间，更适用于亿元级企业布局超净车间或无菌车间，如图2-22所示。

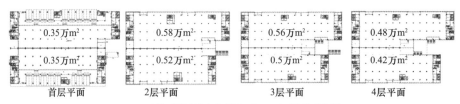

类型			总指标	分地块指标				
				03-21-03	05-03-01	05-04-01	03-22-04-01	03-22-04-02
建设用地地块								
建设用地面积(m^2)			88404	20566	25097	29408	4689	8643
平均容积率			4.53	4.55	4.55	4.55	4.93	4.13
总建筑面积(m^2)			462479	105036	135201	147707	31419	43116
计容建筑面积(m^2)			400439	93612	114205	133807	23119	35696
其中	高标准制造业厂房		341624	93612	114205	133807	-	-
	商业		2330	-	-	-	665	1665
	酒店		22454	-	-	-	22454	-
	工业配套		31631	-	-	-	-	31631
	其中	配套宿舍	29631	-	-	-	-	29631
		配套食堂	2000	-	-	-	-	2000
	配套设施		2400	-	-	-	-	2400
	其中	托幼中心	1000	-	-	-	-	1000
		社区警务室	200	-	-	-	-	200
		便民服务站	550	-	-	-	-	550
		党群服务中心	650	-	-	-	-	650
不计容建筑面积(m^2)			62040	11424	20996	13900	8300	7420

图2-21 宝龙专精特新产业园规划

图2-22 宝龙专精特新产业园产业用房定制

这一灵活的模式既体现了对基础标准的高要求，也为企业提供了预留的定制化弹性，使其在不同阶段能够根据业务发展需要进行空间调整，确保了生产效率和灵活性的平衡。

⇨ 本章参考文献

［1］ 王晓羚.以工业上楼优化城市产业发展空间的思考与建议［J］.产城，2022，（07）：48-51.
［2］ 张鑫鑫，刘奔，叶技，等."工业上楼"类高层工业厂房建筑标准化策略分析［J］.绿色建筑，2024，16（02）：79-84.

第 3 章 "工业上楼"项目产业定位

产业定位是产业规划的核心结论，指的是根据某一区域的综合优势和独特优势、所处的经济发展阶段以及各产业的运行特点，合理地进行产业发展规划和布局，确定主导产业、支柱产业以及基础产业。其中，主导产业处于生产链条中的关键环节，是区域经济发展的核心力量，也是产业规划成功的关键。

从诸多案例来看，合理的产业定位可以称为是城市产业发展、园区项目开发成功的基石。从宏观角度来看，合理的产业定位更有利于形成优质的产业集聚，完善区域的产业链，从而增强区域创新能力，加速地区产业发展与升级。如图 3-1 所示，产业集聚效应反映出产业发展的必然趋势，例如美国硅谷，聚集了一大批计算机和电子信息等高新技术企业。国内的例子也很多，比如在重庆市，诸如电子信息、汽车制造、装备、化工、材料和能源等产业都各自聚集在特定的地区，形成一种地区集中化的制造业布局。

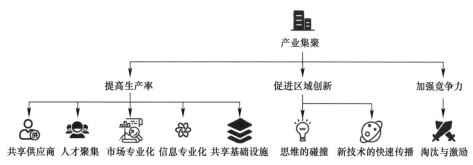

图 3-1 产业集聚效应

从微观角度来看，合理的产业定位将指导园区的设计和建造，为日后引入的企业预留适配的厂房等硬件设施；也将指导后期的招商工作，提高招商效率，实现精准招商；更将影响园区整个后期配套服务体系，从而能搭建适合相关企业发展的生态圈。

因此，产业定位是引导走向产业集聚与集群的重要手段；反过来产业的集聚与集群会增强整个城市、产业园区的吸引力，吸附更多同产业和相关产业的企业进驻。

"工业上楼"本质上是企业在高层楼房中进行研发、设计再到完成生产销售闭环的产业新空间模式。它既有一定普适性，也有一定特殊性，"普适"是在于作为产业项目本身而言，产业不是无源之水无本之木，需要有适合生长的土壤，需要符合区域产业发展趋势；"特殊"是特殊在"上楼"这一新空间形态要求使得对产业门类有一些先天性的限制，需要进一步进行筛选排除。因此，"工业上楼"产业适配既要考虑工艺流程上楼的适应性，

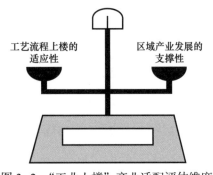

图 3-2 "工业上楼"产业适配评估维度

又要考虑区域产业生态支撑力及市场可行性,多维度评估产业上楼的适用性,如图 3-2 所示。

产业定位是产业规划的核心结论,通过产业定位模型建立一个严谨的逻辑推演体系,是园区产业规划成功的关键。本书基于工业上楼项目的普适性及特殊性,构建了"基于筛选法的漏斗——产业定位"模型。

漏斗——产业定位模型的实质是"筛选法",首先,将符合产业发展区域的国家、省、市重点发展的产业政策作为漏斗的顶端,从宏观环境政策层面分析出适合项目片区发展的产业大类,再通过受"工业上楼"的微观约束指标等,一层层地将不满足区域发展条件的产业剔除,最后筛选留下来的产业作为区域的主导产业,如图 3-3 所示。

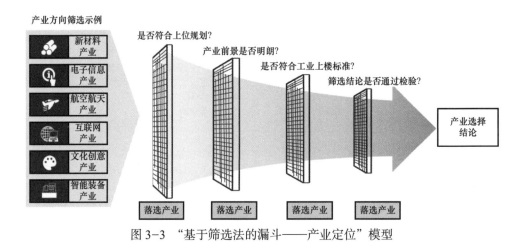

图 3-3 "基于筛选法的漏斗——产业定位"模型

⊃ 3.1 区域产业筛选机制

对于一个产业项目而言,首先要研究的是项目所处区域的未来发展趋势,而产业研究相关理论是洞悉未来产业发展趋势的重要理论。

3.1.1 产业研究相关理论

1. 产业研究

"产业"一词最早由英国经济学家马歇尔(A.Marshall)提出,指某一代表性和典型性的生产性行业,主要用于分析微观经济活动中的企业最优经济运作。城市产业结构是城市经济结构的核心部分和基础。城市产业结构的内容，可以从不同角度提出各种不同的分类，英国经济学家、统计学家克拉克提出了产业发展中劳动力在三次产业间的分布规律。目前最常见的是把城市产业分为第一产业、第二产业、第三产业。三次产业具体划分方法各国都不同，联合国建议的划分方法是：

第一产业：农业、狩猎业、林业、渔业。

第二产业：矿业和采石业；制造业；电力、煤气、供水；建筑业。

第三产业：批发与零售、餐馆与旅店；运输业、仓储业和邮电业；金融业、不动产业、保险及商业性服务；社会团体、社会及个人服务；不能分类的其他活动。

参照国外经验，根据现行国家标准《国民经济行业分类》GB/T 4754，2017年原国家质检总局和国家标准委对我国三次产业划分作了如下规定：

第一产业是指农、林、牧、渔业。

第二产业是指采矿业、制造业，电力、燃气及水的生产和供应业、建筑业。

第三产业是指除第一、二产业以外的其他行业。第三产业包括交通运输、仓储和邮政业，信息传输、计算机服务和软件业，批发和零售业，住宿和餐饮业，金融业，房地产业，租赁和商务服务业，科学研究、技术服务等。

就宏观而言，三次产业的演变具有一定的规律性。三次产业是依次形成、相继发展起来的，产业发展具有内在的联系。产业发展是研究产业的最终目的，指产业的产生、成长、演进，既包括单个产业的进化，也包括产业总体的演进。产业发展的过程就是单个产业的产生、成长、繁荣、衰亡或单个大类产业产生、成长、不断现代化的过程，也是产业总体各个方面不断由不合理走向合理、由不成熟走向成熟、由不协调走向协调、由低级走向高级的过程，也就是产业结构的优化。

其中产业研究理论包括以下几个重要基础方法论：

产业发展周期理论。产业生命周期是每个产业都要经历的一个由成长到衰退的演变过程，是指从产业出现到完全退出社会经济活动所经历的时间。一般分为初创阶段、成长阶段、成熟阶段和衰退阶段四个阶段。随后区域经济学家，将这一理论引入研究领域，进一步演变成为产业梯度转移理论。

产业梯度转移理论认为，区域产业结构决定着当地经济的发展，而地区产业经济现状，特别是主导产业所处生命周期阶段决定着区域的产业结构，因此产业梯度转移的本质是主导产业所处生命周期阶段不同而形成的区域产业转移。如果一个区域的主导产业主要由处于创新阶段的产业组成，表明该区域有良好的发展潜力，因此将该区域划为高梯度区域。知识创新区由于具备经济、文化、人才等优势，因此通常认为它是创新程度高、产业梯度高的区域。随着时间的推移及主导产业在生命周期所处阶段的变化，主导产业将逐渐由高梯度区域向低梯度区域转移，如图3-4所示。

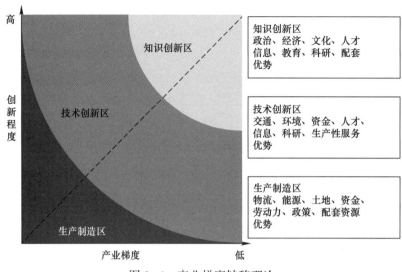

图 3-4　产业梯度转移理论

产业梯度转移理论是产业定位非常重要的理论依据。对于产业地产,尤其是高标准厂房项目,面向客户是有选址要求的企业。企业产生选址需求的原因除了需要扩建新厂外,最重要的原因在于寻求更低的运营成本和最优的政策,而这遵循的就是产业梯度转移的理论。

2. 产业选择理论

从大卫·李嘉图的比较优势理论出发,他认为国际贸易的基础是生产技术的相对差别(而非绝对差别),以及由此产生的相对成本的差别。每个国家都应根据"两利相权取其重,两弊相权取其轻"的原则,集中生产并出口其具有"比较优势"的产品,进口其具有"比较劣势"的产品;库兹涅茨、钱纳里、鲁滨孙等在克拉克的基础上,进一步研究了产业发展中国民收入在三次产业间分布结构的演变趋势,提出主导产业选择基准,认为主导产业的选择要根据区域经济发展的不同阶段和产业结构的演进规律。如图3-5所示,工业化前期是以农业、轻纺工业等劳动密集型、资源密集型产业作为主导产业,工业化中期是以电力、钢铁机械等资金密集型产业作为主导产业,工业化后期则是以汽车、家用电器等耐用消费品和微电子技术、信息、航天、生物、新能源等技术密集型产业作为主导产业。

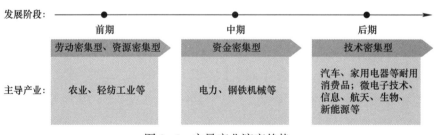

图 3-5　主导产业演变趋势

3. 产业链理论

产业链是产业经济学中的一个概念，是各个产业部门之间基于一定的技术关联，并依据特定的逻辑和时空布局关系客观形成的链条式关联关系形态。它包含价值链、企业链、供需链和空间链四个维度。这四个维度在相互衔接的均衡过程中形成了产业链，这种"对接机制"是产业链形成的内模式，它像一只"无形之手"调控着产业链的形成。产业链的本质是描述同一产业的企业群之间的相互联系，具有结构属性和价值属性等特征。产业链体现出不同企业群之间的上下游关系，通过提供相应的产品、服务或信息反馈来实现企业的抱团发展。产业链理论中最为人熟知的理论是微笑曲线理论。微笑曲线理论是由宏碁集团创办人施振荣率先提出的，该理论认为，价值最丰厚的区域集中在产业链的两端——研发和市场，处于中间环节的加工制造附加值最低，如图3-6所示。

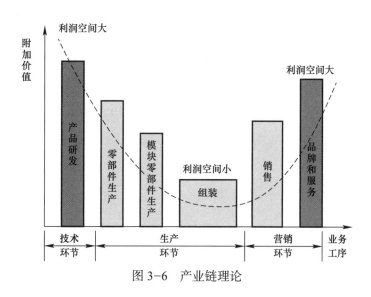

图3-6　产业链理论

产业链与产业转移理论结合是产业定位的重要一环。在知识创新区，由于具备经济、文化、人才等驱动创新的要素优势，适合发展的是产业链中的高价值环节。而生产制造区具备物流、能源、土地、劳动力等成本的优势，适合发展加工组装等附加值低的环节。

4. 产业发展机制与途径

经济学家认为产业不可能自动地或者完全靠市场机制作用自发地实现结构优化、布局协调。政府必须进行适当的管理与调控，制定相关产业发展机制，主要采用制定和执行产业政策的方式对产业的状况及其发展实行必要的干预，最终达到产业结构调整的目的。

3.1.2　区域产业定位筛选

1. 区域产业定位的基础原则

区域产业定位对区域的经济发展有着深远的影响。出色的产业定位需要结合当地的实际情况，充分考虑区域经济发展的态势，对当地产业发展的定位、产业体系、产业结构、产业链、空间布局、经济社会环境影响、实施方案等进行全面考虑。产业定位的基础原则有以下四项：

（1）要以符合国家、省、市、区对当地经济发展和产业发展的上位规划为大原则。

进行产业定位，要符合城市经济基础及规划发展方向，这是制定项目发展战略的关键，也是产业定位的前提。国家、省、市、区对当地产业都会有一定的顶层规划，从过去的"十三五"规划，到现在的"十四五"规划，国家、省（市）会针对所规划产业有特殊的扶持政策，如当地有能力承接该产业落地，便可围绕相关行业进行定位谋划。政策落实是基于政策优势进行产业定位的关键，区域政策配套则是企业择址时考虑的重要因素。产业定位前期需要梳理一下当地近三年的产业政策制定和执行情况，根据政策倾向选择产业，才能更好地指导日后的招商。

（2）要充分结合当地的实际情况，满足市场需求，考虑当地的资源禀赋、区位优势、产业基础、交通等因素进行理性客观地判断，发展优势产业。

产业定位要充分发挥地区的资源优势，以科学发展观为指导，以有效利用为前提，把资源优势转化为经济优势。一个地区的区位优势主要由自然资源、劳动力、产业聚集度、地理位置、交通、区域市场机会等因素决定，大多数产业园区要依靠这些区位优势来确立自己的产业定位。

此外，当地的产业基础也是决定产业园区定位的主要因素。地区的产业基础，即基本的主导产业以及部分特色产业，一定程度上从产业链、生产要素配套等方面决定了园区产业定位中的机会产业，也基本界定了基础的产业链体系。如果当地具备良好的产业基础，园区可以在原有产业的基础上，发展壮大相关产业，针对原有产业进行产业招商，并围绕产业链进行上下游配套产业的招商，形成产业集聚。

（3）要综合考量周边地区的产业发展情况和规划布局，形成区域分工协作和错位发展。

当下，随着区域经济的不断发展，区域分工协作也在不断地加深，要求区域城市间加强联合，加强分工协作，相互协调发展。如果在产业定位时未充分考虑到区域产业布局与分工协作、错位发展，会导致区域产业同质化严重，从而陷入恶性竞争的怪圈，掐脖产业发展，这也是目前我国很多区域产业面临的严重问题。

（4）产业的升级和转移也是产业定位考虑的重要因素。

产业园区经过一定的发展阶段之后，需要调整产业结构、提档升级，以便促进产业园区的可持续发展，所以产业定位要充分考虑到产业升级的方向、路径和目标，以产业升级为导向进行产业定位。

对于承接产业转移来说，通常新建产业园区"内生动力"与新兴产业"造血"能力普遍不强，都需要依托产业转移协作来巩固自身产业基础，土地资源和劳动力资源丰富的地区纷纷将承接产业转移作为招商引资的重要方向。有些地区与发达地区合作，有针对性地进行产业转移承接，其产业定位也主要基于产业转移。例如世界工厂东莞就承接了部分深圳信息电子产业的转移。

2. 区域产业定位过程

产业选择应该进行多轮选择，层层抽丝剥茧，合理确定产业定位，如图3-7所示。

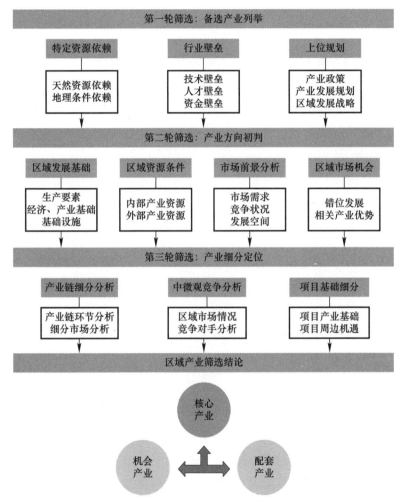

图3-7 区域产业定位过程

第一轮筛选为备选产业列举。结合特定资源依赖及行业壁垒明确区域产业负面清单，从科学发展观出发，根据区域自身客观条件放弃资源受阻的产业。同时结合上位规划，从国家、都市圈、省、核心城市等的产业发展规划、发展战略等进行备选产业的列举。例如我国从"十二五"规划以来，连续三个五年规划中都提及发展战略性新兴产业。《2023年战略性新兴产业分类目录》中提出战略性新兴产业包括新一代信息技术、生物技术、新能源、新材料、新能源汽车等九大产业。

第二轮筛选为产业方向初判，通过区域发展基础、区域资源条件、市场前景分析、区域市场机会等相关指标，深挖价值和差异化，与优势资源相结合发展产业。

第三轮筛选为产业细分定位，进一步精准化，选择产业链的具体某个或某几个环节来扩大细耕。在第二轮的产业方向上，通过产业定位细分筛选模型明确细分子行业，找准项目产业发展方向（或者叫产业类别）和产业发展阶段（或者叫产业环节），筛选出核心产业、机会产业、配套产业。

3.2 "工业上楼"模式下的产业筛选

"工业上楼"产业适配模型的构建是一项系统工程，其核心目标是在保持工业园区经济效益的同时，提升土地使用效率和产业结构层级。为了实现这一目标，主要从市场表现、产业生态和工艺要求三个维度出发，进行精确筛选与匹配。

首先，市场表现维度的评估以区域厂房市场的供需状况和租金水平作为两大核心指标。在此，区域厂房市场的供需平衡状况直接关系到"工业上楼"项目的可行性和盈利模式，而通用厂房市场租金与上楼项目价格之间的合理价差，则是确保项目吸引力和竞争力的关键。

其次，产业生态维度的评估则侧重于产业结构和企业结构两个层面。城市在推进工业上楼时，必须充分考虑区域现有的产业基础、未来的产业规划以及不同产业的前景。资本/技术密集型工业的比重以及当地企业规模结构，都是决定产业能否适应"上楼"模式的重要因素。

最后，在决定一类产业上楼发展前，需要评估产业上楼的可行性与配套需求。受限于高层楼宇的承重和层高、生产的噪声和辐射等因素，上楼产业一般具有轻生产、低排放、小空间的基本产业特征。产业特性维度的评估需要深入理解，从原材料投入到成品产出的各个环节，不同产业和行业对厂房的具体要求各异。

基于评估产业上楼的可行性与配套需求，具体包括五要素产业筛选模型、典型产业"上楼"适应性分析、产业特性需求评估三大环节。

1. 五要素产业筛选模型

基于深圳、东莞等先行城市经验，已总结出相应产业筛选、建筑规范、设计规范等指引文件，因此本文主要参考《水乡功能区工业上楼产业引导指南》中提出的五要素筛选模型从产业生产各个要素进行综合评估，作为判断产业生产工艺是否适宜上楼生产的依据。

五要素模型判断要素如图3-8所示。

第3章 "工业上楼"项目产业定位

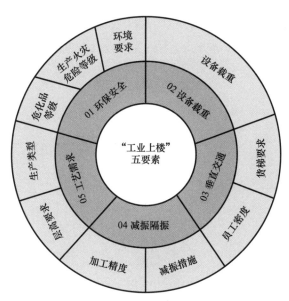

图 3-8 "工业上楼"五要素筛选模型

（1）环保安全。主要从生产安全方面进行判断。具体指标为：① 危化品等级：生产危化品等级大于丁类的产业不建议上楼（危化品，是指具有毒害、腐蚀、爆炸、燃烧、助燃等性质，对人体、设施、环境具有危害的剧毒化学品和其他化学品）。② 火灾危险等级：生产火灾危险等级大于丙类的产业不建议上楼。③ 环保要求：对自然环境和人居环境有严重干扰和污染的产业不适宜上楼。

（2）设备载重。主要从厂房楼板承重要求方面进行判断。综合考虑"工业上楼"的建设成本，具体指标为其核心生产设备重量不宜超过 $1t/m^2$。

（3）垂直交通。要考虑两个因素：货梯需求和员工密度。具体指标为：原始材料或成品单件重量不宜超过 2t，尺寸不宜超过长 2.5m、宽 3m、高 2.2m，生产厂房不宜超过 5 人 $/80m^2$。

（4）减振隔振。主要从生产精度方面进行判断，高楼层易产生共振，对精密机器或仪表设备造成影响。具体指标为：① 减振措施：生产工艺有独立基础要求的不适宜上楼（注：独立基础是指用于单柱或高耸构筑物并自成一体的基础，如混凝土地基）。② 加工精度：生产工艺加工精度达到亚微米级及以下的，不适宜上楼。

（5）工艺需求。主要从生产工艺需求方面进行判断。具体指标为：① 层高要求：考虑"工业上楼"的建设成本，其上楼产业的生产工艺所需层高不宜超过 6m。② 生产类型：不宜为大规模、流程式生产。

鉴于安全生产的重要性，将环保安全要素作为第一层级要素，直接决定项目是否可行，其他四要素作为第二层级要素，决定产业上楼的程度。

将目标产业的生产环节置入模型筛选流程表（图 3-9），若企业无法满足环保安全要求，则不建议上楼。其他四项为重要因素，若不满足任一要求，适宜放在低楼层（1~4层）或通过增加成本、优化设计等方式上楼（5层或以上楼层中生产）。

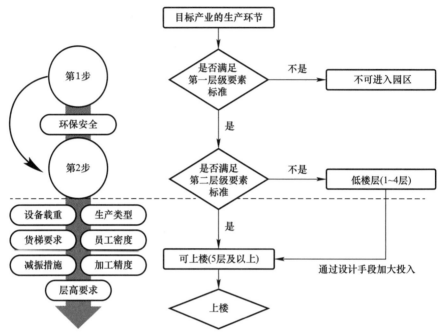

图 3-9 "工业上楼"五要素模型操作指引两步走

总结来看，适合工业上楼的产业多数满足"四小+一高一低"的生产特点。

四小：设备载重小（轻型化）、原料产品体积小、污染小、振动小。

一高一低：技术要求高（工艺先进）、能耗低。

比较适合上楼的主要是轻型、环保型、低能耗的高端制造业和战略性新兴产业。

根据国家现行产业政策、行业准入条件及"工业上楼"五要素筛选模型，从国家产业目录中的31个工业大类划分为重点鼓励上楼、不建议上楼两类。其中战略性支柱产业集群和战略性新兴产业集群的产业多数列为"重点鼓励上楼"产业。而"不建议上楼"，是多数集中在危化品等级高、火灾危险等级高、产生大量污染的产业。

"工业上楼"重点鼓励上楼细分产业见表3-1。

重点鼓励上楼细分产业表　　　　表3-1

序号	产业类别	所涉及的核心产品
1	超高清视频显示	显示器件制造、感应器件、芯片、外观及配件、光学模组、微投影设备等
2	新一代通信设备制造	5G/6G通信设备、芯片及模组、射频器件、基站、天线、天线振子等
3	高端智能装备制造	工业机器人、服务机器人、智能无人机、智能检测设备、电子制造智能专用装备、高端数控加工装备、自动化物流成套设备、高端工业激光设备等

续表

序号	产业类别	所涉及的核心产品
4	智能传感器	敏感元件及传感器制造、机器人新型传感器、智能传感器、集成电路制造等
5	新材料	高值医用耗材、家用医疗设备、体外诊断产品、先进医疗设备、其他医疗设备及器械制造等
6	精密仪器	电子专用材料、半导体材料、塑料覆铜板、LCP/MPI、微波介质材料、激光增益光纤、激光薄片晶体、改性工程塑料、高性能纤维等
7	生物医药	精密智能仪表及传感设备、高端数控加工装备、自动化物流成套设备、高端工业激光设备等
8	高端医疗器械	中药饮片加工、中成药生产、医学研究和试验发展、生物药品制造、基因工程药物和疫苗制造、合成生物等
9	安全节能环保	纸和纸板容器、日用塑料制品、交通安全、管制及类似专用设备、电动机等
10	现代时尚产业	工艺设计（纺织服装、服饰业、制鞋业、乐器制造、工艺品、珠宝首饰及有关物品制造）

"工业上楼"不建议上楼产业见表3-2。

不建议"工业上楼"产业 表3-2

工业大类	
农副食品加工业	非金属矿物制品业
烟草制品业	黑色金属冶炼和压延加工业
皮革、毛皮、羽毛及其制品和制鞋业	有色金属冶炼和压延加工业
木材加工和木、竹、藤、草制品业	金属制品业
家具制造业	电气机械和器材制造业
造纸和纸制品业	食品制造业
印刷和记录媒介复制业	纺织业
文教、工美、体育和娱乐用品制造业	汽车制造业
石油、煤炭和其他燃料加工业	酒、饮料和精制茶制造业
化学纤维制造业	铁路、航空航天运输设备制造业
橡胶和塑料制品业	废弃资源综合利用业

在上述分析筛选标准之外，"工业上楼"项目在具体实践中，除明确推荐的产业外，受区域产业基础、发展需求等影响，地方会通过调整载体及配套设计来推动部分非推荐产业上楼。例如广东顺德的容桂华口电镀产业园，就是在城市工业用地紧缺，产业又因其在地方产业体系中的重要性无法做简单腾退处理，从而将电镀业这一理论上的非推荐产业做上楼的范例。

2. 典型产业"上楼"适应性分析

选取高端装备制造、新材料、生物医药三大热门战略新兴产业，分析典型产业"上楼"细分环节适应性，如图 3-10 所示。

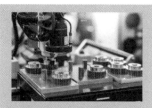

高端装备制造产业
高端装备制造业是工业现代化的重要基石，也是科技创新的关键领域。高端装备制造业是我国制造业的重要组成部分，对国家的经济发展和战略安全具有重要意义。

新材料产业
新材料产业是战略性、基础性产业，也是高技术竞争的关键领域。我国新材料产业在创新能力、产业规模、集聚效应等方面取得了长足进步，形成了全球门类最齐全、规模第一的材料产业体系。

生物医药产业
生物医药产业是全球发展最快、前景是广阔的产业之一。我国生物医药市场规模已经超过千亿级别，生物制药和基因工程药物是生物医药产业的两大核心领域，占据了市场的主导地位。

图 3-10　三大热门战略新兴产业

高端装备制造业难以上楼，具有高产品参数要求，配套需求小，区位要求高。高端装备制造业通常涉及精密仪器和大型设备的制造，这些设备往往需要较大的空间和特定环境条件。一般需要首层空间或部分低楼层空间，对承重、层高、柱距等参数要求高。工人数量相对较少，对配套的敏感度较低，而对物流、园区区位要求高。因此，高端制造业的工业上楼适配性相对较低。

高端装备制造业"上楼"适配性见表 3-3。

高端装备制造业"上楼"适配性表　　　　　　　　　　　　表 3-3

核心产品	原材料及生产环节	上楼适应性
白线针轮减速器	摆线轮生产	低楼层
	曲柄轴生产、壳体生产	低楼层
机器人专用谐波减速器	柔轮生产、波发生器生产	低楼层
	钢轮生产	低楼层
高速高性能机器人控制器	高精度广电编码器生产	低楼层
	可旋转码盘生产	可上楼
	电位器生产	可上楼
机器人专用伺服驱动器	零部件生产	低楼层
	换向器生产	低楼层
高精度机器人专用伺服电机	定子转子生产、编码器装配	低楼层
	电机装配	可上楼
机器人专用新型传感器	集成传感器生产、装配	低楼层
	薄膜传感器、厚膜传感器	低楼层
	陶瓷传感器	低楼层

新材料产业可上楼，具有一定参数要求，环保要求多，配套要求低。新材料产业涉及细分行业范围较广，生产工艺中会对厂房层高、承重、温湿度控制、洁净度等参数有一定要求。部分生产工艺需要较高的层高和承重能力，以便于安装大型设备或进行材料测试。但新材料产业通常对环境友好性有较高要求，不仅要求生产过程中减少污染物的排放，还要求要有有效废弃物处理和回收系统。不过该产业对工业园配套的敏感度较低。

新材料产业"上楼"适配性见表3-4。

新材料产业"上楼"适配性表　　　　　　表3-4

核心产品	原材料及生产环节	上楼适应性
ICP/MPI	LCP数值生产	可上楼
	LCP薄膜生产	可上楼
	LCP FCCP生产	可上楼
	LCP软板生产	低楼层
	LCP模组设计	低楼层
微波介质材料	微波介质陶瓷材料生产	低楼层
激光增益光纤	光导纤维	低楼层
激光薄片晶体	激光晶体	低楼层
高性能纤维材料	碳纤维	可上楼
半导体材料	陶瓷基板	可上楼
	光刻胶	可上楼

生物医药产业可上楼，产品参数要求较低，需求面积大，环保要求高。生物医药产业园区前期建设投入较大，企业生产集中处理需求多，厂房单位面积要求较低，层高承重等参数要求略低。此外还需要针对生物医药类企业特有注册监管的行业特点，建立良好稳定的平台及营商环境。

生物医药产业"上楼"适配性见表3-5。

生物医药产业"上楼"适配性表　　　　　　表3-5

核心产品	原材料及生产环节	上楼适应性
冠状动脉血管支架	激光刻蚀、涂层	低楼层
	表面处理	可上楼
PTCA球囊扩张导管	球囊成型、加工、连接	低楼层
	灭菌	可上楼
防护服	裁剪缝合等全工艺	可上楼
一次性注射器	注塑	低楼层
	外套印刷、自动组装等工艺	可上楼

续表

核心产品	原材料及生产环节	上楼适应性
X射线机	组件加工等工艺	低楼层
便携式心电图机	注塑、焊接等工艺	低楼层
	程序烧录、功能检测等工艺	可上楼
呼吸机	涡轮风机生产	低楼层
	压力传感器生产、零件组装	可上楼
生化分析仪	机壳、机械部件生产	低楼层
	组装调试、试剂生产	可上楼

3. 产业特性需求评估

根本上来说，"工业上楼"厂房是基于企业业务需求定制的一套综合方案，实践中，不同的产业有其重点关注的指标，需要结合其生产工艺、设备特性、行业特殊要求等不同来进行产业特性需求分析。

对于"工业上楼"来说，竖向的因素必然是重点。在实际应用中，企业的生产设备规模和重量、生产线的复杂程度是决定其适合楼层高度的关键因素。重型机械制造、新材料和涂料产业等因其设备庞大且重，通常需要位于较低楼层，且对楼层高度和载重能力有着更高的要求。而智能制造类产业，如机器人、生物医药、电子信息等，由于其生产线较轻、流程简化，则可以适应更高的楼层，对楼宇的承载能力需求相对较低，如图3-11所示。

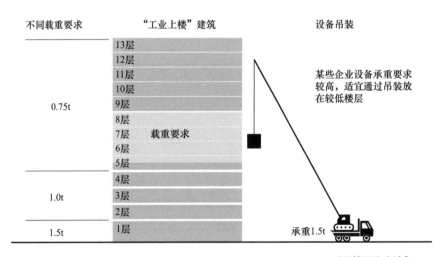

图3-11 "工业上楼"建筑载重要求

同时，根据大多数市场经验判断，生产制造价值随着楼层提升而下降，而研发办公价值随着楼层高度而上升，因此首层更适合放置生产制造环节，研发办公则"上楼"的适应性更强，如图3-12所示。

第 3 章 "工业上楼"项目产业定位

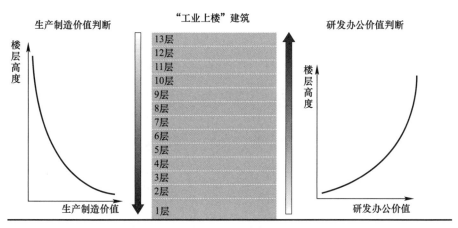

图 3-12 "工业上楼"建筑层高价值判断

而根据不同的产业环节,对层高也有不同相应要求。如图 3-13 所示,工业层高规定各有不同。通常来说,厂房首层层高为 6~8m,2~4 层层高为 5.4~6m,5 层及以上层高为 4.5m 较为合理。这样也便于形成生产、实验以及研发办公的垂直分区模式。区域层高规范建议见表 3-6。

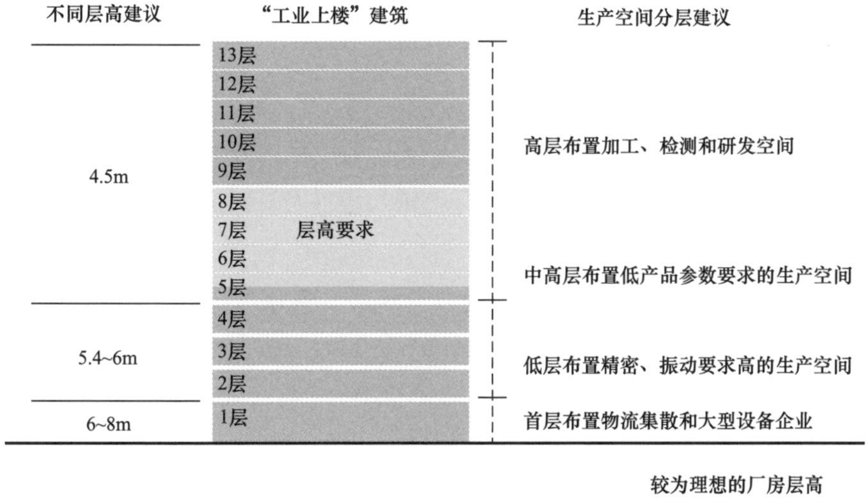

图 3-13 "工业上楼"建筑不同产业环境层高建议

区域层高规范建议表　　　　表 3-6

区域规范建议	深圳		东莞	佛山
	深圳光明	深圳宝安	东莞水乡功能区	佛山市三水区乐平镇
层高要求	首层 6~8m 2~4 层 5.4~6m 5 层及以上 4.5m	鼓励按照工艺需求合理设置建筑层高	首层 8m 2~4 层 6m 5 层及以上 5~5.5m	≥4.2m

另一方面，生物医药、半导体等精密制造行业对配套设施有更为特殊的需求，比如高级的减振隔振系统、精细的防尘措施和污染物处理机制等。这些行业对生产环境的要求极为严格，必须确保环境稳定性和纯净度，以保障产品质量和安全性。

以深圳坪山中城生物医药产业园为例，其定位为生物医药研发及生产基地。如图3-14所示，相较于其他通用型工业上楼，园区额外加入危化品仓库、双电源供电、蒸汽能源、废水处理站等专业化组件，可满足生物医药企业生产需要。

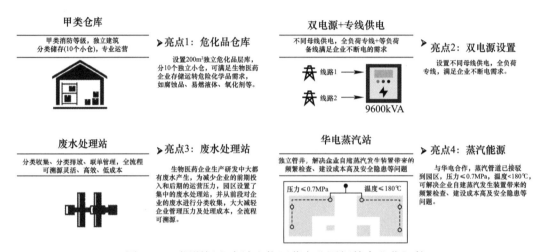

图3-14　深圳坪山中城生物医药产业园额外专业化组件

由于产业需求各异，园区的产品设计必须吻合鲜明的产业特性，必须符合主导产业的生产设备、工艺流程、排放处理等实际使用需求。根据对目标企业的系统深入调研，针对性地打造空间载体。

"工业上楼"产业适配模型的构建是一个多因素、多维度综合考量的过程，旨在通过科学合理的规划和设计，实现工业发展的可持续性和经济效益的最大化。

3.3　定位模型方法论的运用

以东莞松湖智谷为例，依照"基于筛选法的漏斗—产业定位模型"分析流程进行依次筛选。

1. 项目基础条件

东莞松湖智谷项目位于粤港澳大湾区主轴的中心位置，可以快速对接广深，在莞深同城一体化的趋势下，可以较好地承接深圳产业外溢。

从区位条件来看，松湖智谷产业园位于粤港澳大湾区主轴的中心位置，地处松山湖大道与石大路交汇处，紧邻莞惠城轨寮步站，毗邻松山湖高新区，距离莞深高速石大路出入口 0.5km，10～15min 车程即可到达市中心和松山湖区域，拥有快速对接广深的区位优势，是粤港澳大湾区创新走廊的重要节点。

从产业发展环境看，同时东莞制造业集聚规模优势突出，电子信息制造产业链基本齐全，基本形成包括上游硬件厂商、中游方案提供商和生产制造商以及下游品牌终端厂商的各环节协同发展的完整体系。项目毗邻的松山湖已形成了以华为公司为龙头的千亿级智能移动终端产业集群，并重点布局智能装备制造、生物医药、新能源、新材料等战略性新兴产业。并且随着莞深同城一体化，深圳产业向周边城市转移，例如华为终端和大数据中心迁移至松山湖，其上下游众多供应商企业随之迁移，使东莞具备承接深圳产业外溢的机遇。

从项目条件看，松湖智谷作为东莞 M0 用地首个工业上楼项目，园区规划用地总面积 100 万 m^2，可开发建设用地面积 49 万 m^2，产品类型丰富，构筑企业生产、研发、中试、配套、展销、办公等全生态链，可以汇聚多家产业上下游企业。

2. 产业筛选过程

通过第一轮初步筛选产业大类，如图 3-15 所示，可以初步分析出适宜该园区发展的两大产业——新一代信息技术产业和新材料产业。从宏观环境政策层面分析，结合产业相关的《"十四五"国家战略性新兴产业发展规划》《广东省人民政府关于培育发展战略性支柱产业集群和战略性新兴产业集群的意见》《东莞市现代产业体系中长期发展规划纲要（2020—2035 年）》及《东莞市寮步镇近期建设规划（2017—2020 年）》层层筛选，及结合本地片区产业优势都明确提出要求重点发展新一代信息技术、智能制造装备、新材料等行业。

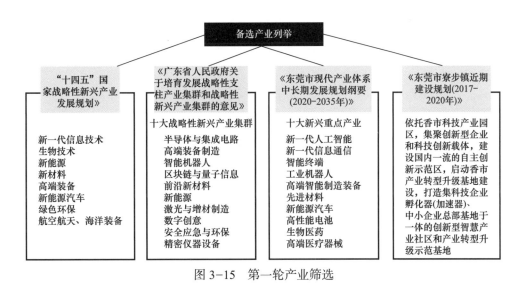

图 3-15 第一轮产业筛选

通过第二轮筛选建立相关指标对产业大类进行分析，如图 3-16 所示。从微观环境中的项目外部产业发展条件进行分析，得出项目片区新一代信息技术产业及智能制造产业发展迅速，初步形成以新一代信息技术为支柱的产业格局。从项目内部的产业机会分析得出,项目周边松山湖科学城具有资源外溢带动作用,以及结合当地片区产业优势的引领优势相关支撑条件,在区域市场机会上,可以与松山湖形成产业互动和优势互补,服务松山湖科技总部的生产制造需求。结合前两轮筛选得出,项目适合发展新一代信息技术产业及智能装备制造产业。

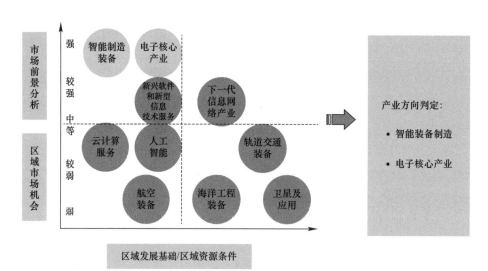

图 3-16　第二轮产业筛选

第三轮筛选,从第二轮的产业方向上,通过产业定位细分筛选模型明确细分子行业。最后定位产业细分如下:通过对新一代信息技术产业及高端装备制造的细分产业的产业链细分、中微观竞争细分及项目基础资源多角度分析,筛选出主导产业的七个细分类别。第三轮产业筛选结果见表 3-7。

第三轮产业筛选结果　　　　　　　　　　　　　　　表 3-7

产业大类	产业类别	产业环节
新一代电子信息技术	关键电子元器件	研发小试、中试及规模生产
	智能终端	
	高性能集成电路	
高端智能制造	工业机器人	
	高端智能制造装备	
	发展服务机器人	
	高端激光装备制造	

3. 项目定位结果

松湖智谷紧密把握住了东莞产业升级通道及深圳产业转移承接机遇,在规划阶段定位为"制造名城的新智造基地",前瞻布局高端电子信息、智能装备制造、大数据、新材料围绕"智能制造全生态链"。明确的产业定位,再加上高品质打造高端制造空间、配套及运营服务,吸引一批来自深圳的智能材料、电子信息企业入驻,并快速形成了具有规模经济效益、创新效益和竞争效益的产业集聚高地,实现了产业向高端化、效益向高产出、人口向高素质转变的三个转变,加速产城人融合,如图3-17所示。

	转变	升级前	升级后
产业向高端化转变	企业数量	3个村(上底村、泉塘村、缪边村)少许加工厂	1200家
	企业性质	三来一补:来料加工、来样加工、来件装配及补偿贸易	高端电子信息、大数据、智能装备制造、新材料
	企业资质	无	国家高新技术企业、行业独角兽、倍增计划企业
效益向高产出转变	物业租金	10~15元/m²	30~40元/m²
	年产值	2000万元/年	200亿元/年
	年纳税	200万元/年	15亿元/年
人口向高素质转变	人才结构	村民、普工	本科、博士、白领、研发设计人员
	人均收入	3500元/月	1.2万元/月

图3-17 东莞松湖智谷产业园区结构转变

据统计,松湖智谷签约进驻企业450家,其中电子信息占比45%,智能装备制造占比32%,新材料占比11%,并已初步培育出电子信息和机器人产业两大生态链,如图3-18所示。

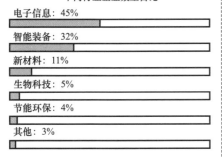

图3-18 东莞松湖智谷进驻企业产业分布

↪ 本章参考文献

[1] 仲量联行工业如何"上楼"？仲量联行首发产业适配模型[J].住宅与房地产，2023，(27)：18-19.

[2] 杨悦，张新东."工业上楼"现状与设计要点解析[J].中国建筑装饰装修，2024，(05)：100-102.

[3] 吕凯.高密度开发背景下的产业用地节约集约利用实践与启示——以新加坡工业上楼实践为例[J].城市建设理论研究（电子版），2023，(28)：41-44.

[4] 王启魁.产业园区规划思路及方法——基于国内外典型案例的经验研究[R].中国投资咨询城镇化研究系列．2013．05.

[5] 孙楷悦.产业规划与布局策略研究[J]建筑实践，2023，(20)：45-48.

第 4 章 规划空间布局与景观设计

◯ 4.1 产业园发展规划与布局

4.1.1 历代产业园空间发展需求与特征

1. 产业园区的基本概念

产业园是指政府或企业为实现特定的产业发展目标而划定的特殊区域,通过园区规划的组织形式,利用建筑的聚集效应,实现产业集聚的多样化与相互协作,担负着聚集创新资源、培育新兴产业、推动城市化建设等一系列的重要使命。

我国的产业园发展起始于 20 世纪 80 年代,最初在 14 个沿海开放城市先后成立经济技术开发区,以劳动密集型产业和外向型的"三来一补"产业为主,逐步形成以粗放型产业为主的产业园区,到 20 世纪 90 年代末,改革开放进入新阶段,开始出现以行业为主体要素聚集的专业化园区和以个体专业经营为主体的园区。至今天,在宏观经济形势推动下,产业园不断转型升级,产业门类和产业组织形式更加丰富,如图 4-1 所示。出现了一大批各具特色的产业园区,包括工业园区、高新技术开发区、经济技术开发区、科技园、特色产业园区、产业新城、保税区、边境经济合作区等。

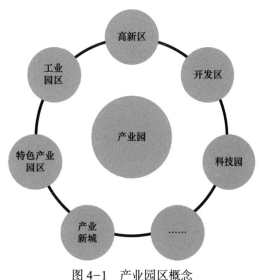

图 4-1 产业园区概念

2. 产业园区的发展历程

我国产业园是伴随着改革开放而诞生、成长与发展起来的。以 1979 年深圳蛇口工业区的设立为起点,经历了从无到有、从弱到强的发展过程,主要可分为四个阶段。

第一阶段(要素聚集阶段):这一时期我国正处于改革开放初期,在国家改革开放政策支持下,国内 14 个沿海城市陆续建立了经济技术开发区,形成了以工业园区为主的粗放型产业园区。这些园区主要聚集了低附加值、劳动密集型的传统产业,产业定位不够明确,多种行业企业混杂在一起,园区与城市相对独立,功能相对简单,建筑风格单一,生活服务设施匮乏。其中,深圳科技工业园成为一个典型代表。

在此阶段,城市空间规划面临了新任务,即如何合理、有效地规划这些新兴产业园区。从各城市发展回顾来看,城市在规划产业园时大体上以确保交通畅通为首要任务,将园区与城市交通网络相连接,以便货物和人员的快速流动。同时,考虑基础设施的布局,如供水、供电、通信等,以满足初期产业生产需求。为了营造良好的工作环境,规划还预留了一定比例的绿地,并设计简单的公园和休息区,为工人提供休憩空间。公共服务设施的合理分布也被考虑进规划中,以满足员工的基本生活需求,如小型商店、食堂和医疗点,如图4-2所示。初创时期的城市空间规划着眼于确保产业园区的基本功能性,同时关注员工的基本生活和工作需求,为新兴产业园区的后续发展奠定了坚实的基础。

图4-2 深圳科技工业园

第二阶段(产业主导阶段):这一时期我国改革开放与经济发展进入到新的阶段,产业园区发展也随之进入到成长与快速推进阶段。在企业市场竞争力的驱动下,园区逐渐具备了一定的配套和产业聚集能力,产业升级成为园区发展的主基调。这个阶段,许多园区具有了明确的产业主题,同类企业集聚效应开始凸显,功能形态开始丰富化,产业类型也逐渐高级化,园区建筑开始注重产品功能,配备了相对完备的员工宿舍、食堂、办公楼等配套设施,但缺乏空间品质和空间氛围,比较有代表性的是张江高科技园。

在产业主导时期,城市空间规划偏向更加精细地处理产业园区的结构和功能性。这一时期标志着园区从单纯的产业聚集地逐渐变为有明确产业导向和高度组织化的生产和研发空间的转型。规划师深入挖掘各类产业的特性和需求,进而明确园区内各个区域的产业属性,如高新技术产业区、轻工制造区或生物技术研发区。与此同时,为了增强各产业之间的协同效应,规划有意识地设计企业间互动灰空间,如会议中心、创新工作室和交流广场,鼓励企业间的知识交流和合作,如图4-3所示。交通规划也进行了相应的调整,优化物流路径,确保各产业区与产品间的高效连接。绿化与景观设计在这一阶段得到更加明确的定位,不仅仅是为了美观,更多的是为了创造一个有利于创新和交流的宜

图4-3 上海张江高科技园

人环境。考虑到园区的长远发展，规划师还开始为未来的产业升级和扩张预留空间。总之，产业主导时期的规划更加注重产业的深度融合和优化，以及如何为园区创造一个持续、健康的发展环境。

第三阶段（突破创新阶段）：这一阶段因部分土地与园区盲目开发，造成资源浪费，我国开始有意识地对产业园区进行整顿、调整。这一时期也正是我国经济由粗放式向着集约式转变时期，产业升级和结构调整成为发展的主题。高技术含量、高产业带动性、高附加值战略新兴产业成为经济驱动主力，产业需求进一步升级，园区呈现精细化发展趋势，并开始注重产业链的打造，强调"强链补链延链"的产业链式发展，逐步形成完整的上下游产业链，产业集聚效应初显。这一时期，建筑形态和品类更加多样化，生活配套和商业配套不断完善，注重园区公共空间设计，空间品质有所提升，产业园与城市之间已逐渐建立中枢辐射式互动关系。后期，产业园产业结构逐步同质化、资源配置也不尽合理，极大制约了产业园的发展，典型代表则为苏州工业园。

在创新调整时期，空间规划的焦点转向推动园区朝着更加创新和可持续的方向发展。这一阶段标志着产业园区的深度优化和精细调整。在这个时期，规划更着重思考如何创造创新型的工作环境，并通过提供灵活的工作空间和独特的设计元素来激发企业的创造力，如图4-4所示。园区的空间布局被重新调整，以适应更加灵活的办公模式，例如开放式办公区、创新实验室和共享工作空间。规划开始关注产业链的深度融合和拓展，鼓励企业在园区内进行研发、设计和生产，以实现更全面的价值链覆盖。绿色和可持续发展也成为规划的重点，新建园区规划陆续引入环保技术，如可再生能源、雨水收集系统等，以最大程度地减少园区的环境负面影

图4-4　苏州工业园

响。与此同时，园区内部的公共空间得到更加精心地设计，包括休闲区、创客广场和艺术装置，为员工提供更多的社交空间。

第四阶段（产城融合阶段）：这一阶段随着知识经济发展和城市化的推动，满足"人"的需求功能获得更大关注。功能需求、配套需求、空间需求与环境需求，缺一不可，这一系列需求的满足，促进了产业园区越来越向综合化方向发展。这一时期，产业园产业组织逐步由产业链式联系趋向产业生态圈互动，产业园中各种类型产业链互相连接，紧密交织，形成内外开放、资源整合的产业生态圈。产业功能与城市功能多层级互动深度融合，产业园空间不仅面向本园区，甚至面向整个城市开放共享，园区功能由产业功能和一般配套扩展到产业研发与生产服务、生活配套完美结合的城市产业综合体，居住、产业与商

图 4-5　北京中关村科技园

业三位一体，齐头并进，商业、社区、学校、医院、文化创意、服务业等形态大量涌现，形成产业园新型功能空间格局，产业园与城市关系逐渐走向全面融合，最具代表性的为北京中关村科技园，如图 4-5 所示。

在产城融合时期，城市空间规划迎来了更为复杂而全面的任务，工业 4.0 时代将产业园区与城市深度融合，以构建一个多功能、多层次的综合性城市产业综合体为目标。城市产业园规划这一时期的首要任务是打破传统产业园区的边界，使其逐渐与城市融为一体。园区不再是封闭的生产空间，而是向城市开放，成为城市生活的一部分。

空间规划在产城融合时期更加注重多功能区域的形成。以功能复合型的园区为基础，涵盖商业、居住、文化和娱乐等多个元素。产业园区生产区域不仅仅局限于生产设施，还包括零售商业、办公楼和创业孵化器。居住区域的规划要考虑住宅区的建设，以满足员工和其家人的居住需求。文化和娱乐设施也被纳入规划，如艺术中心、剧院和公共广场，以丰富居民和员工的文化生活。

交通规划在这一阶段变得更为复杂，规划首先确保园区与城市之间的良好连接，包括公共交通、自行车道和步行街区的规划，以促进便捷的出行方式，同时注重环境保护和生态平衡，推动绿色交通和可持续出行。产城融合时期的空间规划更加注重社区感和公共空间的设计。规划师为创建宜人的环境，包括公园、绿化带和休闲设施，以提高居住和工作的舒适度。各发展阶段特点如表 4-1 所示。

各发展阶段特点　　　　　　　　　　　　　　表 4-1

发展阶段	产业类型	功能类型	发展模式	核心驱动力	建筑形态	产城关系	示意图
第一阶段	低附加值、劳动密集型	加工型、单一的产品加工制造	政府完全主导	政府优惠，政策和低成本驱动	单体厂房为主	基本脱离	
第二阶段	由劳动密集型向资本密集型过渡	外向型产业、电子设备、通信设施等产品制造为主	政府主导下的园区开发公司	内外力并举，即政府和企业市场竞争力双重驱动	制造厂房、食堂、行政办公楼、员工宿舍	相对脱离	

续表

发展阶段	产业类型	功能类型	发展模式	核心驱动力	建筑形态	产城关系	示意图
第三阶段	知识和技术密集型	研发型、科技型、制造、研发复合型，生活配套品质提升	政府与市场共同作用，产业地产商逐渐参与建设和运营	内力为主，技术推动，企业家精神	低密度景观、园区公共空间设计逐渐增加	相对耦合	生产空间／居住空间／办公空间／景观空间
第四阶段	文化创意、科技创新、其他高端现代服务业为主	现代化综合城市功能、复合型产业聚集地、人气、文化、资本等聚集区	地产商组织建设，专业公司运营成为主流	高价值"财富级"要素推动	研发、办公、商业、休闲、教育、管理服务等为一体的知识密集型产业功能综合体	紧密融合	生产空间／居住空间／办公空间／景观空间／商业空间

3. 产业园区的发展趋势

（1）产业集群化

产业集群化是指相同、相关、相连的产业在特定地理区域的高度集中、产业资本要素在特定空间范围不断汇聚的过程。产业集群化有利于降低企业运营成本，包括人工成本、开发成本和原材料成本等，从而提高企业劳动生产率，提升企业竞争力。同时，产业集群化可以产生"整体大于局部之和"的协同效应，有助于提高区域竞争力，促进区域创新发展。从世界产业园产业发展来看，基本经历了由"单个企业→同类企业集群→产业链→产业集群"的发展路径演变，产业园产业只有集群化发展，才会激发出更大的能量。从未来产业园发展与政策走向看，产业集群化的园区更易获取各类政策支持，更有利于产业链条建设，培育出一批"专精特新"企业，在区域产业竞争中更有竞争力，因此，政策扶持也逐步从区域倾斜转向技术倾斜和产业集聚倾斜。

（2）产城融合化

随着我国产业园区发展至新阶段，传统产业园区已成为过去式，想要实现产业发展与城市规划相互促进，需要建设生态、集聚、完善、融合的产业园区，这要求由原来的单一运营模式向"产城融合"模式发展。"产城融合"是产业与城市的融合发展，以城市为基础，承载产业空间和发展产业经济，以产业为保障，驱动城市更新和完善服务配套，以达到产业、城市、人之间有活力、持续向上发展的模式。这就要求将园区作为城市的一部分进行一体化打造与运营，以产业园和城市功能区为双核心，将生产研发、商业活动、生活需求、文娱空间等进行高度融合，赋予产业园一定的社区化属性，打造富有文化精神内核的产城融合产业园，达到"以产促城，以城兴产，产城融合"的目的。

(3) 绿色低碳化

绿色与自然走进产业园区，是产业进步与城市自然环境的融合。随着国家对绿色低碳发展的重视，生态园区绿色发展理念开始得到重视并较快发展，尤其是在双碳目标背景下，加快推进园区低碳化改造和产业升级，打造绿色低碳示范园区，实现园区绿色发展，正成为众多高能级园区的普遍选择。

建设低碳生态园区，要求充分利用园区各种可再生能源、应用各类节能降碳技术、采取各类低碳措施，最大限度降低园区碳排放量，以实现土地、资源和能源的高效利用，实现园区清洁生产。在产业方面，需要大力发展低碳产业，发展循环经济，实现资源综合化利用；在建筑方面，需要大力发展绿色建筑，推进建筑节能改造；在能源利用方面，需要优化能源结构，鼓励采用节能技术，推广非化石清洁能源。

(4) 运营数字化

在世界数字化技术日新月异、国内产业数字化进程加速推进的背景下，云计算、大数据、人工智能等数字化技术在市场上进一步应用，作为区域经济的重要增长引擎，产业园发展应顺应数字化转型的大趋势，推动园区和产业集群数字化转型。

产业园区数字化转型应以园区数字化建设为抓手，以企业服务为导向，以企业培育和经济发展为目标，可以实现园区服务和园区产业的创新升级，促进园区与企业共同发展。通过数字化技术支撑、软硬件设施配套、数据要素积累，为园区企业和产业链提供高效智能的数字化管理服务，并通过搭建互联网数字化平台，建立产业大数据中心，加深企业间的技术资源共享、协助传统企业进行数字化转型，对园区进行数字赋能，构建新阶段下协同发展的智慧与数字园区。

4.1.2 产城融合下产业园空间规划特点

随着时代与科技的进步，产业园与城市的联系日益紧密，对城市居民的生产生活产生着越来越大的影响。因此，在产业园区的设计过程中，需要更多地考虑其与城市的关系以及如何满足相关的规划条件。

1. 规划空间形态设计原则

高标准产业园空间规划的设计原则通过空间灵活、功能多样、交通便捷、绿色环境、生态保护、可持续发展、公共设施完备、社区参与、技术创新和安全防护等综合方法实现。在产城融合的整体性的驱动下，产业园区与城市空间形态的设计应从整体到局部，考虑如何将新开发区域融入现有城市空间中，如图4-6所示。产业园区规划不仅要考虑与周边环境的和谐共存，还要考虑与其他产业园区相互协调，形成完整的产业生态系统。

城市的空间关系和区位因素在产城融合中包括园区的空间位置、城园关系和交通状况，这些因素都会直接影响园区与主城的联系强度。因此，园区内部交通与城市路网的一体化规划设计显得尤为重要。好的交通可达性不仅有助于提升产业园区的区位优势，也有助于减轻城市交通负担。

在"产城一体化"的概念下，产业园区与主城区的协调融合发展要求在规划阶段就实现整体规划、前瞻规划和动态规划。产业园区规划应被纳入当地的社会经济发展规划、城镇总体规划和土地利用规划中，从而确保园区与城市的发展走向一致。园区的功能定位、主导产业选择、空间布局和管制需要综合考虑经济、社会、生态、空间等因素，以适应不断变化的发展需求。

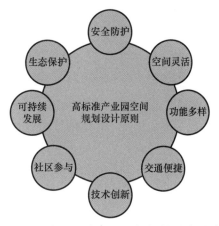

图 4-6　高标准产业园空间规划设计原则

实施"工业上楼"战略在空间上，将相关联的产业链企业集中在特定区域，不仅指导了产业的发展布局，促进了产业的聚集，还通过前沿的建筑空间规划，在显著提高土地利用率的同时，为企业之间上下游的互联提供了便利，延伸了产业链，降低了合作成本，显著提升了企业效益。

在智能化生产时代的背景下，产业园区的功能已经远超过传统的加工生产空间，转变为一个集研发、上下游产业集聚为一体的现代化综合产业社区。基于产业的发展，结合产业和社区双重属性的空间布局更加开放，更加注重产业链的构建和产业生态的形成。能够进一步促进产业的创新和发展，有助于发挥产业协同效应和聚集效应，推动产业集群向良性发展方向转变，展现产业集聚优势。

2. 产城融合空间设计原则

从已建成的工业上楼产业园中分析得出，新兴产业园的建筑密度一般控制在40%，高标准产业园在优化土地利用率的同时，还要确保景观和公共空间能够得到最大程度的保留和增强，提高园区的整体生态和环境品质。

产业园区空间的整体设计需要考虑宏观（整个城市的空间体系）、中观（与其他产业园区的关系）和微观（园区内部的空间形态）三个层次。产业园区的空间规划应充分考虑建筑、绿地、自然生态等要素的相互关联和互补，以形成有机的整体。高标准产业园既要做到高效、宜居、可持续发展，也要满足企业需求，提升员工生活质量，促进产业升级和区域经济繁荣，其设计应符合以下原则：

（1）融合与互动原则

1）与自然环境的融合互动

在产城融合的背景下，产业园区的空间设计创新源于其与自然环境的和谐融合。融合是提升产业园区社会形象和文化价值的重要手段，也是其设计创新的根本原则。设计过程中，产业园区需考虑到与周边自然生态环境的协调，通过最小化对自然环境的影响，同时充分利用当地自然特色和地理优势。这样的设计理念不仅塑造出具有独特产业和自然特征的标志性空间形象，而且能够向社会展示其产业特性和文化价值，进一步传递出所在区域的地域文化特色。

2）与城市环境的融合互动

对于那些位于城市核心或边缘区域的产业园区而言，其建筑空间的创新设计须充分考虑与周边城市空间的整合，设计策略通过使工业建筑空间自然融入城市环境，与城市的其他元素共同促进城市活力的形成。在城市环境融入的过程中，产业园区设计不仅需要关注建筑高度、形态、体量组合、材料选择等方面的和谐统一，也需要考虑对城市道路、景观、公共空间等城市元素的正面影响，以期在符合城市规划和设计要求的同时，注入新的活力，如图4-7所示，上海宝山环上大产业园通过步行景观廊道环创造活力。

图4-7 上海宝山环上大产业园活力环

在规划时，可以通过增加建筑红线的后撤距离，在园区内建筑与城市空间之间形成一定的缓冲区域；避免在道路十字路口转角位置过度布置构筑物，通过绿化等手段将原本属于城市的空间归还给城市；强调建筑沿街界面的立面设计和建筑入口设计，同时妥善处理建筑与城市街道之间的关系，为车辆和行人提供清晰的方向指引和出入口。通过类似措施，工业建筑能够更好地融入城市环境，为城市居民提供更加宜居的生产生活环境。

3）与城市功能的融合互动

城市环境作为居民日常生活的舞台，蕴含着城市居民的生活体验和情感记忆，构成了城市独有的魅力来源。在建筑高度和体量的设计上，工业建筑除了需要满足自身的功能需求外，还必须考虑行人视角的分析数据和日照条件。这样的设计可以营造出舒适的街道空间感、良好的视觉效果，并满足街道或广场等人流聚集场所对充足且合理日照的需求。同时在人与车辆的流线规划上实现立体分离，确保各个产业园的有效联系和产业间的顺畅沟通，如图4-8所示。作为城市发展的关键部分，产业园区通过其生产功能和提供就业机会的社会角色，已成为城市生活不可或缺的组成部分。

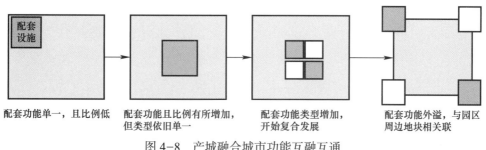

图 4-8 产城融合城市功能互融互通

因此,产业园区的建筑设计除了满足规范要求外,还应从提升情感体验出发,通过空间设计的创新使工业建筑与城市日常生活无缝对接。让城市居民能更好地认识和利用这些空间,为创造充满活力和人文关怀的公共场所提供了新的可能性,促进了工业与城市的和谐共生。

(2)空间共享开放原则

1)开放的界面:工业园区与城市空间的融合

在当代城市发展中,工业园区与城市空间之间的界面开放成为一项关键策略,通过减少或消除园区外围的物理阻隔,促进园区空间与城市公共空间的互相渗透和融合。界面的开放策略促进了视觉上的互通和行为上的互动,为城市居民提供了更广阔的视野和更多的公共活动空间,如图4-9所示。工业园区不仅成为生产和研发的场所,也成为城市社会生活的一部分,增强了城市的社会互动和公共生活品质。

图 4-9 深圳湾生态科技园园区开放空间

2)空间的连续性:产业园区的开放性空间设计

产业园区的空间开放性设计着重于将园区内部与城市空间有效地融为一体,特别是那些不会对园区的正常生产、研发与管理工作造成干扰的室外区域。通过打破这些区域的物理和空间障碍,园区空间与城市空间实现了无缝连接,为城市居民创造了便捷的日常交流场所。设计使城市居民能够充分利用园区内的设施和环境,将工业资源转化为服务于城市社会的资产,从而在产业园内激发持续的活力和生机。

高标准产业园通过建筑部分公共空间面向城市开放、设置参观游览空间,来促进城市居民同工业建筑之间的行为互动。提高工业建筑内部公共空间及设施的使用效率,增加其社会职能,使工业建筑与城市居民之间彼此相互了解,从而提升工业建筑活力,使其成为所在区域的活力中心。

(3)功能复合与集约发展原则

功能复合指产业园内部需整合不同类型的用地,包括产业用地、商业用地、居住用地等,以实现园区内的多功能性。通过功能复合,创造出既具有产业活力又有城市生活氛围的空间。功能复合与集约发展性是高标准产业园区空间形态设计的核心原则,如图4-10所示,新加坡纬壹科技城功能区内部通过多维度混合功能,在产城融合要求的内外部功能要求的基础上,该园区的发展和技术创新同时具备生产场所和从业者居住、休闲、交往的生活场所。

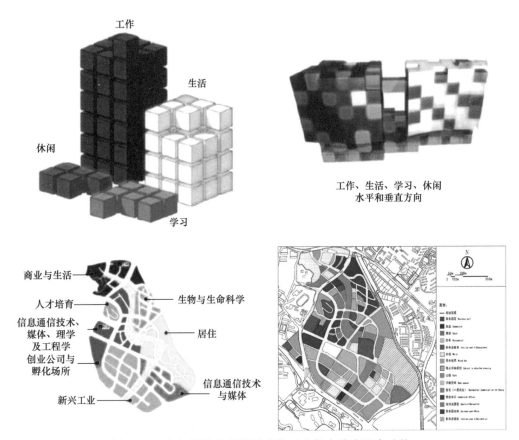

图4-10 新加坡纬壹科技城功能区内部多维度混合功能

集约发展原则要求产业园内部空间通过最大限度地充分利用有限的空间资源,实现功能密集的布局,将不同产业和功能区域集中布置。密集布局有助于促进产业协同和创新,形成紧密相连的产业链。功能复合与集约发展性主要体现在园区的生活机能与工作机能平衡。在园区的营造过程中，需要关注居住环境、职住平衡以及共享交流空间的建设。为实现这一目标，新一代信息技术产业园区应坚持"园区＋城区＋景区"的产城景一体化发展格局；产业园区不仅仅是发展产业的地方，还强调生产、生活、生态三者间"三生"融合。

（4）以人为本与宜工宜居原则

在产城融合理念中，着重关注人文关怀，致力于设计宜居的空间，如图4-11所示。包括休闲区域、文化设施和绿化等，通过提升居民和从业人员的生活质量，通过考虑景观、步行环境和社区服务设施，力求使产业园区成为一个宜居的城市空间。在这一理念中，强调以人为本，注重人的需求和体验，通过提供丰富的休闲和文化设施，创造出宜人的生活环境。

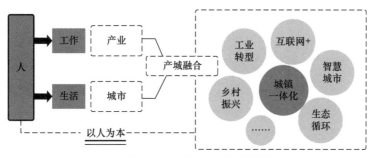

图 4-11 以人为本产城融合规划开发空间

产城融合空间设计原则中，以人为本与宜居性原则表现为将产业园区打造成一个融入艺术、文化和宜居元素的社区。包括考虑景观、步行环境和社区服务设施，以满足人们对于宜居空间的期望。可以结合当地文化传承，注重文化创新，打造具有独特文化特色的产业园区，通过文化元素的融入，丰富空间形态，使产业园区更具吸引力。

产业园以人为本的关键在于关怀员工，通过设计合理的交通网络，促进城市与园区的有机连接；优化交通规划，提高园区的交通便捷性，包括公共交通、步行和自行车通勤等，提高公共空间的易达性；可适当通过引入艺术装置、文化活动和社交空间，促使员工在工作中感受到温暖和关爱。宜居性的原则注重创造一个令人愉悦的工作与生活环境。通过合理规划绿化、景观设计和休闲区域，产业园区可以提供一个兼顾舒适度和美感的空间，如图4-12所示。考虑到员工的生活需求，园区可以设立户外活动场地、自然景观区、休息座椅等，为员工提供丰富的休闲选择。

以人为本不仅关乎员工的日常通勤及生产生活体验，更是为建立一个具有凝聚力和创造力的社区氛围。通过将人文性与宜居性融入产业园区的设计中，创造一个有温度、灵性的工作环境，激发员工的创造力和团队凝聚力。

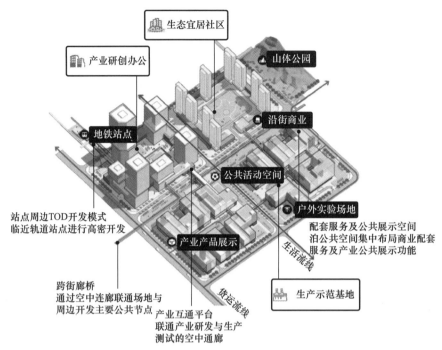

图 4-12　产城融合规划开发空间原则

（5）绿色与可持续性设计原则

在产城融合视角下，可持续性与绿色设计贯穿高标准产业园区空间形态的方方面面。"工业上楼"产业园区采用绿色建筑与装配式技术，选择环保材料和设计理念，以降低能耗和减缓气候变化。应用可再生能源，如太阳能和风能，以满足园区能源需求。"工业上楼"产业园区一方面注重产业链之间的相连互补，减少资源能源的消耗，另一方面也需要注重资源的循环利用，通过建立高效的废弃物管理系统，实现废弃物的最小化和再利用，减少对环境的负担。

在"双碳"背景下，高标准产业园区可在建设与运维阶段通过引入监测技术，对碳排放进行实时监测和评估。同时，采用低碳技术，例如电动交通工具以降低园区整体碳排放水平，可持续发展原则包含对社会责任与参与园区设计的组成部分，通过打造员工友好的工作环境，形成共同的可持续发展理念。

4.1.3　产业园规划功能

产业园规划不仅需要考虑产业布局、空间结构和生态环境，还要充分融合城市工作生活功能，实现产城融合。

产业园功能从科研办公区、生产区、配套服务区三个角度出发，如图 4-13 所示。本节对产城融合下的产业园架构功能进行分类和分析，探讨通过高效的功能布局和空间规划，促进产业园区的可持续发展。

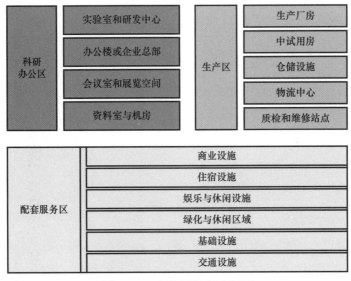

图4-13 产业园规划功能图

1. 科研办公区

（1）实验室和研发中心：用于新技术和产品的研发。这些区域一般配备先进的科研设备和技术，支持从基础研究到产品开发的各个阶段：实验室可能包括生物技术、化学分析、物理实验、电子工程等多个领域的专用区域。研发中心则更侧重于实际产品的设计和原型开发，可能包括3D打印、原型工作室、测试和质量控制实验室等，见表4-2。

科研办公单元需求与功能　　　　　　　　　　　　　　　表4-2

单元类型	主要服务需求	特殊服务需求	空间规划功能
科研开发单元、产业孵化单元	空间规划需集成模块化设计、互动交流区、专业实验室与工作室，以及高度集成IT基础设施，以支持灵活的会议展示空间和全方位支持服务	温湿度控制和洁净室技术、空间灵活布局和可扩展性、高效能的能源管理系统、安全监控智能系统、专业化的废弃物处理和环保措施	采用模块化设计以实现灵活调整，建设专业实验室满足特定研究需求，整合高效的信息技术支持创新活动，设计互动交流区域促进团队协作，提供灵活的展示空间适应多样化的展览和会议

（2）办公楼或企业总部（孵化器）：提供管理团队和支持人员的办公。"工业上楼"背景下的产业园除了提供日常办公空间，这些建筑还应支持创新企业的孵化和加速，提供灵活的工作空间、共享设施和必要的业务支持服务。孵化器中心可以设立创业辅导、投资链接、市场策略咨询等服务，帮助初创企业快速成长。

（3）会议室和展览空间：会议室不仅应满足日常会议需求，还可以作为工作坊、研讨会和培训活动的场地。展览空间则应设计得更为灵活多变，既能展示企业的最新产品和技术成果，也可以举办行业交流活动和临时展览。

（4）资料室与机房：提供研究资料和学习空间。资料室可提供广泛的行业相关资料、学术文献和市场报告，同时也提供安静的个人研究空间。机房则应配备高性能计算资源、网络设施和数据存储服务，支持数据密集型的研究和开发活动。

2. 生产区

（1）生产厂房：用于产品的制造和组装。生产厂房应被设计成能够适应各种制造和组装需求的灵活空间。它们包括专门的生产线、自动化机器人装配区、清洁室（用于需要高洁净度环境的生产），以及安全隔离区域。厂房内应有适宜的通风、照明和温度控制系统，确保工作环境的安全与舒适。

（2）中试用房：涉及小规模生产测试以确保产品满足设计目标。中试作为大规模量产的前一阶段，中试用房作为这一过程的核心空间，对楼层荷载、用电、货梯配置等有特殊要求。其设计不仅需要类似生产厂房的内部空间，还须考虑某些复杂产品对建筑的特定需求，如柱跨、层高、通风和排水，见表4-3。

（3）仓储设施："工业上楼"厂房由于其垂直交通的特殊性，对应每层可能均设有厂房仓库，仓库设计应设计成能够容纳足够库存，同时易于管理和访问。根据存储的产品类型，仓库可能需要具备温度控制、防潮、防尘等特殊环境条件。

（4）物流中心：物流中心应配备高效的货物处理和分拣设施，以支持产品的快速运输和配送。这包括装卸区、分类区、打包和标签打印区域。同时，物流中心应易于访问，有足够的卡车和运输车辆停放区域。

（5）质检和维修站点：质量控制是生产的关键环节，因此一些特定的生产企业会在产业空间的末端设立专门的质检区域，配备必要的检测设备和工具。维修区则用于定期维护设备和处理任何故障，保证生产设备的高效运行。

中试生产用房和贮存物流运输需求与功能　　　　　表4-3

单元类型	主要服务需求	特殊服务需求	空间规划功能
中试生产用房	空间功能设计适配生产变化，环境控制系统保障安全舒适、清洁室和安全区，以及物流设施。同时，中试用房、仓储、质检与维修区域须特别配置，确保产品质量和快速配送	精密环境控制、自动化技术支持、定制化生产流程设计、清洁室维护、安全隔离措施，高效能的物流系统集成和实时质量监控系统	注意空间以适应不同产业变化，安全距离以确保员工安全，高效的物流布局以简化物料流动，环境控制以满足特定生产需求，以及员工休息和福利设施，保障舒适的工作环境
贮存物流运输			

3. 配套服务区

产城融合和工业上楼模式下，现代产业园区的生活服务设施显得尤为关键。传统的产业园区由于生活服务设施不足，难以满足从业人员的日常需求，有的甚至需依赖邻近产业园的配套设施，这不仅给从业人员的日常生活带来不便，也削弱了对人才的吸引力。产城融合背景下的园区员工活动中心、餐饮中心、娱乐中心等配套服务设施，不仅服务于内部员工，也可对外开放，实现资源共享。在建设过程中，园区可根据自身规模建造完善的生活辅助系统，并借助城市服务来增强其功能和吸引力。对于地理位置较为偏僻的园区，建设完善的居住设施尤为重要。

（1）商业设施：商业区域不仅提供零售商店、餐饮设施和超市，还可以融入生活方式品牌店、专业服务店（如党群服务中心、银行）和多功能活动空间，以满足员工和访客的日常需求。在设计上，应注重空间的多功能性和灵活性，以适应不同的商业活动和社区活动。

（2）住宿设施：针对"工业上楼"的特点，宿舍或公寓建筑可以设计为多层结构，有效利用空间。住宿区域应提供舒适、安全的居住环境，配备必要的生活设施，如洗衣房、公共厨房、休息室等。

（3）娱乐与休闲设施：在娱乐和休闲设施的规划中，除了满足在园员工的一般需求外，还可配置如商业综合体所包含的健身中心、咖啡馆和小型电影院等设施，还可以考虑设置文化艺术中心、多功能活动室和户外运动设施，如篮球场、游泳池，以促进员工的身心健康和社交互动。

（4）绿化与休闲区域：利用屋顶花园、垂直绿化和景观设计创造更多的绿色空间，提供自然休憩环境。步行道和休闲区域应融入自然景观，创造宜人的户外活动空间。

（5）基础设施：在电力供应、水处理等基础设施的建设中，采用环保和节能技术，如太阳能发电、雨水收集和循环利用系统。安全和医疗服务也应作为基本设施进行规划，确保园区内的安全和健康。

（6）交通设施：考虑到"工业上楼"的垂直空间特点，交通设施应包括充足的立体停车场和便利的公共交通连接点。可以考虑引入共享交通工具，如自行车和电动车站点，以促进园区内的便捷移动。

4.1.4 "工业上楼"模式下的规划空间布局

"工业上楼"产业园空间布局需要充分考虑工业活动与城市生活的和谐融合。产城融合不仅关乎规划空间布局，也涉及工业与城市功能的相互联系和支持，其重点在于创造一种工业活动能够与城市的居住、商业和休闲活动密切结合的环境。这要求对用地、交通、环境和社区关系进行全面考虑，确保工业园区既满足生产需求，又不干扰城市居民的生活质量。

空间布局受到包括用地条件、区位环境、项目周边环境和城市产业形态等多种因素的影响，实现产城融合需要协调园区规划、建筑设计、交通组织和生态环境等元素。这些元素共同塑造了园区的总体空间形态，对功能布局产生了显著影响。合理规划的产业园区不仅需要保证研发生产活动的核心地位，还要确保服务和生活功能的有效融合。

空间布局作为产业园区规划中的其中一个核心要素，直接影响到园区内外部的互动模式、资源流动效率以及环境的可持续性。不同的空间布局形式，代表了对于这些挑战的回应和解决策略。布局形式的选择和应用不仅受到地理位置、环境条件、产业定位等客观因素的影响，也反映了规划者对于城市发展趋势的预见和对当前社会经济需求的理解。本小节从串联式到三维复合式，通过探讨每种布局形式的特点、优势及应用场景，把握产业园区在促进城市发展、实现经济转型和提高生活品质，进一步明确在现代城市环境中，通过科学合理的空间布局策略，实现产业园区的高效运营和可持续发展。

1. 串联与并联式

串联与并联式布局，源自城市设计理论中的概念，主要是将园区内各个点状空间以有序的线性方式相连。这种布局中，每个独立的空间单元通过线性路径顺畅且有组织地连接，形成一个整体。此模式的特点在于其明确的方向性，以及朝特定位置的延伸和动态性，如图4-14所示。该布局模式可以覆盖较大的区域面积，拥有较长的长度，但其横向深度相对较小。

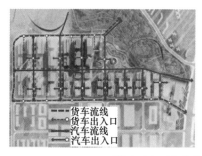

图 4-14　宝龙生物医药创新发展先导区二期

串联式空间组合方式可以理解为对产业园区内部空间进行简单高效组织的一种策略。线性或序列的布局特别适合于那些需要清晰的工作流程和空间逻辑的产业园区，例如那些强调从研发到生产再到销售的完整产业链条的园区。

串联式组合的优势在于其能够形成清晰的空间流动路径，这有助于指导人流和物流，使园区运营更加高效。一个以生产和研发为主的产业园区，可以通过串联式布局将研发中心、生产车间、仓储物流中心和销售展示区按照产品开发和生产的自然流程依次排列，从而减少内部运输成本，提高工作效率。

串联式与并联式的空间通常具有高开发强度和高利用率,然而,其布局也受到园区土地面积的限制,要求空间单元在形式和功能上保持统一,如图 4-15 所示。

图 4-15　中集智谷(顺德)产业园串联式规划布局

采用串联与并联式组合空间可以高效地解决园区内特定功能需求的重复性和标准化问题。在一个以制造为主导的产业园区中,多个制造单元可以并联布置,每个单元都具有类似的结构和功能,从而实现规模经济和流程优化。这种组合方式有助于简化园区的设计和建设过程。由于其结构特性的重复性,产业园可实现快速地规划和建设,同时也便于进行后期的维护和管理。这对于那些追求高效建设和运营的产业园区尤其有益。

在"工业上楼"的应用中,并联式组合方式可以使得不同楼层或建筑之间的功能单元保持一致性,有助于在空间上实现更加紧凑和集中的布局,提高空间利用率。同时,这也为园区内的企业提供了灵活性,使它们能够根据自身规模和需求进行快速扩展或调整。

串联与并联式组合空间适用于功能相对单一的建筑空间,在产城融合的大背景下,产业园可以通过在这些功能单一区域之间穿插一些多功能或公共服务设施,如图 4-16 所示,如休闲区、绿化空间等,来增强园区内部的多样性和活力,提升从业人员的工作与生活质量。

图 4-16　临港浦江国际科技城

2. 集中阵列式

集中阵列式组合方式可以视为加强产业园区功能集成和社区互动的有效手段。集中阵列式组合方式适用于需要强调中心功能,并在空间上形成一个强有力的中心节点的产业园,这个节点不仅是空间的焦点,也是活动和交流的枢纽。例如,一个以技术创新为导向的产业园区可能会将研发中心作为核心,围绕其布置实验室、办公空间和配套服务设施,从而形成一个高度集成的创新生态系统。

在产城融合的背景下,集中式组合还可以用于增强园区的公共生活和文化氛围。通过将公共设施如图书馆、会议中心、展览空间安排在中心位置,围绕其规划住宅、商业和休闲区域,可以创造一个便于工作又适宜居住的环境以促进社区成员之间的互动和交流。集中式组合在产业园区中的应用强调功能的集中和效率的提升,也重视打造具有吸引力的工作和生活环境。

坪山区坑梓优质产业空间试点项目在规划时,将总体功能区划分为两大主要区域:生产智造区和生活配套区,如图 4-17 所示。生产智造区的设计通过引入一条连接两个地块的产业空中绿色轴线,通过为园区注入生态活力。该设计优化了生产流程的布局,通过绿色空间的引入,增强了工作环境的生态友好性和可持续性。生活配套区则侧重于通过园区内外的配套设施以及人行入口的布局,打造充满活力的配套轴线。

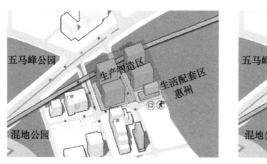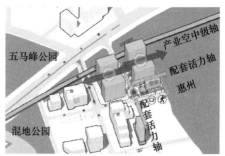

图 4-17　坪山区坑梓优质产业空间

图片来源:FTA【孚提埃(上海)建筑设计事务所有限公司】。

3. 辐射式组合方式

辐射式组合方式为产业园区的规划提供了一种既集中又灵活的布局策略。该组合方式适用于通过促进创新交流与环境融合的产业园区,其向心型的结构创造了聚集效果,布局特征是稳定的中心核心区,围绕该中心区布置各种辅助功能空间,形成一种有序的空间扩散。核心区通常由景观组团和休闲开放场所构成,这不仅增强了空间的层次感,也丰富了空间的动态性和互动性。辐射状的分支空间则可以根据园区的特定需求和环境条件进行定制,包括研发实验室、生产车间、办公区域和休闲娱乐设施等在这样的布局中,中心核心区成为活动和视觉的焦点,引导人们向园区的各个部分自然流动,如图 4-18 所示。

中关村高端医疗器械产业园规划以"谷"为主要概念,将谷流动性的形态融合渗透到整个园区,同时与园区企业发展的动态性相契合,如图 4-19 所示。在这一整体概念下,园区规划设计空间婉转丰富，建筑风格和谐统一。核心区由景观组团和休闲开放场所构成，增强了空间的层次感，丰富了空间的动态性和互动性。辐射状的分支空间可根据园区的特定需求和环境条件进行定制，包括研发实验室、生产车间、办公区域和休闲娱乐设施等。

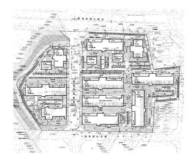

图 4-18　某辐射式组合方式布局产业园

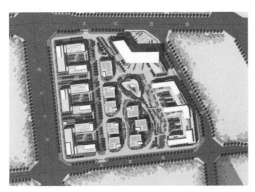
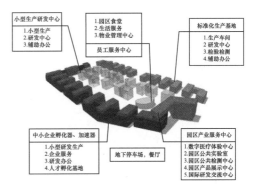

图 4-19　中关村高端医疗器械产业园规划

辐射式布局的多样性体现在其不局限于一种固定形式，而是可以灵活转换为风车型或其他类似轴线式的组织形式，如图 4-20 所示。该布局的内外区分明显，其中"内部"专注于营造优质的园区景观和提供公共开放空间，而"外部"则展现了与城市环境协调的建筑立面。

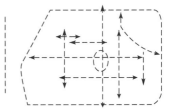

图 4-20　北京移动谷科技园

在产城融合的框架下，辐射式组合可以有效地将工作、居住和休闲功能结合在一起。中南高科·仲恺高端电子信息产业园中心区域是一个综合性的服务中心，提供餐饮、零售和文化设施，而从中心向外辐射的分支则是住宅区、办公楼和休闲娱乐区域，如图 4-21 所示。

 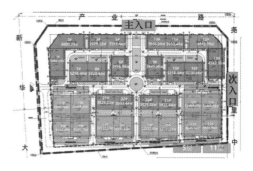

图 4-21　中南高科·仲恺高端电子信息产业园（辐射式布局）

在"工业上楼"的应用中，辐射式组合同样可以在垂直空间中实现。中心核心可以是一个多层的综合体，例如一个高科技展览中心或创新孵化平台，而其他功能区则沿垂直轴线布置，如各层的研发实验室、办公空间和休闲设施。通过辐射式组合，产业园区可以在保持中心集中的同时，实现与周围环境的有机结合，创造出一个既集中又开放的空间布局，如图 4-22 所示。

图 4-22　中南高科·仲恺高端电子信息产业园

4. 单元式组合方式

单元式组合方式提供了一种灵活的模块化空间规划策略，该组合方式适用于需要在单一园区内容纳多种功能和活动的产业园区。其主要特点是将空间划分为若干个独立但相互关联的单元，每个单元内部功能相近或联系紧密，而单元之间则可以设置边界或通过公共空间连接。

单元式组合是一种将各功能体块按网格形式布局的策略，它从内在秩序中抽象出建筑空间的形态，使得建筑体块间展现出强烈的连续性和规整性。布局模式借鉴了拓扑原理，通过空间内的点和线构建稳定的区域结构。在平面布局上，单元式组合通常呈现为棋盘状规整分布的相似功能体块，这些体块通过连廊或其他交通方式相互连接，形成一种有吸引力的"场"。

在道路和交通设计上，单元式组合特征是在园区外围设有主干道，从主干道延伸出各支路，通达园区内的各功能区。布局适用于规整的地块，尤其是四周被道路环绕的区域。

其内部空间一般有较清晰的划分，建筑形体上通过体块的扭曲和变形，实现内部功能的丰富化和空间的多样性。

对于产城融合特性的产业园区，单元式组合可以创造出多样化的工作和生活环境。园区内可以设有研发单元、生产单元、商业单元和居住单元等，每个单元根据其功能需求进行专门设计，同时通过交通和绿化空间进行有效连接，促进园区内部的流动性和互动性。

单元式布局可以在产业园区中创造出宜人的小型社区环境。每个单元可以围绕一个中心庭院进行规划，既保持了内部的私密性，又与周围环境保持开放和联系。通过单元式组合，产业园区可以实现功能的多样化和空间的高效利用，同时也有助于创造一个多元化和富有活力的工作生活环境。

在设计深圳某生命科学园项目时，采取了综合考虑和深入剖析的方法，如图4-23所示。项目采用单元式布局方式进行园区规划。该建筑位于三十三号路与规划路的交会处，通过其位置和设计支撑整个园区的视觉焦点。A座研发办公楼的单层面积为1000m^2，其建筑高度为88m，既体现了细长俊秀的体形，又符合国内建筑风水的特殊要求。B座和C座的厂房采取了独立布局，形成两个分别管理的厂区，以应对其70m高和百米宽的大体量建筑特点，同时减轻建筑对城市和道路造成的压迫感，为了支持企业及其上下游产业链企业的生产需求，园区在北侧特别规划了D座多层厂房，用做研发试验中心和检验检测中心。

图4-23 深圳某生命科学院

5. 组团式空间组合方式

组团式空间组合方式提供了一种适应大规模产业园区多样化需求的有效规划策略。通过将园区划分为若干个功能性和性质相近的组团，能够针对不同产业领域提供专门的空间和服务。

组团式，也被称为点阵分散式布局，其理念源自沙里宁的有机疏散理论。布局策略在现有区域内进行空间组团的打点式分散布局，将无序的点转化为有序的分散点。在规模较大的产业园区中，组团式布局方式较为常见。园区内功能和特性相似的地块被划分为独立的单元模块，形成各自独特的组团。这些组团由基地的环境条件、周边特色等因素形成，形成一个个独立而又相互关联的模块。在产业园区中，组团是多个单元通过一定的秩序合理布置在园区内,实现有序共存。每个组团既相互依存又独立发展,共同构成一个循环往复、和谐的系统。

组团式组合的优势在于其能够为每个细分产业领域创建一个专注的环境,同时保持整个园区的灵活性和扩展性。每个组团可以根据其特定的产业特征进行定制化设计,如技术研发组团、制造业组团、商业服务组团等,每个组团内部都具备完备的设施和服务,能够独立运作。

不同组团之间可以通过公共空间如公园、广场和交通网络连接,如图 4-24 所示。东莞凤岗京东小镇的设计方法不仅促进了不同组团之间的交流和合作,还创造了多元化的生活和工作环境。组团式组合在垂直空间中,不同楼层或楼宇可以被视为不同的组团,每个组团专注于特定的功能,如研发楼层、办公楼层、休闲娱乐楼层等,通过垂直交通系统紧密连接,形成一个立体的组团结构。

图 4-24　东莞凤岗京东小镇

组团式组合的空间层次复杂性也为园区的规划和设计提供了丰富的可能性,如图 4-25 所示。惠州碧桂园潼湖科技小镇每个组团布置不仅要考虑内部的功能和布局,还需要考虑与其他组团之间的关系,如视觉连贯性、步行友好性和生态融合性等。

图 4-25　惠州碧桂园潼湖科技小镇

6. 三维复合式空间组合方式

三维复合式布局结构突破了传统的平面空间规划限制，通过充分利用垂直空间，实现了更高密度和更大容积的空间利用，特别适用于土地资源有限的城市环境。结合了多种布局方式的优点，形成了一种灵活多变的空间组织形式。这种模式根据区域发展的实际情况，采用串联或分散的方式来自由组织空间，实现园区内功能的混合搭配。

三维复合式的核心优势在于其能够在有限的地块上创造出更加丰富和多样的功能空间。在产城融合的框架下，该布局方式可以实现生产、研发、办公、商业和居住等多种功能的立体融合。产业园区可以在底层布置零售和餐饮设施，中间层为办公和研发空间，而顶层则可以规划为休闲娱乐区或绿化区域。复合式布局也有利于创造更加紧密的社区联系和更高效的资源共享。通过在不同楼层之间设计便捷的垂直交通和连接空间，如楼梯、电梯和空中走廊，可以促进不同功能区之间的互动和流动，增强园区内部的凝聚力和活力。在"工业上楼"的应用中，三维复合式布局可以最大化地利用垂直空间，以满足生产和研发等功能的特殊需求。通过巧妙地设计，可以在同一栋建筑内实现生产流程的垂直整合，如图4-26所示。

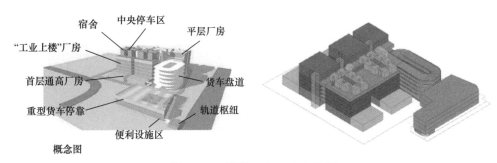

图4-26 裕廊JTC@大士空间

三维复合式布局在产业园区中的应用强调空间效率和功能多样性，以创造一个人本化的工作生活环境，如图4-27所示。力合优科创新基地项目的三维复合式布局规划方式有助于实现空间与功能的最大化利用，同时也为园区的可持续发展和创新创造了有利条件。

 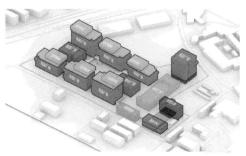

图4-27 力合优科创新基地项目

4.1.5 产城融合规划设计策略

1. 产城互动空间

由于早期产业园的管理的封闭性和空间隔离的设计，大众对工业建筑的认知依然停留在过去，城市居民与工业建筑之间的接触和认识较为有限，与之关系较为疏远。因此，建筑师在产业园规划设计中不仅要解决功能和环境问题，还需要创造出连接工业建筑与城市空间的积极空间，提升公众对产业园区的意识和理解，加强建筑与城市间的互动，如图 4-28 所示。

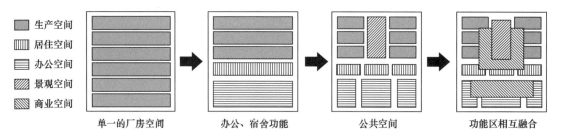

图 4-28 产城互动空间复合化演变

图片来源：产城融合背景下科技产业园复合化设计研究——罗梦婕。

（1）创造参观空间

开设参观空间是缩短工业建筑与居民之间距离的有效策略。通过设立企业的参观区域，不仅可以宣传企业的产品、文化和形象，还为居民提供了日常活动的场所。这样的设计让居民对工业生产有了更深入了解，使得工业建筑不再是陌生的存在。

（2）设置开放空间和设施

在工业建筑或园区设计时，应预先考虑将部分空间和设施向城市开放，与城市居民的日常生活相连。这样的区域可以成为城市文化的新元素，还展现了其在功能、时间和路径等方面的优势。通过设置开放空间和设施，帮助公众意识到工业建筑的存在，并积极利用它们，通过设计积极关联空间，可以将工业建筑更自然地融入到城市的日常生活中。

在多功能产业园区中，通过战略性的空间规划和设计，实现不同功能区之间的高效共享。布局考虑到了不同区域的相互依赖性和互补性，如将研发设施与生产区紧密相连，或将商业服务区布置在人流密集区域，如图 4-29 所示。这样的布局不仅优化了空间利用，还促进了不同功能间的相互作用，提高了整体效率和生产力。

2. 削弱建筑与城市阻隔

对于产业园区而言，出于方便企业管理、保障内部员工生产生活安全进行等考虑，通常会对企业所在区域与外界环境进行一定程度的阻隔。阻隔在保障企业不受外界干扰的同时，也带来了一些弊端，如园区形象相对固定与封闭、与城市互动减少、所在区域活力减退、大众对其认知与了解程度降低，以及企业部分空间与设施使用价值低等。

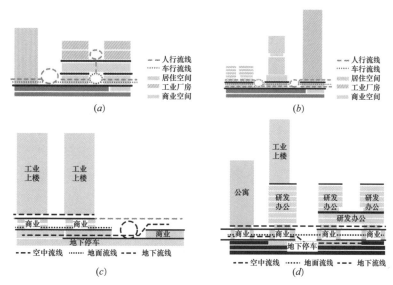

图 4-29 空间互动策略剖面

（a）提高城市交通与换乘的便捷度，将公共空间与商业有机结合；
（b）为公共空间带来遮阳，形成高度合适、不受天气影响的活动空间；
（c）增加各功能之间的联系，实现各类人流的高效设置；
（d）提供不同标高的活动场所，实现与周边交通的便捷联系

（1）削弱物理阻隔

物理阻隔是指通过围墙、围栏等实体将建筑与城市公共区域分隔开。此类分隔方式在工业园区和工业建筑中较为常见，也是最简单直接的方式。为了增加企业与城市之间的互动交流，可以采用弱化、软化实体分隔物的手法。例如，用通透的栏杆、植物、水体、道路等来代替围墙，可以减少大面积实体阻挡带来的沉闷、单调感，如图 4-30 所示，同时减少围墙带给企业内部员工的封闭感与压迫感，以及带给外界人群的隔阂感与排斥感。

图 4-30 景观削弱物理隔阻

这些元素在有效分隔园区和建筑与外界环境的同时，也保证了建筑与城市空间之间视线的完整性和流通性，使被分隔的两部分之间依然保持正常的逻辑序列和连续感，植物、水体、道路等元素在发挥分隔作用的同时，还起到了景观作用，提升了自身价值并增加了所在区域的活力。

（2）削弱空间阻隔

空间阻隔是通过加大建筑与城市公共区域之间的距离或在二者之间设置特定空间等方式来将建筑与城市公共区域分隔开。虽然类似的阻隔方式可以避免工业建筑内部正常生产生活与城市生活之间的相互干扰，并缓解建筑过大体量带给行人的压迫感，如图4-31所示，但它也浪费了空间并给企业员工带来行为活动上的不便。

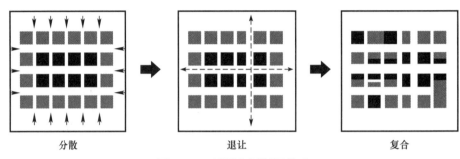

图4-31 削弱空间阻隔策略

同时，过大的尺度也容易让人产生单调感并疏远了建筑与城市间的距离。可以通过在阻隔空间内增加景观和公共服务设施，缩短城市居民与企业之间的距离，增强双方的互动，促使产业园区空间更好地融入城市生活。

上海临港重装备产业园区建筑用地为长方形，按照一般惯例，人们倾向于在对角线方向上设置路径，以实现最短距离。场地整体布局形成了一个"X形"景观廊道，将周边的居住区、规划中的中央公园、BRT、公交站等紧密连接，如图4-32所示。与此同时，北侧设置了一条退界30m的绿色带，旨在促进产城融合发展，通过合理布置健身休闲设施，充分融入绿化景观，实现互利共生。

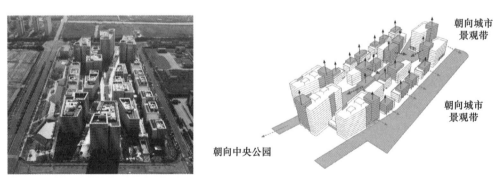

图4-32 上海临港重装备产业园区H36-02地块

3. 聚焦社交开放空间与距离

社交开放空间是指园区内允许个体自由活动的区域，不受权属、类型或地貌特征的限制。在产业园区中，此类空间主要包括公共广场、绿地和庭院等。非正式的社交常在这些空间进行，对于促进知识的溢出与扩散有正向作用，因此，设计一个环境以支持交流变得尤为重要。

开放空间可细分为公共距离空间、社会距离空间及个人距离空间，以满足不同层次的交流需求。公共距离空间设计用于承载大规模的集会、展览等活动，位于产业建筑交汇处或园区主入口，不仅是空间结构的核心，也影响到周边的外部空间。一个有效的公共空间尺度应在70～100m内，便于人们辨认他人的基本特征，进而促进交流，如图4-33所示。作为第二层次的开放空间，社会距离空间是促进人们社交互动的关键场所，通常位于建筑间或建筑与道路之间的过渡区域。设计时须考虑地域特性和微气候，通过景观设计增加空间的舒适度和吸引力，20～25m的距离是促进人们交流的理想尺度。

图 4-33　不同尺度公共空间

个人距离空间提供了一种相对私密的交流环境，适用于个人或小团体交流。这些空间常见于建筑的内外过渡区域，通过设计独立的座位区或小型休息区来满足需求，这些小空间因其密集的人际互动而显得尤为重要，通常18m范围内即可满足基本的交流需求。

4.2　产业园建筑区域的划分与整合

4.2.1　建筑功能区特性与需求

1. 产城融合下工业园区的空间特点

当代工业生产模式已经演进为以集约化生产和脑力劳动为主导的新阶段。在这一背景下，工业建筑设计的核心已经从传统的机械设备需求转变为满足工作人员广泛需求的综合体。现代工业建筑设计以满足生产功能为基础，不仅关注工作空间的舒适度和功能性，同时也重视工作人员在心理和精神层面的需求，如对隐私、社交互动和自然接触的需求，通过这些维度的综合设计，影响并塑造工业空间的新形态。

"工业上楼"模式适合轻型产业及高新技术产业。当前，该模式主要鼓励的方向包括新一代信息技术、高端装备制造、绿色低碳、生物医药、新材料、海洋经济等战略性新兴产业，以及在产业链中占据关键或核心位置的优势传统制造业，如图4-34所示。

产业园区功能结合生产、研发、居住、商务和休闲等多功能区域，形成园区内具备综合性的工作和生活环境的高层建筑，构成的建筑空间满足从业人员的多样化需求，促进工作与生活的平衡，并为创新提供了肥沃土壤。研发区域可以紧邻办公空间，而休闲和商业设施则为员工提供了必要的放松和便利。同时，在立体复合化的功能组织方式上，强调在建筑空间垂直和水平方向上的功能整合，以提高空间利用效率和促进不同区域间的协同作用。复合化不仅提升了园区内部的流动性，还有助于加强园区与周边城市环境的联系。

图 4-34　深圳 "20+8" 产业集群

2. 工业园区的空间分布

单元化生产厂房设计允许通过灵活的组合来形成多种形式的厂房结构，设计策略有利于缩短设计和施工周期，增强空间的灵活实用性。在满足多元化功能需求的同时，单元化厂房结构的基本统一性可以提高使用的灵活性，且符合建筑工业化生产的要求。生产厂房空间的灵活划分与组合基于服务空间与被服务空间的分离，通过交通和辅助空间的独立设置，实现了产业空间在水平和垂直方向上的灵活分隔。

单元化厂房的组合形式包括功能的适度集中，通过在单元模块中整合生产与生活功能，为企业提供独立的入口和针对性的生产场所。设计策略有助于平衡弹性设计需求与产业园区内企业的多样化及标准化设计之间的矛盾，实现了功能分区与功能集中的平衡。在单元化生产厂房排列前提下，衍生出多种厂房平面形态。

（1）一字形厂房

厂房的形态有很多种，常见的形态是一字形厂房，以其简洁高效的设计而著称。一字形布局的厂房特点在于各功能段之间的距离相对较短，能够有效减少物流成本，特别适用于运输线路短且工艺联系紧密的生产流程。紧凑的布局便于物料的传递和生产过程的衔接,简化了管线系统的设计和维护,有利于提高整体设施的可维护性。

一字形厂房因其形式规整、构造简单而造价相对较低,成本下降的同时也提升了建设效率,因此,施工速度快是一字形厂房受到青睐的另一个重要原因,其有助于企业迅速启动生产。同时,一字形厂房便于组织内部通风,提高工作环境的舒适度,为工人提供了一个健康和安全的工作空间。

济南新旧动能转换先行区的标准厂房设计,通过整合办公、会议等基础功能,创造了多功能的空间,形成了可以相互组合的模块化建筑空间结构,如图4-35所示。该设计在平面和垂直空间布局上体现了平面灵活的趋势,通过变更隔墙类型,同一楼层平面可以轻松实现从大空间到小空间的转变,增强了空间的适应性和灵活性。

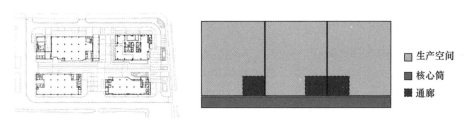

图4-35 一字形厂房生产基地

(2)双一字形厂房

将两个一字形厂房并排设计,形成双一字形布局,是在追求更高经济效益的同时对传统工业建筑形态的创新,如图4-36所示。双一字形设计不仅保留了一字形厂房的所有经济和效率优势,还引入了辅助的智能仓储或其他功能区,促成了产业之间更为复杂的互动和有机连接。特别是在当前市场需求快速变化的背景下,双一字形设计通过其清晰明确的生产线布局为操作工人提供了更大的便利,有效提高了生产效率。

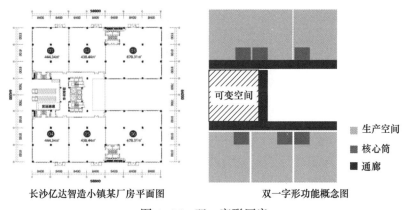

长沙亿达智造小镇某厂房平面图　　　　双一字形功能概念图

图4-36 双一字形厂房

在双一字形厂房设计中,通过优化空间布局,加快生产流程,大幅度节约材料使用。

与单一一字形厂房相比，双一字形厂房提供了更多的仓储空间，有效解决了产品临时存储的需求。

双一字形厂房中间部分的设计创新——休闲平台，它不仅作为两个厂房连接的功能性空间，还提供了绿化和休息的场所，为工作环境增添了绿色元素和休闲氛围，打破了传统厂房沉闷的形象感觉。在双一字形厂房设计中，采用单外廊式设计的公共走道确保了厂房通风性的优势，设计思路发挥了一字形厂房布局的优势，克服了其功能单一的局限，展现了工业建筑设计的灵活性和人性化的发展方向。

（3）Z字形厂房

Z字形厂房的设计充分考虑了生产效率和空间利用的优化，分为三个布局平面以适应不同的生产需求和场地条件。首先，两个一字形厂房组合布局通过并排设置，中间连接辅助功能区，形成两侧独立的生产单元，同时中部提供必要的支持服务如物流和仓储，通过增强生产单元的自足性和整体的运营效率，如图4-37所示。其次，三个一字形厂房组合能够划分出三个独立运作的生产单元，每个单元都具备独立操作的空间，适合于大规模生产活动的分区管理和需求变化频繁的生产环境。

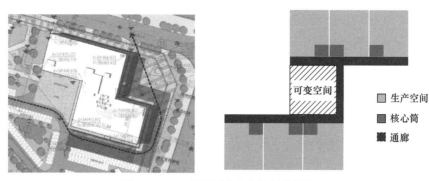

图4-37　Z字形厂房（尚智科技园）

在布局创新中，两个一字形厂房的布置结合了三个生产单元并在中部设置了辅助功能区，还特别在两个生产单元的连接处设置公共辅助功能，以及在长臂端部各设置一个交通核心，有效形成两个独立的集散场地。设计优化了生产流程和物流动线，而且通过提供独立性强的场地布局，增加了租售市场的灵活性和吸引力。

（4）L字形和U字形厂房

L字形和U字形建筑厂房平面布局较为常见，建筑空间灵活多变，可根据使用需求进行体块上的增减，同样拥有两个独立货台、较少碰撞交叉点、适合处理快速流转的货物，如图4-38、图4-39所示。

这两种形态的厂房工艺流程更加紧凑，但由于布局的紧凑性可能导致货运流线的延长，从而在一定程度上影响物流的效率。在跨度垂直交叉处，建筑物的结构构造复杂施工任务繁琐，在结构布置时，需要在转角部位设置变形缝或采取加强措施。这两种形态更注重厂房的实用性和工作效率，该布局形式也给建筑外观设计提供更多可能性。

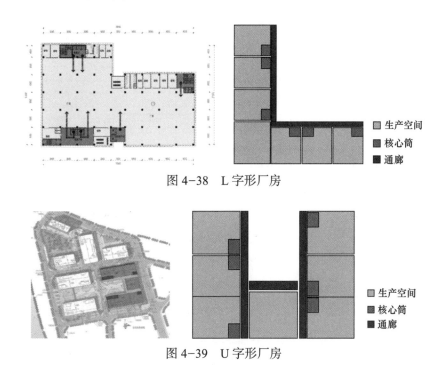

图 4-38　L 字形厂房

图 4-39　U 字形厂房

面对厂房内大量产品的处理需求，采用 U 字形布局，可以通过实现产品快速入库并即时进行出库操作，采用多车循环作业，"双核引擎"同时运作，使得工作效率达到极致。U 字形厂房布局在两座厂房之间构建了集中式仓储区，其上方规划生产厂房，保障首层生产厂房完整性，便于仓储区的集中管理，从而进一步推动生产效率，提升整体工作效率。

4.2.2　建筑空间营造策略

新一代产业园区的建设思想已从单一的工业生产组织转变为满足人本需求并激发研发创造。随着产业从业人员素质的提升和产业结构的转型，产业园区的功能组成从传统的"厂房+宿舍"模式转变为包含研发、宿舍、办公、商业、会议等多功能混合构成，同时，强调了在立体复合化的功能组织中，不同功能之间建立直线联系的重要性，以及公共空间在激发产业人才创造力和提高生产效率方面的作用。新一代建筑空间提出构建高效共享关系的策略，以优化空间使用效率和功能多样性。

1. 产业生产的模块化设计

常见的生产空间布局采用模块化工厂设计，基于标准化的柱网和层高参数，创建模块化的单元空间，如图 4-40 所示。该设计允许根据产业需求的变化，对单元空间进行灵活的组合，形成不同规模和形态的工厂建筑。模块化空间设计不仅促进了建筑构件的标准化，减少了装配式构件的种类和规格，而且符合建筑工业化和机械化施工的趋势，提高了工厂建筑的适应性。

产业园区中模块化工厂设计的特点主要表现在其规模的标准化、规格化以及空间的划分和组合上，确保了单元空间高度的一致性，便于进行灵活的空间组合。

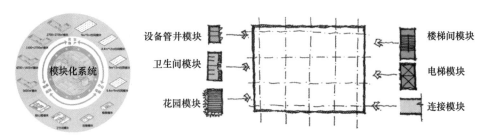

图 4-40　生产单元与模块化设计

图片来源：克而瑞产城。

（1）"三统一"的标准模数

模块化工厂设计增加了建筑的使用寿命，提高了工厂的使用效率，减少了土地的闲置。同时，也有效避免了因生产需求变化而导致的新建工厂的土地浪费。此设计基础在于建筑参数的统一化，其依据是中国建筑标准设计研究所修订的《建筑统一模数制》，及其后续版本《建筑模数协调标准》。

为保证足够的使用面积，生产工厂通常设计得较大，标准层面积在 1000~2000m^2，多层工厂总面积为 5000~1 万 m^2，而高层工厂可达 6000~2 万 m^2。工厂宽度一般介于 18~27m，根据消防疏散要求，其长度通常在 50~80m，最大可达 110~120m。

工厂平面设计受消防分区面积和疏散距离限制，同时由产品的生产类别和危险等级决定。产业园区的产业生产建筑通常被分类为丙、丁、戊类火灾危险性，其耐火等级能够满足一级和二级的要求。

（2）柱网的灵活性与统一设计

生产厂房的设计须服务于多样化的产业需求，每个产业对生产流程和空间布局的要求各不相同。技术的持续进步对生产环境提出了新的要求，即使是同一产业内，生产技术的升级也可能引起生产需求的变化。为了适应生产技术不断变化，生产厂房的设计需要具有一定的灵活性和通用性。适当增加柱网跨度可以方便设备与管线的布置，同时在成本节约和使用便利性上也有所益处。但是，柱网跨度过大可能会提高结构成本，减少厂房的有效层高，从而影响设备的安装和使用等。因此，在标准化厂房设计中，找到一个合理的柱网跨度以平衡成本和效益，是设计过程中的一项关键任务。在制定标准化厂房的设计时，柱网参数的规范化以及减少跨度模数的类型对于简化构件种类非常有帮助。对多层厂房而言，通常采用 6.0m、7.5m、9.0m 和 12.0m 等标准模数的跨度来适配各类生产需求。廊式柱网通常采用 6.0m、6.6m 和 7.2m 的 6M 模数跨度，走廊宽度则选择 2.4m、2.7m 和 3.0m 的 3M 模数跨度。框架结构厂房的柱间距一般在 6~9m 之间，主要基于 6M 模数系列。

多层厂房的竖向层高设计也须根据不同的生产和使用需求进行调整。常用的层高设计采用 3.9m、4.2m、4.5m 和 4.8m 的 3M 模数系列，对于层高较大的情况，则可选用 5.4m、6.0m、6.6m 和 7.2m 的 6M 模数系列。为简化设计和减少构件种类，在同一建筑中使用的层高种类应尽量保持一致。在新旧动能转换的先行区内，部分小型企业的标准厂房采用单元模块化设计，支持模块的功能灵活转换，适用于科研办公、研发工作区、专家公寓和配套服务等多种用途。

（3）大跨度的规整柱网布局

大跨度的规整柱网布局为生产空间提供了宽阔的可适应范围，从而使得内部空间可以根据需要灵活地进行划分和使用，同时能够满足大规模生产活动的空间要求，而且也适用于更多细分的生产单元。一方面，大跨度的柱网能够支持新兴产业通用生产工艺所需的空间；另一方面，通过对柱间距的优化，能够在同一个柱网内布置多条生产线，从而极大地提升生产空间的使用效率。

对于新兴产业生产线布局的考虑，特定的空间需求常常是围绕生产设备的布置进行的。生产线的净宽度需求为 3.2~3.5m、走道宽度以 1.1m 为例，双生产线的布局空间需求则为 7.5~8.1m 的净宽，如图 4-41 所示。

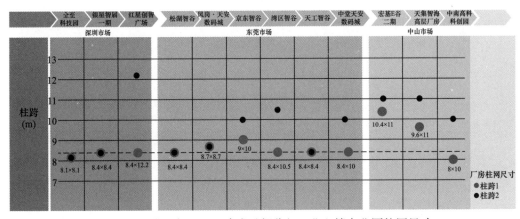

图 4-41 珠三角地区已建成（部分）工业上楼产业园柱网尺寸

图片来源：华阳设计。

在高层工业建筑的层数和结构柱尺寸的选择中，确定合适的柱间距显得尤为关键。依据《深圳市光明区工业上楼建筑设计指南》，推荐的柱距不应小于 8.4m，以便优化生产线的空间布局，其中，8.7m×10.5m 的柱网布局被鼓励采用，以此来满足新兴产业生产线布置的空间需求，如图 4-42 所示。

标准化空间是适应不同功能需求的基础，体现在统一的层高、柱网和荷载上，加快了施工速度，还形成了规模化的空间单元。各功能区可根据自身需求调整规模大小，实现基本模数单元的增减，而不影响现有功能布局。功能区的多样配置，如同层或跨层布局，甚至在不同建筑之间的灵活安排，确保了随产业升级的灵活适应，如将生产区转变为研发或活动空间。

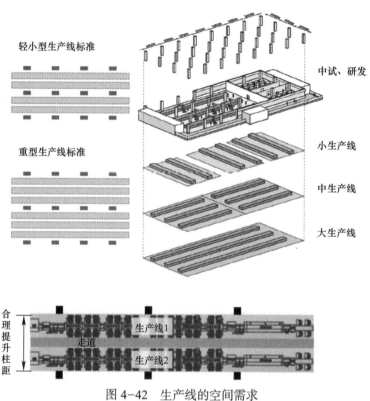

图 4-42　生产线的空间需求

图片来源：方升研究。

2. 延长空间使用时间

考虑空间利用的时间维度——包括短期与长期使用，能提升空间使用效率。使用效率由内部空间使用的高效性决定，还取决于空间使用的持续时间。因此，提升空间使用效率可以从组织高效的空间布局和延长空间使用时间两个方面进行。短期策略强调实现空间的全时性利用，即通过扩展特定功能空间的使用时段来提升其使用效率，涉及各种配套功能空间的优化。相对而言，长期策略着眼于产业园区建筑在其生命周期中功能空间的可转换性和可变更性。

（1）实现 24h 周期的全时性空间利用

在创新型产业园区，不同功能空间的使用时间、持续时间以及使用高峰时段各不相同，见表 4-4。某些功能空间，如休闲设施和小型购物设施（例如便利店、24h 运营的超市）需求为全天候性。相反，产业功能及其生产性配套设施主要在工作日的白天时段使用。餐饮、商业以及体育功能等在员工午休时间及晚间时段通常会出现使用高峰。

为了最大化时间差异性的利用，产业园区可以通过优化功能布局与调整运营模式，以支持24h的全时性空间利用。此类做法能够显著提高空间使用效率，更好地满足园区内不同用户群体的多元化需求，进而创造一个活跃和丰富多元的园区生态环境。

产业园各配套功能使用时间　　　　　　　　　　　　　　　　　表4-4

时间	产业功能	生产配套	餐饮功能	购物功能	文化功能	体育功能
使用时间	工作日：9~21点	工作日：9~18点	工作日：10~20点	9~22点 部分为24h便利店	工作日：9~18点	户外：0~24点；户内：9~21点
高峰时间	无	无	午休时段：12~13点；晚间时段：18~20点	午休时段：12~13点；晚间时段：18~20点	无	晚间时段：18~21点

在产业园区内，各类功能空间，尤其是具有较高公共性的配套设施，难以实现全时性利用，为降低这些设施的空置率并提高空间使用的全时性，向周边社区开放园区内配套设施成为一项有效策略。实现开放的关键在于有效的时间管理，即通过调整配套设施对外开放的时间，以避免与园区员工的工作时间冲突，从而不影响员工对这些设施的日常需求。采用预约和租赁等灵活管理措施，可确保园区内配套设施既能满足员工需求，又能向周边社区提供服务与便利。

通过这种方式解决园区内部设施在非工作时间段的空置问题，可促进社区与产业园区的互动与融合，提高园区和城市设施的使用效率，构建更加开放和活跃的社区环境。通过时间管理，配套设施的开放时间可以与员工上班时间错开，以避免影响就业人群的日常使用。园区内的生产性配套空间，如展厅、报告厅等，可以向社会群体开放，为产业园带来额外的经济价值，还能在周末通过向城市开放展厅等设施，展示园区文化，激发园区活力。

（2）全生命周期的内部功能空间转换

园区的功能空间需要灵活多变，以适应园区运营的不同阶段。最常见的功能转换包括园区运营初期的营销或招商服务中心，在需求变化后转变为园区的配套功能或产业功能空间。在设计时应考虑空间的通用性与灵活性，以满足后期运营的需求调整。

随着产业的发展和城市用地调整，园区现有空间可能需要新的功能以寻求经济价值的突破。在产业园设计过程中，应根据不同空间的特性（如楼面荷载、层高、空间形式），考虑其后期改造与功能的可转变方向，并为后期改造预留相应的基础设施条件。从产业空间的荷载和层高建设指标来看，生产研发厂房、办公楼、酒店公寓等功能空间之间存在着转化的潜力，见表4-5。

不同功能的空间特性分析 表4-5

功能	楼面荷载	层高	空间形式
生产厂房	厂房由于要放大型机械设备，其楼面的静荷载能力较高。其活荷载取值一般为2.0kN/m²	层高一般超过4.5m，首层会适当加高，达到6m以上	厂房空间一般为8.4m以上的柱距排布柱网，以保证生产空间使用的灵活性
办公空间	办公空间的静荷载需求远低于生产厂房，其活荷载取值为2.0kN/m²	建筑层高一般不大于4.5m，办公空间的净空一般在2.5～2.9m左右	办公楼的标准层平面一般以核心筒为中心，四周布置办公空间。其柱网选择一般在7.2～8.4之间，大空间保证了办公区域的灵活分割与租赁
酒店公寓	酒店公寓的静荷载与办公类建筑相似，其活荷载取值为2.0kN/m²	酒店客房的净空高度不低于2.4m	其标准层一般围绕核心筒，四周布置客房。酒店空间的柱网选择一般在7.2～8.4m，保证柱网之间可以设置双开间的标准客房

3. 适应性建造

信息技术实现了工业建筑内各部门及其与上下游之间的互联互通，促进了产业升级和技术创新的加速，加深各领域、各行业之间的交流，使得界限变得模糊。这类变化直接影响生产活动的效率，同时也激发了工业建筑对新产业功能的需求，对传统的固定布局模式也提出了挑战。因此，在工业建筑及其园区的规划设计阶段，需要重视空间设计和功能组织的适应性。这不仅要求需要在建设阶段满足当前产业建设需求，还包括对未来可能发生的变化的预见，以保证建筑具备适应性和弹性发展的能力，从而适应内外部环境的变化。

新型快速建造方式，通过一体化的建造架构、标准化和模块化的建造逻辑，以及装配式建造方法，提高了建造的速度和质量，同时支持了工业建筑的多适应性。其核心特征在于，通过标准化布局和构件、单元的灵活配置，延长建筑的使用寿命，支持工业建筑的循环再利用，体现对未来可持续发展的适应，满足功能空间多样化的需求。

4.2.3 产业园室外公共空间活力营造的策略

新型产业园区的公共空间不仅是园区与城市交融的核心区域，也是产业园内人群最为混合多元的场所。因此，在公共空间的布局上，应遵循均衡性原则，确保各区域均能方便地到达聚集场所。这意味着空间的地理分布要均衡，而且还要考虑到其功能性和可达性。

1. 公共空间营造策略

在规划产业园公共空间时，难以实现均衡的布局，可在园区内形成多个聚集性的公共空间点，并将这些空间点分布均衡。这可以通过适当增加其规模和服务半径来实现，从而满足不同区域内不同群体的需求，从而增强园区空间的功能性，促进人群之间的交流和互动，加强园区与城市的融合。

新型产业园区公共空间须呈现出功能种类的多样化和使用人群的广泛性，为了增强园区配套功能的吸引力及其对城市服务的贡献,需要考虑功能的品质、多样性、消费层次及其文化传播能力。尽管园区功能多样,但其设计往往基于快节奏的工作日生活,公共服务配套也聚焦于期间发生的日常生活需求与商务支持,从而忽略了周末和夜间的活动需求,导致这些时段的园区利用率低下。

因而,可通过采取错时开展多元功能活动的策略,以符合不同活动性质和时间需求的差异。通过在非工作时间引入创意市集、文化娱乐活动等,为用户提供压力释放的空间,有效提升园区的关注度与整体吸引力;鉴于用户群体的多元化,新型产业园区可以考虑增设特色设施,如发挥党群服务中心、工会驿站等空间与活动支持,以吸引周边社区居民,解决周末人流稀少的问题。

2. 空间秩序、功能分区与尺度感的关键作用

产业园作为集研发、生产、办公于一体的综合性区域,其活力营造对于吸引人才、促进创新和推动区域经济发展起到重要的作用。空间秩序、功能分区以及尺度感是影响园区活力的关键因素。

(1)空间秩序:构建高效流动的脉络

空间秩序是指园区内各空间元素之间的组织关系和流动性。一个清晰、有序的空间布局有助于人们快速识别方向,提高通行效率,从而促进园区内的交流与互动。在空间营造中,应注重空间秩序的构建,通过合理的空间划分和流线设计,打造高效、便捷的空间脉络。

(2)功能分区:实现多元功能的和谐共存

功能分区是将园区内不同的功能需求进行合理划分与布局。合理的功能分区能够确保各类活动互不干扰,同时又能相互促进。在活力营造中,应充分考虑功能分区的合理性,使研发、生产、办公等区域既相互独立又相互联系,形成多元功能的和谐共存。

(3)尺度感:营造宜人的空间环境

尺度感是指人们对空间大小、高矮、宽窄等尺度的感知。在产业园规划中,适宜的尺度感能够给人带来舒适、宜人的空间体验,从而增强园区的吸引力。在活力营造中,应注重尺度感的把握,通过合理的建筑高度、街道宽度等设计,营造宜人的空间环境。

华阳国际东莞产业园研发楼2~5层设为办公空间,设计概念着重于通透与开阔,目的是确保每个工作区域均可欣赏到窗外景致,随着日照变化,光影交织,如图4-43所示,厂区内布置了自由开放的讨论区,为日常创意碰撞的核心空间,其配色多样且充满活力。开放式的会议室与活动空间采用银色钢板墙面,增添了工业风的质感,与清水混凝土的简约风格和谐统一。

产业园区并非孤立存在,而是城市空间的一部分,应当承担相应的城市功能,完善城市空间,并为城市服务。室外公共空间应有秩序感,功能分区合理,尺度感适宜。合理的功能分区和适宜的尺度感增强了空间的体验性,可以延长人们的停留时间,提升园区乃至城市空间的活力。

图 4-43　华阳国际东莞产业园研发楼退台公共空间

3. 室外公共节点

在产城融合产业园中，公众对于室外公共空间活力吸引力、可识别度、渗透性、热闹程度、开放性、层次性以及可视性等方面格外关注。提升公共空间活力的策略包括关注其结构组织，与城市空间的连通性，引入城市人流并增加活动多样性；通过模糊空间边界增强渗透性，促进园区内外及相邻区域间的互动；同时，考虑空间的层次性和可视性以增强体验和延长驻留时间。公共空间明确的主题和特色能够提升其吸引力和可识别度，为多样化活动提供场地。空间氛围对吸引人们使用空间，应从用户体验角度出发，从而反映出公共空间设计的人文关怀，避免空间被忽略或产生排斥感。

4.2.4　高层厂房特殊空间策略

"工业上楼"模式通过提升工业建筑的高度，实现了对有限产业空间的最大化利用，遵循了一个核心原则："向空间要效益。"在这一模式下，工业用地的投资和开发强度得到提升。相比于传统通用厂房的最高限制高度 24m，高层工业建筑的高度超越此限制时，其面临着结构设计、地下室规划、消防安全以及单体平面布局等新问题。

提升空间的使用效率可以有效提高土地使用效率和集约用地效率。在"工业上楼"的建设模式中，多层和高层生产厂房的高效利用有利于促进园区高效生产体系的形成，也是园区高效运营的核心。这些生产厂房主要由生产空间和生产辅助空间组成，其使用效率是提高整体生产效率的关键因素。

为了适应多变的产业类型及企业发展的不同阶段，生产空间的设计灵活性与适应性建造成为降低空间闲置率和提高使用效率的关键。

1. 空间转换策略

在生产厂房设计中，生产单元常根据建筑物的结构（如幢、层）划分，并通过内墙实现生产空间的独立。为维持这些单元之间的互联互通，依赖于生产辅助空间的布局（如货梯、安全疏散楼梯、客梯、门厅）。面对部分生产单元的空置或闲置状态，其配套的辅助空间同样处于未充分利用状态，降低了整体空间效率。因此，在不影响消防安全的前提下，通过跨单元共享辅助空间，是一种有效提升空间使用效率的方法。

根据厂房的具体平面布局，辅助空间设计需适配不同形式。例如，面宽与进深相近的厂房，适宜采用"一字形"布局，以外部走道连接各生产单元，并通过串联垂直运输空间以保障运输效率。反之，较宽的厂房应考虑核心筒式布局，以减少生产单元间的通行距离，优化运输路径。辅助空间的共享不仅可以提高使用效率，还能通过如门厅等公共空间的共享，在相邻单元间创造互动空间，从而增强生产空间的整体环境。

（1）辅助空间的独立化布置

生产厂房的辅助空间，包括办公室、卫生间及交通空间等，在弹性设计框架内应与生产空间分开设置。在厂房设计初期，辅助空间的位置应明确规划，与其他更具灵活性的空间相区分，如图4-44～图4-46所示。以下是几种常见的辅助空间布置方式：

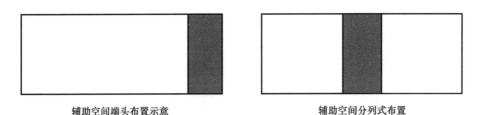

图4-44　辅助空间布置示意图

1）端头布置：通过将辅助空间安置于产业空间的一端或两端，员工与货物的流线得以分离，且无需在垂直方向上协调辅助与生产空间的层高，有利于生产厂房的外观设计。

2）分列式布置：此方法将辅助空间设置于产业空间的中间位置，集中两侧的生产空间，布置节约空间，可集中管线和设备的布置，优化空间布局，提高空间使用效率。

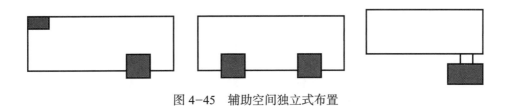

图4-45　辅助空间独立式布置

3）独立式布置：指将辅助空间与生产空间完全分离，形成各自独立的区域，各区域可直接相邻或通过廊道连接。独立式设计使辅助空间功能不受生产空间限制，远离生产区的噪声，更适合大中型建筑平面使用。

4）环绕式布置：将辅助空间安置在生产空间的内部，虽然牺牲了辅助功能区的采光和通风，但保证了生产空间的最佳采光和通风条件。此布置方式适用于辅助空间条件要求较低的多层生产厂房。

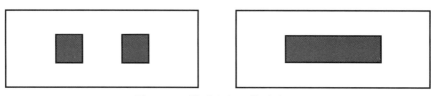

图 4-46 辅助空间环绕式布置

（2）外置交通核心策略与空间灵活性

将交通核心（包括货梯和客梯）外置于厂房空间外侧，能够有效保证内部空间的完整性及灵活性。布局策略允许每个生产单元配备必要的垂直运输设施，以支持不同生产阶段的空间需求。通过构建的多个独立单元的组合不仅能够为大规模生产提供大空间的独立使用，同时也便于在标准化生产层面上实现中小型生产空间的灵活分割。以下列举一些常见的核心筒各功能布置方式，如图 4-47 所示。

图 4-47 核心筒交通功能布置方式

在快速建造方法下，建筑结构通常被分为支撑结构和围护结构两大类。支撑结构强调在功能适应性上的灵活性，主要针对宏观层面的功能布局。而空间转换，则侧重于通过围护结构的调整，实现空间的可变性和具体操作。空间转换不仅体现在标准化空间的适应性上，也通过围护结构的灵活配置，如模块化构件的增减，实现从开放到封闭空间的转变，以及功能空间的多样化，如商务区、销售点或办公室的灵活设置。

（3）体块占据

体块占据是通过实体空间的配置改变原有空间形态的一种方法。实体空间不仅包括服务性空间如卫生间和楼梯间，也涵盖办公、研发、生产等具有围合性质的被服务空间。服务空间通常作为建筑的固定模块，而实体空间则为可变模块，关键在于实现功能的多适应性。体块占据通过开放空间和实体空间的相互配置，形成多样的空间组织方式。

1）单边布置：辅助空间位于生产区的一侧，有利于实现功能分区的明确，有效组织人流和物流，但可能影响通风采光。例如，德国的海廷根厂房生产车间，以及浙江中德（长兴）国际产业合作园的厂房，如图4-48，均采用此布局方式，优化了生产空间的使用。

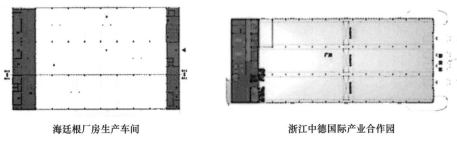

海廷根厂房生产车间　　　　　浙江中德国际产业合作园

图4-48　辅助空间布置

2）居中布置：生活辅助空间位于两个生产区之间，为两侧提供支撑服务，适用于较大的生产空间。如巴西的克诺尔工业厂房（图4-49），中部布置的管理用房促进了厂房的开敞和采光。

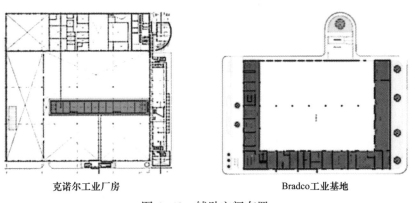

克诺尔工业厂房　　　　　Bradco工业基地

图4-49　辅助空间布置

3）围合布置：L 或 U 形布局的辅助空间围绕生产区，促进两者间的密切互动。某"工业上楼"厂房采用此种布局，通过主要办公区和观景平台的设置，增强了生产与辅助功能的联系，如图 4-50 所示。

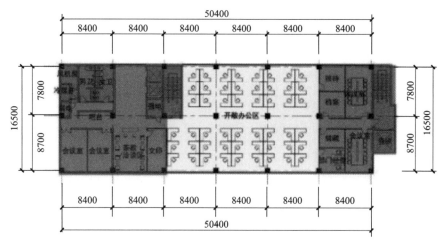

图 4-50 某"工业上楼"厂房辅助空间布局

2. 空间灵活适应性

（1）板片划分

板片划分通过墙体或隔断来重新组织生产或开放空间，从而实现空间的灵活调整。其允许生产空间被划分为不同的工作区，尽管空间被物理隔断，但仍保持生产上的联系。对于生产和研发区，通常采用可移动隔断来保持空间的连通性和流动性，适用于需要灵活调整的开放式办公区或展示区。例如，智利某工业厂房和意大利费拉拉的鞋履工厂通过墙体划分创造了多样的生产空间，如图 4-51 所示。而建筑构件制造研发生产基地在办公区采用墙体分割，展现了板片划分在实现空间灵活性上的应用。

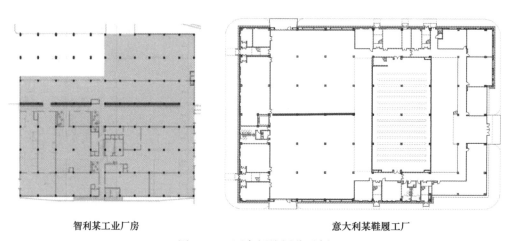

图 4-51 厂房板块划分示例

（2）单元式空间

单元式空间是按功能特点设计的标准模块，目的是简化建筑构件的规格和类型，以促进工业生产、便捷施工和快速建造。单元式空间包括外墙单元、角部单元、交通单元等，这些不同的构件单元可以组合成为承载特定功能活动的建筑单元，如生产车间或生活办公用房。在现代工业建筑设计中，对空间的有效管理和灵活配置尤为重要，如图4-52所示。

图4-52 深圳龙岗宝龙专精特新产业园

龙岗宝龙专精特新产业园采用了"基准高标准＋预留定制化弹性"模式。在深圳龙岗宝龙专精特新产业园项目的建筑设计中，充分考虑了厂房的个性化需求，特别关注大平层、高层高、高荷载等方面的设计要求。针对不同制造空间的需求，采用了多种设计方案，并充分考虑了后期建筑空间的组合使用情况：厂房首层层高不低于8m，首层地面荷载不低于$1.5t/m^2$。1～4层可建设单层面积为6000～10000m^2的大平层，适用于半导体和集成电路的精加工生产线。5层以上单层面积为3000～5000m^2，适用于亿元级企业的超净车间或无菌车间布局。

（3）分离式单元

分离式单元在工业建筑中体现为各生产车间的独立建设，便于根据特定的工艺和功能需求定制不同的建筑形态和规模，同时保持建造逻辑的一致性。这有助于实现厂房的快速建造，也为未来的扩建提供了便利。例如，武汉南瑞智能输变电产业化建设项目采用通过标准化构件单元实现工业厂房的单元化快速建造的方法，同时维持了建筑的一致立面特征和相近规模，如图4-53所示。

（4）集中式单元

集中式单元策略涉及在原有建筑基础上扩建新单元，新单元与原建筑保持相同的结构和组织方式。集中式单元可以提高建造和施工速度。要求原建筑的外墙具有可移动或拆卸的特性，以保证新旧空间的连通性，满足灵活调整多种工艺和功能的需求。福斯特设计的法国雷诺汽车配送中心采用了集中式单元，每个24m×24m的结构单元既可以独立使用，也可以与其他单元组合，展现了空间配置的高度灵活性和扩展性。

武汉南瑞智能输变电项目　　　　力合双清产学研项目单元化平面

图 4-53　厂房分离式单元示意图

4.2.5　立面设计

早期工业以功能为主导，对于人性化设计、企业文化表达、与城市及周围生态环境的关联等方面的关注相对较少。工业建筑形态单一的问题在这一时期显得尤为突出。进入 21 世纪后，新经济进程和互联网科技信息技术的迅猛发展对我国工业产生了深远的影响。工业从以加工为主逐渐转变为现代化、信息化的高新技术产业，实现从低端制造向高端制造的转变。

建筑设计行业的发展、相关材料、结构、技术的成熟与进步，以及人们对建筑艺术、审美等各方面要求的提高，共同推动了我国工业建筑向多样化、个性化、高新技术和文化强调等方向的发展。国内高层工业建筑逐渐摆脱了单一的"盒子"式形象，开始引入更多创新思考，向着更加现代、绿色、高技、地域性和人本的方向发展。产城融合背景下高层工业建筑更注重与周围城市、环境的融合，融入工作人员与周边居民的日常生活。

在工业 4.0 的背景下，高层厂房的设计不仅需要关注功能性，也越来越注重美学价值提升和园区环境整合。"工业上楼"模式下打造的高层工厂，一般以简约而美观的线条展示新兴科技与产业美感，同时，外立面风格也是展示企业形象的重要平台。立式摩天工厂的概念，符合土地集约利用和功能高效复合的原则，而且通过其简洁流畅的设计美学，构建出高端的制造工业园区。"工业上楼"产业园以其丰富而充满工业美感的外立面，结合园区景观设计，提升了工业建筑的附加值，也代表了未来生产模式的演进——追求美观与效能并重的新型生产环境。

1. 立面设计特点

社会生产力的发展对建筑审美观念产生了深远的影响。新材料、新技术和新工艺的应用丰富了工业建筑的创作手段，拓展了建筑美学的边界。工业建筑的美不再局限于传统的形式美，而是技术美、材料美和功能美的完美结合。综合性的美学追求要求工业建筑设计时须充分考虑高层工业建筑如过大的空间尺度、特殊的形态与属性要求等，这要求建筑设计结合社会建筑形态和审美需求，创造出具有新时代特征的工业建筑形象。

高层工业建筑特殊的生产与研发功能属性为自身赋予了强烈的可识别性特征。这些特征为建筑师提供了独特的创作条件，为企业在市场竞争中塑造独特的品牌形象提供了有力的支持。通过巧妙地运用工业建筑的特殊空间形态和结合企业文化元素，建筑师可以创造出既符合生产需求又具有鲜明个性和情感共鸣的工业建筑作品。

（1）精致的节点构造

在当代工业建筑设计中，对细节的精细处理成为其显著特征之一，尤其是在高标准工业厂房中，这些建筑由于其内部产业属性和高技术性的特征，对精致的细节展示有着更为苛刻的要求。松湖智谷产业园高层厂房外立面的垂直绿化等建筑细部和节点构造不仅体现了工业美学，也是对建筑功能性与技术性的深入探索的结果，如图4-54所示。

高层厂房立面整体　　　　　　　　立面节点

图4-54　松湖智谷产业园立面绿化构造节点

（2）识别性特征

与我国早期的工业建筑相比，现代工业建筑借助新型材料、结构和技术的发展展现出更多的设计可能性。这一变化使得建筑能够更好地适应生产设备和工艺流程的空间需求，或满足企业对于建筑形象的特定要求。因此，当代工业建筑往往具备识别性特征，如超大空间体量、结构设备的外露，或是表达企业文化追求的独特建筑形态，这些特征彰显了建筑的个性化，同时增强企业的品牌影响力。

Fashion Factory创意工厂A庭院的设计亮点在于其主入口处巧妙运用的钢制纺织品。这些金属幕从建筑外挑屋檐至地面的曲线锚点拉伸，形成凹凸有致的视觉效果，既提供阴凉和隐私，又在夜晚营造柔和照明，如图4-55所示。其外立面采用同样材质，轻盈感覆盖大楼立面，形成流动曲线，将工业美学与建筑功能完美融合，展示了建筑改造的主题和创意园区的时尚气息。

（3）美学追求

随着经济的快速发展和企业及社会审美意识的提升，当代工业建筑更加注重视觉美学的体验。极简主义、结构主义、解构主义等多元建筑理念的应用，展现企业和建筑师在结合企业特征和周边环境要素的基础上对工业建筑美学的追求。与早期工业建筑相比，当代工业建筑在类型和形象上更为丰富多元，对建筑美学的精细追求预示着未来工业建筑发展的重要趋势。上海临港新城建筑设计中注重统一性和多样性，结合建筑功能及用户体验。设计突破了传统方盒子矩阵布局，创造出了秩序分明、简洁独特、多样统一的园区建筑空间肌理，如图4-56所示。

 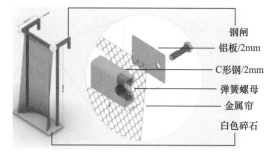

图4-55 北京Fashion Factory创意工厂

图4-56 上海临港重装备产业区H36-02地块项目

（4）形式多样

由于生产工艺或特殊功能的需求，当代工业建筑形态展现出更多的可能性。新的思想和观念的引入促使当代工业建筑形象呈现出多样性。极简主义、解构主义等建筑风格的采用为工业建筑带来了新的视觉冲击和审美体验，如图4-57所示。

图4-57 欧菲光影像产业项目立面利用材质对比创造视觉冲击

2. 建筑立面设计策略

（1）增强沿街工业建筑与城市互动：工业建筑在城市发展中展示了城市的重点空间形象，通过创新的建筑立面设计增强了与城市空间的互动交流，可以提升建筑自身的形象，促进城市与居民之间的关系。因此，工业建筑的立面设计应该采取有效的手法，以激发街道空间的活力和朝气，加深工业建筑与城市环境的相互作用。通过营造现代生活气息的城市空间环境来吸引居民的关注，还能激发市民的参与积极性。以下是几种增强沿街工业建筑与城市互动的策略：

1）工艺特征空间的展示：将工艺特征空间沿街面外露，加强工业建筑的视觉冲击力，使这些特殊空间的立面成为城市和居民视觉上的焦点，从而促进建筑与城市间的互动交流。

2）沿街立面形式的变化：通过增加沿街立面的形式变化，包括建筑形态、材料、色彩和细节的丰富性，提升工业建筑与城市间的互动性。

3）城市街道转角的重点展示：城市街道转角作为不同方向车流与人流的交汇点，具有标识性。工业建筑在这些位置的立面设计应结合企业自身的功能和生产工艺特征，突出展示企业的形象和文化特色。通过与城市空间的完美融合，特别是结合绿化元素，使得这些空间成为区域内的视觉焦点和活力中心。

4）技术表达：技术表达手法涉及通过精心设计的建筑结构、使用的材料，以及设备布局来凸显当代工业建筑的高技术特性，以此展示工业建筑的精细工业美学，强调对机械与技术美学的深入探索，展现其创新精神。

（2）建筑构件的利用：由于工业建筑的特殊功能需求，例如大跨度、无柱空间或多功能空间，往往需要借助独特的结构解决方案。在许多案例中，建筑结构构件超越了传统的支撑功能角色，其独特的形态成为建筑的视觉标识，体现了工业建筑的技术特性。因此，在建筑设计中，通过展现结构构件或其创造的特殊空间形态，可以凸显工业建筑的高技术属性，实现形象的创新。

（3）建筑构件的外露：通过将建筑结构构件外露，表达工业建筑的高技术形象。立面形象表达不是简单地暴露结构，而是设计者对结构的深刻理解、对形态的创新以及巧妙地应用。结构的外露是对其性能的一种视觉展现，同时必须确保结构的经济性与美观性。高标准厂房可以利用结构特性创造出的特殊形态，用以表现建筑的高技术性。即使结构未被直接外露，通过巧妙地利用其特性进行创新设计，也能给人以强烈的技术感和视觉冲击。

STANCE 中国智慧工厂建筑的南立面设计将疏散楼梯和走道布置在车间外侧，形成独特而富有动感的空间布局，如图 4-58 所示。V 形钢架下的室外廊道和楼梯被巧妙地融入建筑结构中，廊道不仅提供了便捷的交通通道，同时为建筑增添了现代感和视觉层次。东立面和南立面的户外楼梯廊道系统呈现出仪式感，这些楼梯廊道兼顾实用特点，也作为建筑外立面的装饰元素，为建筑增添了独特的美感和氛围。红色钢质楼梯和廊道形成了鲜明对比，与繁忙的生产场景交相辉映，共同营造出热烈而富有仪式感的氛围，为建筑注入了生机和活力。

图4-58　STANCE中国智慧工厂建筑的南立面户外楼梯廊道流线系统设计

（4）地域情感的表现：建筑的地域性探索了建筑与其所处的物理和文化环境之间的深刻联系，反映了对特定环境和文化的理解及尊重，同时也是一种情感的表达，触发城市或地域的集体记忆与共鸣。在工业建筑设计中，注重地域情感的捕捉和展现不仅能突破功能及设备的限制，还能创造出具有独特地域特色和情感深度的作品。

物质环境特征的提取：物质环境，包括自然环境和城市环境，为工业建筑提供了独特的地理和视觉背景。通过提取和融合物理环境特征，工业建筑不仅在其所在地区具有不可替代的位置，同时也能够在维持生产特性和企业身份的基础上，融入当地的自然或城市环境，保持环境的连续性和完整性。

昆山和椿科技二号厂房采用创新设计理念，将自然光、风和遮阳技术结合，优选当地经济实惠且环保的建材——混凝土空心砖，如图4-59所示。借鉴传统砖墙砌筑工艺，结合现代工业建筑的内部空间采光和通风需求，空心砖被有机组织排列，形成凹凸有致、镂空且富有肌理的建筑立面，建筑设计巧妙运用中庭浮力通风原理，将通风窗与天窗相结合，实现了自然通风与采光，促进了空气对流，有效调节了室内温度。设计策略降低了建筑的能耗，设计技术展示了企业的绿色环保理念，也体现了科技与生态的和谐融合。

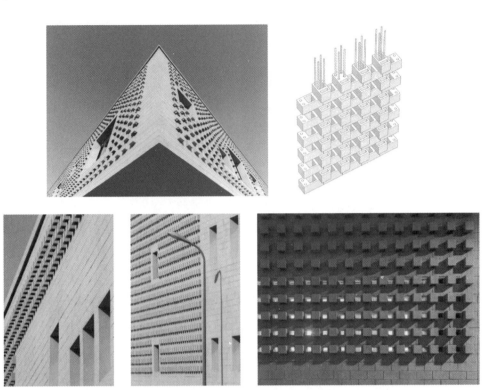

图 4-59 昆山和椿科技二号厂房混凝土空心砖构造与实景图

工业建筑设计不仅关注功能和效率,还须考虑其在人文环境中的融合。通过提取区域内的文化传统和历史文脉,将传统文化、历史元素转化为建筑设计的材料选择、设计手法及象征符号,工业建筑得以赋予更深的文化深度和情感价值。设计方法缓和了机械设备可能带来的冷漠感,使工业建筑更自然地融入当地社区和居民的生活之中,触动公众的情感认同。

(5)利用材料表达:对于当代工业建筑而言,材料不仅是构建建筑的基础元素,更是表达建筑技术属性和展示工业美学的重要手段。现代材料,如金属板、玻璃等,为工业建筑的技术形象表达提供了丰富的可能性。在进行工业建筑设计时,应根据建筑的功能和产业特点选择适当的材料。材料需要体现企业和产品的特性,凸显当代工业建筑的高技术属性。

材料的选择和运用可以直接或隐喻地体现产业园的文化特征。例如,松湖智谷立面以玻璃幕墙为主,如图 4-60 所示。井然有序地排列分布,通过提炼和概括产业园的文化元素,将这些特征融入材料的选择和设计中,形成企业独特的现代主义个性化特征,从而达到树立和传播企业形象的效果。同时,借助材料的抽象化表达,进一步强调建筑的技术属性,使工业建筑在形态和内涵上都与当代技术美学相契合。

图 4-60 松湖智谷立面玻璃幕墙

（6）去中心化手法：去中心化手法是当代工业建筑设计中的一种重要理念，它反映了社会发展和审美变迁的趋势。随着互联网技术的不断进步，人们的生活和工作方式发生了深刻的变化，思想和审美也趋向于多元化。在此背景下，传统的以单一中心为核心的设计理念逐渐被打破，去中心化手法应运而生。

深圳 SMOORE 工业园北侧的 L 形办公楼与公寓建筑朝向内部场地立面采用折型的玻璃设计，形成完整通透的建筑立面。这一设计手法拉大了与厂房建筑围合的相对封闭的内向型场地空间，使其成为一个可以与建筑互动的舞台，如图 4-61 所示。与此同时，大尺度的厂房建筑立面保留了原有窗洞位置，并在大门和窗框方面进行了形态上的处理，既与周边厂房建筑产生了差异化，并保持与周边厂房建筑属性的关联。

图 4-61 深圳 SMOORE 工业园改造

在工业建筑设计中，去中心化手法的实质是弱化建筑的绝对中心，建立多中心的设计布局。现代产业园入驻的企业关注点不再仅局限于生产，而是拓展到研发、展示、交流等多个方面。这种变化导致建筑形象从单一中心向多中心转变，使建筑形象更加丰富和多样。去中心化手法可以通过建筑形态、立面设计和材质表现来实现。对于体量庞大的工业建筑来说，采用去中心化的立面设计可以打破单调和沉闷感，使建筑形象更具时代性和吸引力。同时，通过不同材质的变换或同一材质的不同处理方式，也可以运用去中心化手法来丰富建筑形象，使其与功能属性相一致并更具时代特征。

（7）工业建筑的界面开放策略：产业园工业建筑的界面开放指的是通过建筑表皮的模糊化、透明化处理，或将部分空间面向城市开放的方式，实现建筑内部环境、工作人员与外界环境及人群之间的视觉和行为交流。这种策略通过突破传统工业建筑使用实墙作为整体阻隔的限制，允许外界景观渗透至工业建筑内部，能为内部员工提供心理与视觉上的放松空间，也促进了城市居民对工业建筑的了解，实现室内外空间的延续。

在保障企业生产、研发与管理活动正常进行的前提下，工业建筑单体的空间开放意味着将那些可以向公众开放的生产空间和公共空间开放给城市居民。开放界面与空间可以提供公众参观的生产区域转化为展示空间，或开设餐饮、休闲设施，同时在不干扰员工正常使用和休息的条件下，部分空间开放用做休闲交流场所。

4.3 景观规划与实践策略

早期产业园区的空间设计主要围绕满足生产制造工艺的需求展开。以生产为中心的设计原则忽视了空间体验和景观环境的创造，导致建筑形式相对粗放。园区往往缺乏考虑人与环境的互动，布局多以功能性为导向，而非美学或舒适度；随着时间的推移，产业结构从劳动密集型逐渐转向智力技术密集型，人本需求、公共空间的创造和节能生态理念开始受到重视。这种转变促使产业园区的设计也发生了根本性的改变。例如，园区开始重视环境质量，绿色可持续的生态观念逐渐成为设计的核心。

在场地处理上，现代产业园区设计开始倾向于尊重并利用自然资源。园区空间规划设计中，需要对产业资源的深入梳理和分析，它能够构建出一种完善合理的产业布局，从而促进空间载体与产业的渗透互补，还加深了人与环境的互动，提升了园区的整体价值和吸引力。在景观设计中，理念的融入能够创造出更加和谐、富有生机的工作与生活环境。

4.3.1 景观设计的理念与原则

现代新兴产业园对景观规划设计相当重视，其中一些园区将景观设计作为其产业标识的重要组成部分，产业园秉承以人为本的自然生态理念，融合科技、人文和生态元素，营造宜人的园区氛围，美化城市环境，同时促进员工间的和谐关系。景观设计经过深入研究、精准规划和细致实施，呈现出独特的成果，通过自然与可持续的巧妙融合，为工作节奏快、压力大的员工提供了一个舒缓身心的空间。这样的设计让人们在日常工作环境中也能感受到生活的美好与惬意。

景观规划的五大原则

（1）生态可持续发展原则

产业园区内的景观绿地作为产业园与城市生态系统的关键组成部分，促使人们回归并接触自然，而且在提升环境质量方面发挥着重要作用。景观设计不应仅聚焦于美学因素，更应综合考虑城市生态环境的平衡。景观设计应具有整体性与连通性：每一片绿地不应被视为孤立的单元，而是城市生态网络中的一环。设计时须结合绿地的功能定位及植被选择考虑其与周边绿地的相互作用与联系。

在产业园区的公共绿地设计中，应适当减少人工雕琢的痕迹，保护原有的生态环境，如本地植物和自然景观。景观设计的生态化不仅需要追求生态性或最大化生态效益，而且需要优化和提升环境质量的持续过程。设计中应将生态环境、公共利用、社会文化及艺术文化等因素综合考虑，打造融合地域文化和高科技文化的独特生态环境。

（2）因地制宜原则

园区景观的规划设计应具有产业特色，并体现地域特色，反映产业园的背景以及相应的气候、地形特征，规划设计也应反映园区内人们的生活习惯和观念，植根于地域文化，创造出独特的景观风格和文化符号。

景观建设须打破千篇一律的"造园"限制，根据当地实际情况确立发展方向和目标：设计应具有本土特色，展示产业园区的特点和历史文明；景观规划需要依托当地的环境和产业优势，通过广泛吸收并融合优秀本土元素，结合园区自身的产业特点和地域文化，创新性地规划和建设开发满足现实和长远潜在需求的环境产品，合理有效地利用资源，促进园区的持续发展。

在产业园区公共绿地的规划中，注重物种选择与保护生物多样性：植物优先选用本地种类，并对引进植物进行适当限制。本地植物更适应自然条件，且维护需求低。对城市自然环境和植物群落进行深入研究，选择适合城市绿地生长的植物群落，通过规划的绿地系统并具备高度的可操作性，进一步推动城市景观的自然性，将自然环境与人造环境有效融合。

（3）功能与市场需求原则

道路景观设计：道路景观作为产业园区内环境的必经之路，其设计应首先考虑安全和防护。这包括确保行人和车辆的安全以及提供足够的视野清晰度。同时，设计还须考虑其景观功能，以增强区域的美观性和舒适度。

广场景观设计：广场景观的设计以创造富有高科技感和现代化特色的景观为首要目标。其主导因素涵盖人文因素、自然环境和外部影响，塑造一个既体现产业园区科技创新精神，又融入自然和谐的公共空间。

公园景观设计：作为高标准产业园内公共聚集地，绿地景观的设计关键在于满足人们对于休闲、娱乐和互动的功能需求。在进行设计前，必须对公共绿地进行深入研究，明确其性质和定位，并识别在绿地设计中起主导作用的因素，如可访问性、多功能性和参与性。

工程建设必须满足当前市场需求，包括布局设计、绿植采购、科学种植和现场施工管理等，都需要把控。项目建设过程中，确保各参与单位、环节和专业之间的协调和统一，有针对性地生产和产品开发有助于园区明确发展方向和目标。园区应通过多方位拓展产业链，形成产业网络，以充分利用资源，实现各行业间的相互促进和发展，同时保持景观与环境的协调发展。

（4）以人为本原则

在产业园区发展中，人不仅是进步的动力也是设计的中心。景观设计应强调人的主体地位，以人性化为指导理念，尊重人的基本生理和心理需求。园区规划与管理处工作人员应全面考虑园区的整体发展、经济效益和环境效益，科学选址与综合规划，确保公共绿地的选址考虑到便利性、安全性和舒适的小气候，以鼓励人们的参与和享受。满足不同使用者的需求：针对园区内工作人员，以及周边地区儿童、青少年和老年人的不同活动习惯和方式，设计应提供多样化的活动空间，并考虑特殊群体的需求；安全是人性化设计的前提，景观设计应保障安全性。

从设计初期的规划到具体的实施过程中，应不断考虑和满足人们对于自然、舒适和亲和力的需求，有效促进园区环境的和谐发展，为各类活动提供良好的功能保障，并营造具有现代科技意义和趣味性的人性化景观。

（5）整体性与个性化原则

产业园区公共绿地景观设计应遵循整体性原则，确保与城市的整体绿化风格和景观设计理念相协调。统一性不仅体现在产业园区公共绿地与城市其他公共绿地之间的和谐，还应体现在理论准则、历史文化的共通性上，从而赋予产业园区独特的整体性和个性特征。整体性原则的关键在于各类景观元素，包括建筑、装饰小品、公共设施等，都应相互协调，与整体规划相一致。

以松湖智谷绿地景观规划为例，设计师通过确保道路设计与周围环境的统一、绿地形态与植被选择的一致性，以及通过色彩、形态等设计手法，成功营造了和谐且统一的环境氛围，如图4-62所示。体现了整体性原则的有效应用，也展示了通过细节处理加强产业园区与城市整体风格的融合。

产业园区与城市之间的界限日益模糊，景观空间作为公共活动的核心场所，成为连接这两者的重要纽带，同时是产业园区文化、经济和社会价值的集中展示。坚持整体性原则是确保产业园区公共绿地景观与城市整体美观、功能性和文化内涵相融合的基础。通过细

图 4-62 松湖智谷绿地景观

致入微的规划和设计，可以有效地促进产业园区的可持续发展，同时增强其作为现代化工业区的独特魅力和价值。

产业园区公共绿地景观设计应体现产业园区的独特性，映射其独有的历史文化背景及城市居民的多元观念和生活方式。个性化设计是塑造产业园区独特文化标识的关键。规划阶段深入理解和融合产业园区的共性与个性元素，包括其文化背景、地理特征、气候条件以及社区居民的生活习惯和价值观。通过精心选取具有地域特色的植物种类和创新的景观布局，可以有效地传达产业园区的特色和精神。

个性化原则的应用增强了产业园区公共绿地的吸引力和功能性，也促进了文化多样性和生态可持续性的融合。通过细致入微地设计，每个产业园区都能展现其独一无二的景观特色，进而强化其在城市中的独特定位和价值。

4.3.2 产业园景观功能

1. 美化产业园区的环境

公共绿地作为装饰和美化产业园区开放空间的关键元素，为产业园区提供了宜人的环境，创造出多样的人性化空间氛围。公共绿地景观，作为一种具有高度可塑性的设计要素，能有效地融合高新科技文化与民俗风情，进而营造出具有科技文化气息的环境，体现产业园区的文化底蕴及地域特色。东莞天安数码城景观（较为单一，可达性游玩性较差），如图 4-63 所示。通过独特的设计构思，公共绿地景观不仅能赋予产业园区个性色彩，还是展示产业园区形象的窗口，提升各功能区域的使用感和效率，增强视觉上的可读性与识别性。

2. 改善产业园区的生态环境

公共绿地是产业园区不可或缺的组成部分，它标志着人工环境与自然环境的和谐融合。这些绿地不仅改善居民的生活质量，创造更健康、更有活力的生活方式，还具有释放氧气、吸收二氧化碳、缓解热岛效应等多种生态功能。产业园公共绿地设计应强调生态、

景观面单一　　　　　　　　　可达性差　　　　　　　　景观面无层次

图 4-63　东莞天安数码城景观

社会与资源利用的可持续性，促进人与自然、人与社会的协调发展。

3. 为人们提供休闲游憩的场所

高新产业园区内广泛分布的公共绿地，为企业员工散步、运动、社交提供空间。景观绿地吸引人们走出室内，也促进了人与人、人与自然之间的沟通，大幅提升园区内的生活环境和生活质量。通过营造优美、舒适且合理的公共绿地环境，加强了社区成员之间的互动与交流，满足人们精神文化的需求。

4. 提供良好的人际交往场所

高标准产业园强调以人为本和尊重人才的价值观，也体现人际交流的重要性。设计良好的公共绿地提供了一个气候宜人、环境舒适、规划合理的自然交流空间，让人心情愉悦，工作更加轻松。这样的公共绿地空间可以成为固定的社交场所，增强人们的归属感和心理定势，丰富人们的生活方式。

5. 间接带来经济效益

公共绿地景观环境带来环境效益的同时，也能间接产生经济效益，通过提高生活水平和改善投资环境，吸引更多的创业和投资活动。环境优美的产业园区成为选址的重要因素，同时，随着工业旅游的兴起，公共绿地的建设也能调节城市活力，通过改善环境和形象，吸引投资和促进旅游，拉动经济增长。

4.3.3　景观设计的实践策略

产业园区的景观规划设计可以针对产城融合与"工业上楼"背景下高密度产业园区域空间，采取以下策略：一是实施系统合理的生态格局，保持生态平衡，促进可持续发展；延续城市活力，以景观增强园区与城市的互动及联系；同时，注重地域特色，保持与本土文化和环境的和谐统一；最终，创造对比统一的视觉形象，提升园区的美学价值和品牌形象。这些相结合的策略，能够有效提升产业园区的整体品质和竞争力。

1. 建立生态绿廊

许多产业园的绿化形式相对单一，通常限于在道路两旁或广场周围种植几排树木，下覆简单草坪或低维护的灌木。这类做法导致景观单调、缺乏生命力，并可能因土壤板结而导致植被生长停滞。在构建产业园区可持续生态系统的过程中，应当树立建立生态绿廊的概念。生态廊道不仅是产业园生态网络的重要组成部分，还起到联通城市自然空间的作用，如图 4-64 所示。规划设计中应重点分析园区的自然条件、山水格局和地形地貌，以明确生态绿廊的走向和功能。

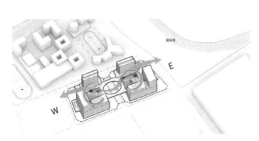

图 4-64　深圳软件产业基地空间组织

在具体的景观规划中，可以根据生态绿廊的功能将其划分为三类：游憩性绿廊、游憩与生态共生的绿廊、纯生态性绿廊。游憩性绿廊可以结合休闲步道、活动节点和景观设施，满足休闲娱乐需求；游憩与生态共存的绿廊在保持生态功能的同时，适当增加活动空间；用多元化的景观设计手段（如文本、图画、雕塑、铺装、喷泉、绿植和灯光等）来提升纯生态性绿廊景观的品质。增强园区的美观和文化品位，促进环境的多样性和生态平衡。对于生态优先的绿廊，则应减少人为干扰，保持其生态完整性。这样分类和设计的产业园区不仅能够提升生态，还能增强使用人群亲近自然的体验，促进生态与人文的和谐共生。

2. 延续城市活力

在产城融合阶段下，随着其与城市新区的融合，产业园已成为连接产业发展与城市生活的关键桥梁。产业园不仅是城市开放空间重构的重要部分，而且承载着丰富多样的城市活动。强化产业园区与城市功能的对接，以及配套调整、连续的城市活力，是推进产城融合的关键。具体策略包括优化园区与城市功能的互动配合，以及增强园区内外的公共活力和连接性。

（1）优化园区与城市功能的互动配合

产业园区根据不同区域的特点，产业园区应与周边城市区域的功能和活动有效地互动和对接。园区应注重景观的开放性和公共性，提供休闲活动空间；邻近居住区的园区应强调休闲、运动等功能，与居住区互补。园区还应考虑与周边产业生产区的对接，提供展示和娱乐功能，促进产业与城市的融合，如图 4-65 所示。上海宝山环上大产业园景观功能与城市功能结合通过这样的规划，园区能够更好地承载城市结构，促进区域内的活力和发展。

（2）营造连续的公共活动空间

连续性对增强公共活力也同样重要，这就要求在规划设计时，不仅注重基地内部公共空间的绿色完善和序列化，还需要关注公共空间与周边城市功能的紧密联系和对接。通过建设步行系统，如绿道和连接广场的步行道路，将园区内部与周边的主要公共空间节点相

图 4-65　上海宝山环上大产业园景观功能

连,从而丰富活动类型,通过增加健身器材、展示台、利用空中花园作为休闲空间、设置小茶台等措施,将观赏、休闲、娱乐、健身等功能集成于园区绿地。同时也能丰富员工和访客的体验,提高绿地的实用价值和吸引力,强化公共空间的连续性。

（3）对立统一的景观形象

产城融合下的产业园区的景观不仅作为产业园区的一部分,同时作为复合多样性的公共绿色空间;其空间本身可以提升产业园的形象,提高工作环境的质量,创造一个更加生态和可持续的工作环境。

另一方面,产城融合下产业园绿色空间作为城市中的一个重要公共空间,与城市有着密不可分的联系。它作为城市景观的重要组成部分,除美化产业园区本身景观外,也需要与周边的城市景观风貌保持一致性和协调性。因此,在规划设计时,需要深入分析和研究基地所在地的周边形象风貌、空间及建筑肌理、历史文脉等,确保绿色综合体在展现自身特色的同时,能够和周边区域的景观风貌相协调,共同塑造城市的独特魅力。

在东阿阿胶生物科技园（厂区）景观设计中,将庄重严肃与亲切感看做是对立的概念,通过规整的排列和水体的运用,既传达了庄严感,又增添了亲近感,实现了这一对立概念的统一,如图 4-66 所示。其次,生命的延续与企业使命"寿人济世"之间也构成了一种对立统一的景观形象。设计中的生命水渠代表着生命的延续,与企业使命相呼应,而其线性肌理的铺装和镜面水池的配合,则为这一形象赋予了丰富多变的表现形式,达到了对立统一的效果。

产业园景观设计关键在于通过综合考虑园区本身自然山水特性、地域特色、景观定位及建筑风格等因素,塑造具有特色鲜明的视觉形象。设计重点包括节点形象的塑造,注重空间的活动需求与整体景观的协调;通廊的形象塑造,并注重其与使用人群的行为特点的结合;建筑形象的塑造,考虑建筑的布局、风格、色彩及其与周边环境的关系,以强化园区整体形象;以及景观雕塑的设计,将雕塑与空间文化主题相结合。对立统一的设计原则通过创造一个既展现区域特色又与城市环境和谐共融的空间,提升产城融合背景下的产业园区在城市中的美学价值和文化表达力。

前广场鸟瞰

生命水渠实景

图 4-66　东阿阿胶生物科技园景观实拍图

（4）地域特色

产业园不仅是发展的载体，更是地域性自然、文化和历史的融合经济体。规划设计时，要深入挖掘和强调园区总部的地域特色，包括山水特色和文化底蕴等，如图 4-67 所示，打造成为体现地域特色和归属感的场所。这不仅涉及建筑风格和布局，还包括景观设计、公共艺术装置以及对本土生态和文化遗产的保护和展示。通过这样的设计，产业园区不仅能满足功能需求，还能展示成为地域特色和文化传承的重要空间，增强访客和员工的场所感和归属感。

湾区智谷水景实拍

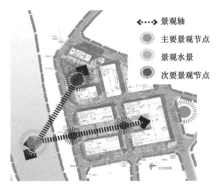
湾区智谷远景规划概念

图 4-67　湾区智谷水景图

在产城融合与"工业上楼"产业园规划时，提前深入挖掘和利用自然山水特色，并将其融入景观整体设计。从对原有山水地貌进行细致的分析和科学的土地适宜性评估，以及对特有的自然资源和地形地貌进行分类、提取和分析。设计中尊重并顺应现有的山水环境，同时保留如山体、河流等重要的自然板块和廊道。在保护和强化自然生态的同时，打造具有山水审美意趣的空间格局。将山水要素和地段特色融入景观设计，创建自然气息浓厚且具有鲜明地域特色的活动空间，这样的做法不仅突出了产业园区的自然山水特色，还为工作和生活环境增添了独特魅力。

地域景观塑造可以涉及历史文化的传承与延续，还包括地方生活记忆的保留与重塑。产业园区作为城市的重要组成部分，承载着丰富的地域文化内涵，这一过程包括对区域内的历史遗迹、传统艺术、民俗习惯及地方故事进行深入研究和分析，挖掘其中的文化内涵和深层结构，同时识别出具有代表性和象征意义的文化元素。这些元素可以是建筑风格、地方艺术、历史事件或重要人物等，它们不仅反映了该地区的历史与文化，也是连接过去与现在的纽带。

在规划设计中，应选择合适的文化主题，将这些元素巧妙地融入园区的景观设计、建筑风貌以及公共艺术作品中。这样的设计策略通过保护和弘扬地方文化，为园区赋予独特的文化标识和深厚的文化底蕴，使之成为体现地域特色和文化传承的重要空间。

中关村高端医疗器械产业园建筑和景观设计充分尊重地域特征，考虑到北京地区的气候特征和生活习惯。设计采用了中国传统四合院院落式规划布局，如图 4-68 所示。结合中国传统园林手法，将理水方式、石、亭、盆栽、磷等元素巧妙运用展现出具有中国元素的特色，呈现出丰富多彩的景观变化。

图 4-68　中关村高端医疗器械产业园

产业园传承地域特色，并作为过去与现在之间的桥梁，可以创建能够唤起人们对过去生活记忆的空间，从而增强归属感和认同感。特别是在城市的新兴产业园区，这样的设计不仅是城市生活的纽带，还是公共空间的关键部分。

在产业园规划前，首先要深入探究园区所在地的历史演变、生活方式和民俗。这涉及对当地日常生活、传统习俗和历史故事的深度挖掘，以及这些元素如何在现代环境中展现的研究。这样的规划和设计不仅关注功能性，更是打造一个充满地域特色和历史感的生活空间。传承地域特色规划能够激发人们对地方文化和历史的情感共鸣，创造出一种强烈的场所感，同时提升园区的人文价值和深度。

（5）景观雨水收集生态技术

景观雨水收集生态技术原理强调对降雨的回收与利用，通过自然林地、洼地，渗透性浅凹绿地，对水进行渗透、滞留、储蓄、净化，最后进行回收利用或排入管道，并利用回收的雨水灌溉植物、喷洒净化道路等。该技术在应对自然灾害和适应环境变化等方面具有良好的弹性，在降雨时能渗透、滞留、储蓄、净化，需要时将储蓄回收的雨水"释放"并加以利用，让水在城市中的流动与迁徙更加生态。同时，生态性的水生植物也起着重要的作用，其可对水中污染物进行净化分解，经过光合作用释放氧气，从而恢复水中氮磷成分的平衡，增加水体的含氧量。

1）在园区绿色综合体的具体规划建设中，可以通过雨水花园、生态滞留池、植草沟、绿色屋顶、透水铺装等策略对水资源进行保护与利用。把握雨水的回收利用原则，营造园区生态可持续环境。

南京新纬壹科技园通过实现屋顶花园的零水分流失，为野生动物提供了庇护所，如图 4-69 所示。也为公司员工和游客创造了愉悦的休闲场所，同时提升了园区的整体环境品质。节水策略包括雨水收集并用于灌溉，可最多减少 50% 的灌溉用水量，有效利用了雨水资源。地面层采用本地植物覆盖超过 30% 的景观区域，有助于控制水流和减少水土流失。原生乔木和灌木作为园区的瞩目入口，不仅提供了自然的生态功能，也为参展人员、公司员工和游客提供了愉悦的环境体验。

图 4-69　南京新纬壹科技园

2）在外部空间用地较为宽裕的情况下，可通过设置雨水花园、生态滞留池等进行雨水的渗透收集以及景观的美化，结合水生植物的种植，营造可持续生境；在外部空间用地较为紧张的情况下，通过设置空间占用度较小的生态植草沟、渗透渠等来降低成本以及节约空间。除此之外，绿色基础设施的构建对实现园区可持续发展有着重要的意义，具体操作上利用浅草沟代替园区中的排水管网，并在园区中设置缓流、净化、收集、渗透于一体的雨水花园、滞留渗透草坪、人工湿地以及涵养水源的湖泊、树林等。同时广场、游步道区域的硬质铺装宜采用能够渗透、处理并存储雨水的透水性铺装。

4.3.4 "工业上楼"绿化景观

1. 立体绿化对城市景观的影响

由于高层工业建筑景观的高空视点视角距离，自然景观的可进入性和可达性也会受到限制，因此对景观感知产生的影响较低空视点更为敏感。因此，从景观感知和绿色空间着眼，即具体从垂直绿化出发，将自然融入高层建筑环境设计，创造更加宜居和可持续的城市高层景观环境，如图4-70所示。可以大幅提升高层建筑景观潜在的健康效益，从而为高层建筑使用者创造一个更为健康、和谐的人居环境。

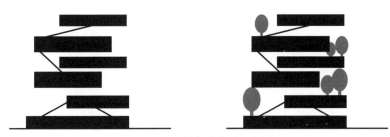

图4-70 立体绿化概念示意图

在狭窄街道环境中，由于缺乏足够的绿化用地，街道两旁高耸的建筑容易造成压迫感。立体绿化在高层建筑应用中不仅能够提供多样化的视觉表现形式，通过结合建筑的窗洞、阳台和外构架，立体绿化能创造出高低错落的视觉效果，最终整合到建筑立面，形成图案化的绿化面。植物的自然色彩和丰富的质地有助于掩饰建筑的刚硬外观和材料的色彩低饱和，使建筑外观变得丰富多样。立体绿化可作为一种设计元素直接融入建筑设计中，形成新的建筑风格。实施立体绿化，可以有效调整街道环境的空间感，缓和因形式和材料差异导致的视觉混乱，提高街道的视觉统一性。

2. 高层厂房景观引入植物的价值

在高层厂房的景观设计中引入植物，除了能提升建筑的美观度外，还能为厂房区域创造一种自然和谐的氛围，对提高工作人员的心情和工作效率、舒缓精神压力具有明显的作用。环境心理学相关研究表明，即使是短暂的自然环境接触也能减轻人们的精神压力。在高层建筑的开放空间中创造生态景观，展现连续绿色景观，能够有效地建立人与自然的连接，为人们提供一个放松和舒缓的空间。

提高生物多样性：城市化进程中，产业园建筑占据了原本动植物的生态位，影响生态系统的健康。通过在建筑开放空间中引入各类植物，为昆虫和鸟类提供栖息地，从而促进生态平衡。

调节空间温湿度，有效改善厂房周边的微气候：植物通过光合作用和蒸腾作用转换能量，降低空气温度并通过蒸腾作用增加空气湿度，以生物手段动态调节空间的温湿度，通过植被的遮阴效果减少地面和环境的温度，这是一种有效且经济的方法来提升空间的舒适度。

提升空气质量：开放空间的植物通过其生物活动维持氧气浓度的动态平衡，并利用其滞留和吸附作用过滤空气中的污染颗粒物，净化空气。光合作用有助于净化空气，降低工业活动产生的污染，对提高建筑环境的空气质量具有重要意义。

3. 立体绿化与景观空间的融合

将建筑立体绿化策略应用于高层厂房建筑的景观空间，例如屋顶空间、竖向交通空间和庭院空间，优化空间的功能和美感，促进环境的可持续发展。

（1）屋顶绿化的应用

屋顶绿化作为一种常见的建筑立体绿化方式，其设计通常须考虑屋顶结构荷载，以选择合适的绿化类型。通过将花园式屋顶绿化与公共景观空间结合，特别是在建筑的裙楼屋顶和顶层屋顶，可以最大化产业园景观的绿色空间，如图 4-71 所示。

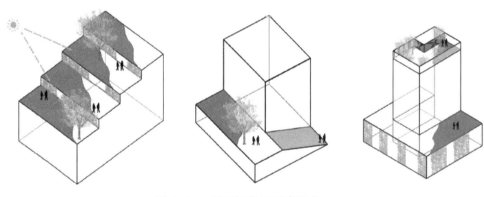

图 4-71　屋面绿化和垂直绿化

退台式屋顶绿化提供便捷的屋顶景观花园访问，增强了厂房人员的活力和创新氛围，还通过植物的自然垂挂和选择（主要是藤蔓类），有效柔化钢结构的横向线条，并打破大面积玻璃幕墙的沉闷立面规律，同时达到隔热和减少建筑能耗的目的。

深圳南投 IF 工厂屋顶上的"绿色之家"。绿色的竹林景观映入眼帘，竹林中设置了各种便利设施和活动场所，如图 4-72 所示。通过"竹林迷宫"的设计，屋顶形成了不同的功能分区，绿色功能区包括舞蹈室、餐厅、阅读室以及许多其他用于休闲聚会的主题场所。

（2）室内平台绿化应用

花园式室内平台绿化，设置在高层厂房建筑中庭或边庭等室内公共区域，既满足交通需求，也提供了舒适的共享交流空间。高层建筑中庭景观空间不仅作为一个交通集散中心和景观中心，通过其"烟囱效应"，有效促进通风，进一步实现建筑节能减排的目标。

图 4-72　深圳南投 IF 工厂屋顶设计

（3）地面平台绿化的应用与效益

地面平台绿化，通过在庭院和建筑入口等公共空间的应用，延续了中国传统建筑的空间美学，为解决建筑的通风和采光问题提供了方案，如图 4-73 所示。

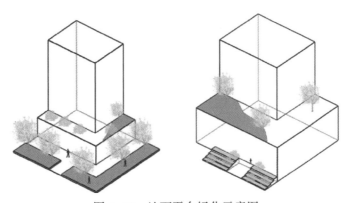

图 4-73　地面平台绿化示意图

庭院空间特别是其在组织人流和营造生态共享空间方面的功用，可以提升办公环境的生态性。在这些区域设置的休息座椅，为办公人员提供了便捷的休息和交流空间，进一步增强了生态共享空间的功能。

纳玫格科技电子元器件生产基地项目位于苏州工业园，通过设计东西向的步行景观轴线，如图4-74所示，主动向城市开放整个产业园区；同时，项目的南侧靠近居住区，设计中不仅降低了建筑的高度，而且引入了南北向的景观轴线，开放了通往广阔视野的视线通廊。这样的布局在确保生产需求和消防疏散要求得到满足的同时，还致力于最大限度地围合出一个内部的复合型活动庭院，创建一个既生态又共享的社区型产业园区。

图4-74 纳玫格科技电子元器件生产基地

项目在屋面设计上，充分利用空间资源，营造出富有层次感的第五立面。这不仅增强了产业园区的美学价值，同时也为产业园区的用户提供了更多的活动空间和休闲场所，进一步强化其社区的生态共享特性。

（4）连接处平台绿化的应用

连接处平台绿化，通过在庭院和建筑入口等空间的应用，延续建筑的空间美学，如图4-75所示，为解决建筑的通风和采光问题提供了方案。

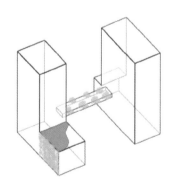
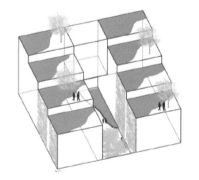

室外连廊　　　　　　　屋顶绿化、地面平台绿化、垂直绿化结合

图4-75 不同平面尺度绿化结合分析图

庭院空间特别是其在组织人流和营造生态共享空间方面的功用，可以提升厂房环境的生态性和人性化。在这些区域设置的休息座椅，为厂房人员提供了便捷的休息和交流空

间，进一步增强了生态共享空间的功能。

深圳坪山区坑梓的优质产业空间试点项目中，建筑设计理念体现了对高品质空间赋值的追求。该项目在 11 层及以上的建筑中设计了配备露台的空间，如图 4-76 所示，目的是为未来的入驻企业提供具有附加价值的空间解决方案。露台设计为园区景观增添了韵律感和层次感，而且提供了一个多功能的室外环境，可以作为科研和办公人员的室外活动区域，也可根据需要转变为生产和研发人员的室外工作空间。

图 4-76 深圳坪山区坑梓的优质产业空间

4. 选择用于高层建筑外立面绿化的植物

鉴于高层建筑独特的立面绿化环境条件，如有限的种植空间、变化多端的气候条件、强风影响以及高度对植物生长的特殊要求，植物的选取不仅要考虑其生态和美学价值，还必须兼顾其生长习性、环境适应性和维护方便性，如图 4-77 所示。因此，挑选用于高层建筑外立面绿化的植物，需要综合考虑以下几个方面：根系特性、环境适应性、抗风能力、安全性以及美观性，以实现既环保又美观的绿化目标。

图 4-77 高层建筑外立面植物图

（1）根系特性：由于种植槽空间有限，应优先选择根系较浅的植物，避免因根系过深导致的水分和养分吸收不足问题造成维护和管理问题，以适应空间限制的同时保证植物的健康生长。

（2）环境适应性：高层建筑外立面的植物面临更为严酷的环境条件，如更强的日照、更大的温差和更干燥的空气，选择对环境变化有强适应性的植物，包括耐寒、耐热、耐贫瘠及抗病虫害的品种，确保绿化的长期维护更为简便。

（3）抗风性能：针对高层建筑特殊的风环境，强风可能导致植物脱落、损坏乃至影响建筑结构的安全，必须选用能承受强风冲击而不易折断或脱落的植物种类，保证绿化安全和稳定。

（4）安全性：避免选择易结果实的植物，防止果实成熟后掉落引发的安全隐患，同时应考虑植物是否有毒、是否会引起过敏等因素，确保不对人体健康构成威胁。

（5）美观性：多样化的植物种类能增加建筑的美观度，还能在不同季节提供变化的景观效果，美化建筑外观，避免千篇一律，选用多样化的植物种类，创建常绿且季节性开花的植物群落，以丰富视觉景观。

选植标准：植物应能在极端条件下存活 3~5d，灌溉后 8~10d 内恢复正常生长；能适应年平均风力达到 4~5 级的环境；植物应能沿建筑物支架向上或向下攀爬生长；选用的植物应具有较高的观赏性，如叶形、花色、藤蔓等。

5. 植物多样化配置策略

在设计高层建筑的开放空间绿化时，采取的植物多样化配置策略增强了景观的视觉吸引力，还对提升空间的生态价值和使用者的心理舒适度有显著影响。通过精心选择小乔木和灌木作为主体骨架，并在条件允许的情况下，点缀以相对高大的乔木作为景观的焦点，可以实现植物高度、种类和形态的综合搭配，营造出具有层次性的景观环境。在植物配置中，须遵循地域性：优先选用本地乡土植物以保证其适应性，并适当引入其他具有强适应性的外来植物来丰富景观效果。由于大量植物的引入可能对建筑结构提出较高要求，因此，采用轻质基质或减少种植土的量以减轻对结构的压力成为主要的应对策略。

多样性通过利用不同植物的生态特性构建植物群落，能提升建筑及城市的生态恢复能力。构建植物群落的主要方式包括乔木＋地被、灌木＋地被、乔木＋灌木＋地被，以及乔木＋灌木＋地被＋藤本等复合型结构，这些结构能吸引昆虫和鸟类，增强生态多样性。植物配置时也应注意提高调节色彩搭配的美学原则，如同色、补色、邻近色等多种组合方式，利用植物的色彩多样性构成景观的色彩层次，以提升视觉效果，创造一个既生态友好又美观的环境。

以深圳湾产业园中某建筑为例，通过选取具有良好气候适应性和易成活性的植物，不仅营造了符合设计主题的景观，而且易于维护，适应开放空间内的微气候条件，如图 4-78 所示。在技术实现方面，为了减轻结构荷载，设计师选用了轻质土，有效减轻土壤自重，且具有良好的耐水性，适合根系生长。

通过这样的植物配置策略，为"垂直社区"营造了适宜的社交环境，利用植物的生态属性调节空间的微气候,形成"独立生物气候区",提升空气质量。在植物品种选择上,依据不同分区的原则打造具有不同空间风格的环境,通过植物的高低错落及色彩对比营造视觉焦点和层次感,使到访者能够通过植物营造的氛围感知自己在"垂直城市"中的位置。

图 4-78　深圳湾产业园建筑立面绿化图

6. 建筑立体绿化与垂直界面整合

在建筑设计中的空间构成,水平面与垂直面的围合形成了基本的空间框架,其中在高层建筑中垂直界面涵盖了外立面也包括室内墙面。通过垂直绿化技术与立面的融合,在视觉上实现了与周围自然环境的和谐统一,提升了建筑的美学价值,同时也增强了建筑的保温性能。室内墙面的绿化设计,如在中庭、边庭、电梯厅和走廊等公共区域的应用,通过点、线、面的灵活构图,将垂直绿化与室内墙面(包括玻璃幕墙)结合,增强空间的设计感,为建筑内部空间带来了生机与活力。建筑外立面的垂直绿化则通过采用攀缘植物,如爬山虎等自然绿化方法或模块式、容器式的人工绿化手段,通过点、线、面式的构图绿化增加了建筑的生态价值,为城市环境贡献了宝贵的绿色空间。

垂直绿化作为高层工业厂房开放空间绿化形式的重要组成部分,提供了一种与水平绿化不同的维度来丰富城市景观。尽管传统垂直绿化依赖于攀缘植物的自然生长特性,现代垂直绿化技术的发展为创造经济且安全的空间环境提供了多种可能性。立体绿化还包括垂直墙体绿化,通过使用附着能力强、自重轻的植物如藤蔓、草皮和苔藓等来装饰高层建筑的外墙。墙体绿化在占用最小地面空间的同时,提供了最大化的绿化面积,其设计和实施可分为以下四种主要形式:

(1)攀附式垂直绿化:是一种传统的立面绿化利用形式,通过攀缘植物的自然特性,让植物附着在墙面或支撑物上生长。利用攀附能力较强的藤蔓植物在建筑墙体上自然生长和蔓延。此方式能呈现较为自然的植物生长形态,但难以精确控制生长方向,导致实际绿化效果与预期有所偏差。由于植物特性的限制,攀附式绿化多从建筑的楼层平台进行局部蔓延,适合与质地较厚实和粗糙的材料如混凝土、石料等配合,展现不规则的自然美。该类型方式成本较低、维护相对简单,但可能对建筑表面造成一定的损害。因此,实施时通常需要通过网架或线缆进行引导,以减少对建筑的影响。但在现代高层厂房建筑的开放空间中,由于设备和采光窗的通风采光需要,这种自然攀附的方式实用性并不高。

(2)模块式垂直绿化:植物被种植在预制的培育器中,并通过各种方式(如绑扎、悬挂)固定在支撑结构上。辅以先进的灌溉和排水系统,模块式垂直绿化能够根据设计要求形成特定的图案或形态。虽然其造价和维护成本相对较高,但它为设计师提供了更大的创意空间和表现力。构架式绿化:先在建筑立面上安装坚固的金属构架或容器,然后在其中植入藤蔓或草本植物。与铺贴式绿化相比,构架式绿化展现的植物形态更为自然,可根据建筑造型进行带状生长。高处的风速较大,因此主要采用铺贴式和构架式两种绿化处理方式以确保安全。

(3)铺贴式垂直绿化:采用铺贴式垂直绿化在墙面防水层上直接铺贴一层集成滴灌系统和植物基质的种植毯,无需额外支撑结构。这种方法适用于直面和曲面,具有良好的防水、防火性能,预制化程度高,维护方便。尽管造价相对较高,铺贴式垂直绿化以其独特的优势成为现代建筑绿化的重要选择。铺贴式绿化墙体可以进行室内铺装,形态规整,边界清晰,与现代建筑风格的高层建筑相搭配,创造简约而现代的效果。

(4)高层建筑形体垂直绿化:立体绿化在高层建筑应用中不仅能够提供多样化的视觉表现形式,通过与建筑立面的整合,可形成单色或图案化的绿化面。结合建筑的窗洞、阳台和外构架,立体绿化能够创造出高低错落的视觉效果。植物的自然色彩和丰富的质地有助于掩饰建筑的刚硬外观和材料的色彩低饱和,使建筑外观变得丰富多样。立体绿化还可作为一种设计元素直接融入建筑设计中,形成新的建筑风格。在狭窄街道环境中,由于缺乏足够的绿化用地,街道两旁高耸的建筑容易造成压迫感。通过实施立体绿化,可以有效调整街道环境的空间感,缓和因形式和材料差异导致的视觉混乱,提高街道的视觉统一性。

垂直绿化由于其空间占用小,适用性强的特点,被广泛应用于建筑外立面,同时,中庭边庭和电梯厅等人流密集的交通空间通常采用装饰性垂直墙面,如图4-79所示。垂直绿化不仅能在等待区域提供一个视觉及心理上的舒缓效果,降低人们的焦虑感,还通过其植物的自然净化功能,吸收空气中的有害物质如粉尘和甲醛等,有效地净化空气,增加空气湿度,从而改善室内外的小气候环境。

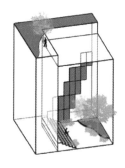

图4-79 工业建筑垂直绿化示意图

7. 建筑屋顶绿化

屋顶绿化是指在建筑物或构筑物顶部，以植物为主要配置元素，不直接与自然土壤接触的绿化方式，包括多种屋顶种植形式。屋顶绿化是改善城市环境质量、提高绿化率的有效手段，其不仅提高了空间利用率，还能防止雨水渗漏，并在一定程度上减缓城市热岛效应。

（1）设计原则

在设计超高层建筑的开放空间绿化时，采取的植物多样化配置策略不仅可以增强景观的视觉吸引力，还对提升空间的生态价值和使用者的心理舒适度有着显著影响，目前，屋顶绿化主要采取以下两种形式：

园林式：屋顶布置成小型园林，配以各种花卉、山水景观，以及凉亭、茶室等小建筑，形成一处休闲、娱乐的空中花园。

花坛式：主要通过种植灌木和时令花草，并布置种植池进行绿化，适用于高层建筑的空间利用。

设计屋顶绿化时须考虑地域特性和建筑结构的实际承载力，同时配备适当的排水和节水系统。在南方，应考虑城市的高温多雨特点，适宜种植较高大的树木，并须加强屋顶结构。北方由于风沙较多且旱季长，更适合种植耐旱的低矮灌木。

通过合理的植物配置策略，可以为"垂直社区"营造了适宜的社交环境，而且利用植物的生态属性调节空间的微气候，形成"独立生物气候区"，提升空气质量。在植物品种选择上，依据不同分区的原则打造具有不同空间性格的环境，通过植物的高低错落和色彩对比营造视觉焦点和层次感，使到访者能够通过植物营造的氛围感知自己在"垂直城市"中的位置。

（2）应用策略

水平布置是开放空间绿化的基础形式，可以从最简单的盆栽植物装饰到更复杂的构造设计，如预留种植槽来栽种景观植物，提供更多的选择性和形成层次感的可能性。对于较大面积的绿化，如平台型或挑出型开放空间，采用屋顶绿化技术要点进行构造设计，考虑楼面承重及防水需求，并在开放式室外空间中加强植物的防风措施。空间水景的设计，通过引入人工水体，从听觉和视觉多维度增添了空间氛围的层次性。

深圳南头古城"IF 工厂"的屋顶绿化设计例子展示了种植大量植物的情况下满足开放空间中的需求，如何确保植物的安全、美观和经济性，如图 4-80 所示。案例在建筑设计时针对性地考虑建筑构造，为较大体量、根系深的乔木留出足够空间，并预留了足够的空间用于景观营造。利用楼板下层设备层的空间，通过局部降板下沉形成双层楼板的构造，根据栽种植物的特性确定下沉深度，预留灌溉、排水设备的空间。

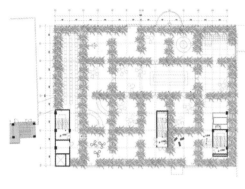

图 4-80　深圳南头古城"IF 工厂"屋顶绿化图

深圳南山创新中心在竖向维度上，将整个建筑集群划分为"地面层""平台层""屋顶层"三个层次，在不同的层级置入不同的交往空间，如图 4-81 所示，保证园区开放性的同时，满足企业私密交往的需求，形成丰富多样的空间层次。

图 4-81　深圳南山科技创新中心立体化交往空间示意图

通过创造性地留出平台空间进行植物布置，可以保证安全性的同时，丰富建筑立面的视觉效果。常见的做法包括建筑形体的交错布局、体块减少，以及挑出式平台等。根据平台的大小和开放程度，平台绿化空间可以分为走廊绿化、露台绿化和阳台绿化等类型。平台绿化通过在竖向立面上的重复运用，不仅能降低室内温度，还在视野范围内创造出美丽的绿色自然环境。通过设计部分架空层和增加带有灵活曲线的出挑平台，建筑形式既展现现代化风格，同时又彰显生态自然之美。深圳新桥东项目平台绿化设计的策略在于最大化利用现有空间，如图4-82所示，扩大绿化面积，并通过与步行环境的结合，创造适宜交流的公共空间。

图4-82 深圳新桥东项目效果图

本章参考文献

［1］ 吕凯. 高度城市化地区产业园发展的问题及对策——以深圳市龙岗区为例［J］. 城市建设理论研究（电子版），2023，（25）：21+22-24.

［2］ 赵羽. 集约用地背景下创新型产业园设计研究［D］. 苏州：苏州科技大学，2022.

［3］ 蒋轻松. 长三角地区产业园区产城融合发展研究——以常州西太湖科技产业园为例［J］. 农村经济与科技，2016，27（24）：120-121+124.

［4］ 孙兆杰，张轶娜. 铁马产业园规划设计中集约与生态的表达［J］. 工业建筑，2018，48（04）：159+182-184.

［5］ 曹坤梓，李培. 转型升级背景下科技产业园规划探讨——以武陟科技产业园概念规划为例［J］. 华中建筑，2016，34（01）：116-119.

［6］ 郑兴彦. 论现代新兴科技产业园的景观设计探索——以厦门理源物联网科技园景观设计为例［J］. 绿色环保建材，2020，（11）：197-198.

［7］ 周国义，林伟，周书东，等. 绿色生态导向的"工业上楼"设计研究——以东莞松湖智谷产业园为例［J］. 重庆建筑，2022，21（09）：13-14.

［8］ 于婷. 粤港澳大湾区背景下的产业园区开发策略研究［D］. 沈阳：沈阳建筑大学，2021.

［9］ 盘宇澄. 第四代科技产业园规划与建筑设计的发展特点研究［J］. 建设科技，2021，（15）：72-74+77.

［10］ 吴婧菲，刘昌. 符号学视角下科技产业园景观形象构建研究——以中交智慧城一期景观为例［J］. 城市建筑空间，2022，29（04）：121-123.

[11] 孙兆杰,曹胜昔. 生态产业园规划研究——以江麓装备制造产业园为例[J]. 建筑学报,2015,(07):113-115.

[12] 贾璐. 活力营造视角下的开放式产业园室外公共空间设计研究[D]. 合肥:合肥工业大学,2021.

[13] 胡子奕. 旧工业建筑再生为文化创意产业园区后的空间适应性评价研究[D]. 上海:上海应用技术大学,2021.

[14] 刘骏鹏. 北京工业遗产类创意产业园建成环境后评价[J]. 天津城建大学学报,2018,24(02):81-87.

[15] 郝蕾. 滨水环境下的产业园区空间设计策略——以阳光创谷E区为例[J]. 工程与建设,2023,37(02):520-522.

[16] 赵科科,孙文浩. "产城融合"背景下生物医药产业园区的规划策略——以文山三七产业园区登高片区为例[J]. 小城镇建设,2016,(07):80-85.

[17] 袁梦. 产城融合背景下产业园空间结构研究[D]. 济南:山东建筑大学,2018.

[18] 周晶晶,刘嘉熹. 产城融合背景下产业园社区建设研究[J]. 合作经济与科技,2018,(07):7-9.

[19] 李虹瑾. 产城融合背景下的产业园区绿色综合体规划设计研究[D]. 重庆:重庆大学,2018.

[20] 徐安利. 产城融合背景下科技产业园社区化设计策略研究[D]. 南京:南京工业大学,2022.

[21] 罗雅云. 产城融合背景下新型产业园空间环境分析及优化策略探讨[D]. 深圳:深圳大学,2020.

[22] 郭正欣,田华,韩坤,等. 产城融合理念下都市产业园规划策略研究——以诸城十里片区控制性规划为例[J]. 城市建筑,2022,19(20):146-149+154.

[23] 王乐. 产城融合视角下产业园建筑的弹性设计研究[D]. 长沙:湖南大学,2020.

[24] 王海燕,寇鑫,夏健华,等. 产城融合视角下的产业园区规划策略探讨——以惠阳象岭科技产业园红花寨片区为例[J]. 中国高新科技,2022,(23):109-111.

[25] 崔冬冬. 产城融合视角下高新技术产业园空间布局方法研究[D]. 张家口:河北建筑工程学院,2020.

[26] 崔冬冬,姜乖妮,田秋月. 产城融合视角下高新技术产业园空间布局规划策略研究[J]. 河北建筑工程学院学报,2020,38(01):96-100.

[27] 王禹. 产城融合视角下新一代信息技术产业园区空间形态研究[D]. 合肥:安徽建筑大学,2022.

[28] 梁学成. 产城融合视域下文化产业园区与城市建设互动发展影响因素研究[J]. 中国软科学,2017,(01):93-102.

[29] 饶曦东,古叶恒,周剑峰,等. 产业—空间协调视角下的产业园区规划实践——以长沙岳麓科技产业园规划设计为例[J]. 规划师,2021,37(23):40-46.

[30] 曹星星. 产业园区4.0背景下小型科技产业园设计研究[D]. 南京:南京工业大学,2020.

[31] 欧阳东,李和平,李林,等. 产业园区产城融合发展路径与规划策略——以中泰(崇左)产业园为例[J]. 规划师,2014,30(06):25-31.

[32] 谢伪海. 产业园区转型与发展从传统工业园到产城融合创新综合园的比较研究[J]. 价值工程,2023,42(35):38-40.

[33] 朱毅萱,张文辉,王冰洁,等. 城市产业园区的地下空间利用设计研究——以青岛国际院士港生命药洲项目为例[J]. 城市建筑,2022,19(18):106-108.

[34] 段杰,朱丽萍. 城市创意产业园区空间演化与集聚特征及其影响因素分析——以深圳为例[J]. 现代城市研究,2015,(10):76-82.

[35] 朱晟. 高科技产业园景观视觉偏好研究[J]. 建筑与文化,2019,(05):167-169.

[36] 刘丽媛. 工业产业园景观规划设计研究[D]. 济南:山东建筑大学,2021.

［37］雷体洪，曹永洋，杨婷．工业旅游导向下的现代工业园区设计研究——以长江医药高科技智能药用胶囊产业园为例［J］．华中建筑，2019，37（05）：72-75．

［38］吴绍炜，张鑫鑫，王唯，等．"工业上楼"类产业园区智能照明设计浅析［J］．住宅与房地产，2024，（02）：52-54．

［39］郭亚成，赵萌阳，王冉，等．工业遗产改造类创意产业园建成环境后评价——以青岛中联U谷2.5产业园为例［J］．城市建筑，2022，19（22）：26-28+49．

［40］王阳．工业遗产改造类创意产业园建成环境使用后评价［D］．青岛：青岛理工大学，2021．

［41］张琪．工业遗产类创意产业园游客满意度研究——以青岛纺织谷为例［J］．城市建筑，2021，18（26）：100-103．

［42］郑焘．共建网络货运数字产业园推动行业快速发展［J］．中国物流与采购，2022，（03）：46-47．

［43］刘继项，应慧珺，袁茹月，等．后现代工业建筑的平和表达记沧州中捷绿色产业园南区项目［J］．中国建筑金属结构，2022，（09）：2-3．

［44］贾璐．活力营造视角下的开放式产业园室外公共空间设计研究［D］．合肥：合肥工业大学，2021．

［45］魏成，陈赛男，邱可盈，等．
"机器代人"时代的新型智能产业空间需求与规划响应——以中山北部产业园规划设计为例［J］．规划师，2023，39（07）：24-31．

［46］胡韵琳，施卫省．基于AVC理论对创意产业园外部景观特征的评价——以成都市东郊记忆创意产业园为例［J］．住区，2023，（02）：130-136．

［47］李东和．基于GIS技术的产业园空间组织与设计研究［D］．济南：山东建筑大学，2018．

［48］董燕晶，李莉．基于SWOT分析的长沙岳麓科技产业园综合评价［J］．科技视界，2013，（35）：160-161．

［49］李桂媛，段中元，刘鸿琳．基于产业生态学视角的山地产业园生态规划探讨——以巴东综合产业园为例［J］．规划师，2011，27（11）：88-91．

［50］史未名．基于产业园区品质与需求的停车配建标准研究［C］//中国城市规划学会，杭州市人民政府．共享与品质——2018中国城市规划年会论文集（06城市交通规划）．北京清华同衡规划设计研究院有限公司，2018，9．

［51］丁晓青．基于货运GPS数据的产业园区货运特征分析——以厦门为例［J］．交通与港航，2020，7（01）：62-68．

［52］覃洋．基于紧凑型用地下新型产业园空间环境及建筑设计研究［D］．昆明：昆明理工大学，2023．

［53］陈哲轩，黄汉山，陈筠婷．基于生态优先的微观尺度国土空间双评价体系探索——以中国—马来西亚钦州产业园为例［J］．广西城镇建设，2021，（12）：28-32+36．

［54］吴春骁．基于使用者行为模式的创意产业园公共空间设计研究［D］．广州：华南理工大学，2018．

［55］辛晶，郑斐，田昭源，等．基于系统生态学方法的产业园规划设计——以山东济南中欧制造国际企业港项目为例［J］．华中建筑，2022，40（07）：102-107．

［56］蔡燕婕．基于循环经济模式下的产业园区景观规划设计研究——以天津子牙经济产业园A地块景观规划设计为例［J］．宁夏大学学报（自然科学版），2021，42（04）：425-428．

［57］赵羽．集约用地背景下创新型产业园设计研究［D］．苏州：苏州科技大学，2022．

［58］刘力，霍金鑫，张瑶，等．京津唐工业遗产类创意产业园适应性评价比较研究［J］．城市，2021，（07）：44-54．

［59］胡子奕．旧工业建筑再生为文化创意产业园区后的空间适应性评价研究［D］．上海：上海应用技术大学，2021．

［60］刘盛．聚光中心产业园运营绩效评价研究［D］．兰州：兰州理工大学，2022．

[61] 李霞, 于浩, 李艳华, 等. 莱锦文化创意产业园停车难问题的分析研究 [J]. 北京城市学院学报, 2017, (06): 40-44.

[62] 郑兴彦. 论现代新兴科技产业园的景观设计探索——以厦门理源物联网科技园景观设计为例 [J]. 绿色环保建材, 2020, (11): 197-198.

[63] 周国义, 林伟, 周书东, 等. 绿色生态导向的"工业上楼"设计研究——以东莞松湖智谷产业园为例 [J]. 重庆建筑, 2022, 21 (09): 13-14.

[64] 坪山新能源汽车产业园区1~3栋项目全国首个百米高层预应力空心楼板示范工程 [J]. 住宅与房地产, 2022, (05): 31-35.

[65] 王和平. 人工智能背景下高科技产业园设计研究 [D]. 南京: 南京工业大学, 2020.

[66] 周成, 梁雨钝. 人力资源服务产业园建设标准化及考核评价体系构建 [J]. 中国人事科学, 2023, (02): 62-71.

[67] 谭少麒. 深圳市高密度科技产业园空中活动基面设计研究 [D]. 深圳: 深圳大学, 2020.

[68] 孙兆杰, 曹胜昔. 生态产业园规划研究——以江麓装备制造产业园为例 [J]. 建筑学报, 2015, (07): 113-115.

[69] 张润泽. 数据中心产业园区规划与设计研究 [D]. 南京: 南京工业大学, 2022.

[70] 江海燕, 宋天昊, 夏燕, 等. 数字化背景下工业遗产场景营造与社会交往相互作用研究——以广州琶醍啤酒文化创意产业园为例 [J]. 装饰, 2023, (08): 124-126.

[71] 刘金朋, 郭霞, 辛诚, 等. "双碳"目标下产业园项目全生命周期碳减排路径研究 [J]. 建筑经济, 2023, 44 (11): 22-26.

[72] 王子夏. 天津市产业园区空间发展绩效评价与优化策略研究 [D]. 天津: 天津大学, 2020.

[73] 孙兆杰, 张轶娜. 铁马产业园规划设计中集约与生态的表达 [J]. 工业建筑, 2018, 48 (04): 159+182-184.

[74] 李雪峰. 物流产业园在各类建设规模下的"投建营移"运作模式研究 [J]. 投资与合作, 2024, (01): 163-165.

[75] 张伟, 李慧芬. 西安量子晨电竞产业园（锅巴厂改造）新老建筑的改造融合 [J]. 建筑学报, 2021, (04): 122.

[76] 何艾玲. 现代工业园区建筑与景观设计的融合——广安建平产业园方案设计 [J]. 纸和造纸, 2022, 41 (06): 36-38.

[77] 王竞飞. 现代文化产业园中景观设计的应用研究 [J]. 河北林业科技, 2020, (03): 55-57.

[78] 蒋清松. 长三角地区产业园区产城融合发展研究——以常州西太湖科技产业园为例 [J]. 农村经济与科技, 2016, 27 (24): 120-121+124.

[79] 梁伟, 杨勇, 杨伟. 智慧"云"综合产业园区建设研究 [J]. 中国市场, 2020, (02): 195-196.

[80] 王楚楚. 智慧物流技术在产业园区中的应用分析 [J]. 中国储运, 2022, (09): 112-113.

[81] 王德同, 倪东生. 智慧物流技术在产业园区中的应用研究 [J]. 中国储运, 2019, (08): 151-152.

[82] 贺丹, 李文超, 彭阳. 中外合作产业园创新转型的主要历程、现实困境及优化路径 [J]. 现代经济探讨, 2018, (08): 98-105.

[83] 曹坤梓, 李培. 转型升级背景下科技产业园规划探讨——以武陟科技产业园概念规划为例 [J]. 华中建筑, 2016, 34 (01): 116-119.

[84] 张天东, 郑欢欢. 自贸区背景下空港产业园规划研究——以泸州空港产业园总体规划研究为例 [J]. 工程建设与设计, 2021, (增1): 70-74.

第 5 章　交通流线设计

街道与流线是城市活力的关键"器官",城市与产业园的活力主要在街道与流线中得以体现。流线设计最初指人在空间中的行为路径或行走路线,其在串联着人的活动的同时,创造出满足人们需求的空间格局,影响产业园工作人员使用空间的次序和方向。在"工业上楼"模式的产业园中,流线的组织是关键设计要素可以优化空间使用和人员流动,流线的组织可以使空间组织变得更加开放和多维立体化,同时也反映了园区与外部的密切交流和内部活动的高度互动性。新型产业园要求建筑对城市人群更加开放,园区之间,各建筑之间,同建筑的楼层之间的联系与合作也更加频繁和紧密。

5.1　交通与流线特征

"工业上楼"模式的实施形成了高密度的建筑群,同时也带来了高密度的交通流动需求。特别是生产过程中重要的货运流线与传统的低密度工业园区或办公研发园区相比,呈现出截然不同的交通组织模式。包括将人流、货车流和客车流进行有效分流,优化车辆进入地下室及卸货区域的路径设计等,同时,工业厂房内需要融合生产配套和生活服务设施,实现空间的集约利用和功能的复合,使园区内的人更加灵活地使用公共交通设施、休息区以及景观绿化和水系等。

"工业上楼"产业园通常包含生产厂房、生产配套用房、生活配套用房以及市政配套用房等四大类功能,交通包含人行、车行和货运三大类流线。随着功能组织的复合化,产业园的流线组织也变得多维立体化。水平层级的流线组织结构主要解决了园区内建筑单体和群组之间横向上的联系问题,而竖向层级流线组织的逻辑则在于建立高效的立体联系网络,从而优化整个园区的交通和流线系统。

为了实现交通整合,"工业上楼"产业园通常结合园区中轴线、多层地表以及空中绿地等建筑元素,在有限的空间内,这些设计元素共同创造了一个高低错落、城园相嵌、疏密有致的街区形态。产业园区空间以及联系不再仅仅局限于园区内部,而是成为城市发展的一个有机组成部分。园区的道路系统,从原本仅服务于园区内部的封闭模式,转变为开放街区式,与城市的生态体系紧密相连。这种转变提高了园区的开放性和可达性,也促进了园区与城市之间的经济和文化交流。然而,融合在交通管理方面,需要园区与城市的交通系统进行精心协调,以减少对城市交通负担和园区内部人流活动的干扰。

园区的空间规划和交通设计需要考虑到垂直空间的有效利用。随着建筑物向上延伸，地面空间的利用效率变得更加重要。园区内的交通系统不仅需要在水平层面上与城市交通无缝对接，也需要在垂直层面上进行创新设计。例如，可以通过建立多层交通系统，包括地下车库、空中人行天桥和货车盘道等，来实现人车流线的立体分离。通过恢复产业园街区的生机，开发多种交通工具，设置步行街区，园区可以成为一个既便于交通出行，又舒适宜居的环境。

1. 交通及流线组织形式

（1）车行流线的组织

合理的功能分区与高效的交通流线组织协同工作，可以快速推动整个园区的生产和运转。在园区的交通和流线组织中，首先要考虑的是车行流线与人行流线的协调关系。规划设计时应重视车流对人的行为活动的影响，倡导"人车分流"策略，尽量减少车流对人行路线、安全性、视线的不利影响，从而增强使用者的心理归属感和安全感。

（2）人行流线的组织

多元化和立体化是人行流线组织的关键。多元化指的是步行道路类型的多样性，如组团间的小路、架空层的穿越步道、健身跑道水系边缘的滨水木栈道、亲水平台等。这些设计不仅增加了步行空间的趣味性，还对室外公共空间节点具有引导性。立体化则涉及在垂直方向上利用场地高差、底层架空、平台等因素，使水平流线与垂直流线相辅相成，高效便捷地引导人流进入园区的各个空间。

（3）可达性、便捷性、引导性的组织形式

通过水平和竖向的流线组织，园区的各个部分紧密联系在一起，提升交通效率，促进室外公共空间人群的往来，从而极大地增加活力。除了关注流线的组织形式外，将人流引入目的空间也非常重要。因此，交通及流线的组织还可从提升引导性、便捷性以及可达性等方面进行考虑。

2. 交通组织原则与选型

在产城融合模式下，公共交通系统对于连接产业园区与城市其他部分起到关键作用。全覆盖的公共交通网络不仅包括传统的公交车和地铁，还可以包括轻轨、有轨电车、公共自行车系统等。基地周边的道路交通布局与园区的配置之间的关系，可细分为五种类型：单边沿街型、双边沿街型、三边沿街型、四边沿街型以及街道穿行型，如图 5-1 所示。这些不同的道路交通组织方式对园区的入口设计及公共空间的布局产生影响。

一个有效的道路网系统是产业园区与城市融合的基础。层级分明的道路网有助于减少交通拥堵，提高整体交通效率。这个系统包括主干道、次干道、支路等不同层级的道路，以满足不同类型的交通需求。主干道处理大流量的交通，连接园区至主要城市道路和高速公路，次干道和支路则服务于园区内部的交通。道路设计还需要考虑到紧急车辆的通行需

| 单边沿街型 | 双边沿街型 | 三边沿街型 | 四边沿街型 | 街道穿行型 |

图 5-1 产业园区建筑与道路示意图

求，确保在紧急情况下可以快速反应。交通方式设置须考虑多样化，多样化公共交通选择有助于减少对私家车的依赖，降低环境污染和交通拥堵。园区内公共交通系统需要与城市其他交通模式有效衔接，如地铁站与公交枢纽的无缝对接，以便人们的日常出行，按照空间布局与组织选型，列举出以下五类应用于产城融合背景下产业园的主要交通组织形式，如图 5-2 所示。

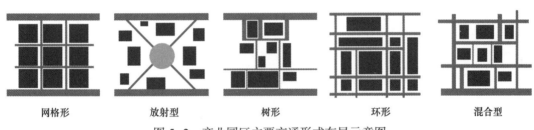

| 网格形 | 放射型 | 树形 | 环形 | 混合型 |

图 5-2 产业园区主要交通形式布局示意图

（1）网格形

网格形布局在产业园区中的应用可以促进高效的交通流动。布局的特点是道路呈直角相交，形成清晰的街区划分，这有助于简化导航和提高可达性。在产城融合背景下，网格形布局使得产业园区内部的交通与周边城市区域的交通系统轻松对接，增强园区与城市其他部分的连通性。网格形布局有利于均衡地分配交通流量，减少某单一道路的压力。该类型布局需要考虑足够的绿地和公共空间，以避免过度的城市密集度和交通高峰期的拥堵问题。

（2）放射型

放射型布局适用于以中心节点（如中央商务区、主要交通枢纽或重要公共设施）为核心的产业园区。道路从中心点向外辐射，将交通流向集中到中心区域。放射型布局便于引导人流和物流高效地流向园区的核心区域，从而提升园区内的业务互动和资源共享。放射型布局还可以促进园区与城市其他部分城市区域或不同交通路线建立联系。同样的放射型布局也需要注意避免中心区域过度拥堵，也需要保证边缘区域的有效服务和连接。

（3）树形

树形布局在产业园区的应用，特点在于其层级清晰的道路系统。布局方式类似于树枝的分布，其中一条或几条主要道路作为"树干"，从中心区域向外延伸，而分支道路则像"树枝"一样连接到不同的园区区块。在产城融合的背景下，树形布局可以有效地将园区的内部交通引导至主要交通干线，进而顺畅地连接到城市的更广泛交通网络。这种布局有利于减少园区内部的交通冲突。树形布局还可以根据园区内不同区域的功能需求进行调整，例如，研发区和生产区可以通过不同的单行、限行路线连接，以优化内部流动和物流效率。

（4）环形

环形布局在产业园区的应用中，其特点是围绕一个中心点或核心区域设置环状道路。其特点为可以分散交通流量，避免过度集中在园区的单一区域。环形道路可以提供对园区内不同功能区域的快速访问，同时也为紧急情况下的疏散提供了多个选择。环形布局在设计时还可以考虑与园区内的绿地、步行道和自行车道结合，创造友好和可持续的交通环境。

（5）混合型

混合型布局结合了多种交通布局的特点，从而适应产业园区多样化的功能需求和城市环境的复杂性，具有灵活性和适应性的特点；混合型布局允许根据园区特定的地理位置、功能布局和发展目标进行定制化设计。其特点是在不同区域采用不同的布局方式，比如在园区中心采用网格形或环形布局以便于密集交通流动，而在边缘区域采用树形布局以促进与城市其他区域的顺畅连接。通过结合不同的布局方式有效管理园区内外的交通流，减少拥堵，提高交通效率。也有助于通过多样化的道路网络，促进园区内部与城市其他部分的互动和连接。

5.2 货运通道设计策略

"工业上楼"产业园区的货运通道设计的目标为实现清晰且合理的交通布局。其组织方式可通过引入多层次的交通系统，包括地下、地面和空中通道，达到有效分散交通流量并提高空间利用率的效果；高效的货物流转区域设计，包括优化的装卸区和临时存储区，确保货物快速、安全流转。

货车通道的设计首要目标是满足货车行驶的特定需求。在规划时，考虑到货车的拐弯半径和运输效率，道路宽度、转角半径和坡度都应适应大型货车的操作需求。同时，采用数字与智能化交通管理辅助系统实时监控和智能调度，提升运输效率和安全性。环保因素也须考虑在内，以减少排放、噪声控制和绿化来降低环境影响。货运通道设计应重视灵活性、可扩展性、人车分流以及易于维护管理，以确保长期的高效、安全运行和可持续性。

5.2.1 水平货运通道的优化与创新

货运流线在创新型产业园的生产体系中占重要地位，因货车空间在车行流线中占据了较大的尺度，且使用频率高。货运流线通常包括专门的货运道路和装卸货区，主要布置在生产组团建筑周围，以确保物流的顺畅和高效。这些货运道路直接连接到卸货平台和高层建筑吊装平台，从而使物料的运输和分配更为便捷；货运流线在园区内的布局通常可以分为两种形式：外部货运和内部货运，如图5-3所示。

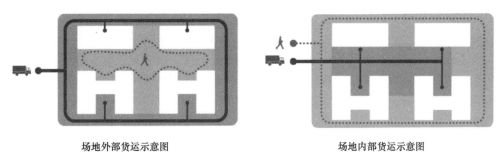

场地外部货运示意图　　　　　　　　　场地内部货运示意图

图 5-3　场地货运示意图

外部货运流线的布局是将货物运输路线设置在生产组团建筑的外围，包括卸货平台和吊装平台等。这种布局的主要特征是对园区内部的影响较小，使得内部空间适合打造成内庭院式的公共空间，提升环境品质。该流线适用于产品体积较小的"工业上楼"产业园，特别是高技术企业，货运量较少、使用中小型货车的场景。

对于产品与生产设施相对较大的生产型企业，内部货运更为合适，这种组织方式将货运流线布置在生产组团建筑的内部，卸货区通常沿内部环道集中布置。这种布局的货运流线更加集中和高效，对厂区外围的影响较小，有利于园区与周边城市环境的融合。

1. 路径规划系统

在产业园区内，设计的重点应放在创建一个高效的物流网络上，确保货物运输、人员流动和车辆通行之间的有效分离。货运流线包括货物及原材料的运输、仓储、搬运装卸以及生产成品和废弃物的运输存放和处理，同时延伸到各种车辆的行驶和停放。这需要综合考虑货运通道的布局、货物存储区的位置以及废物处理设施的安排。规划货运通道的位置和布局时，可以通过设置专用货运通道和专门的卸货区，满足物流需求，又不干扰工作区和生活区的正常运行。在卸货区域，应保证足够的空间以便货车的顺畅进出和操作，以及设置适当的信号系统和标识，确保货车驾驶员能够清晰地了解行驶路线和卸货点。

湾区智谷则采用了内部货运流线的设计。园区主要针对相对中型生产型企业（涵盖计算机软硬件、新材料、电子信息、自动化、新能源等多个高科技领域），部分行业企业对大中型货车的需求较高。园区布局紧凑，内部货运流线相对节约用地，还提高了空间的利用效率。货车直接前往中心停车区进行卸货,如图 5-4 所示,可以提高整体运输效率。

场地货运流线　　　　　　　　　货运停车实拍

图 5-4　湾区智谷货运流线图

内部布局另一个优势是可以提高园区对外的展示形象,此布局对外提升园区形象,对内满足员工休憩放松需求。浙江某电子元器件产业园在园区东侧,毗邻河流的公共空间提供了优美的景观,营造了共享和宜人的环境,优化了工作和休憩空间,提升园区整体品质,如图 5-5 所示。

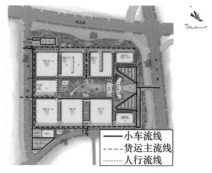

场地效果图　　　　　　　　　场地流线图

图 5-5　浙江某电子元器件产业园项目

2. 进出口设计

场地的进出口设计在流线上显得重要,理想状态是实现人车分流、货车客车分流,如图 5-6 所示。这可以通过设置专门的货车出入口,合理规划内部交通网络来实现。例如,可以考虑在园区的不同位置设置多个出入口,以减少内部交通的拥堵和冲突。同时,地下通道或专用桥梁等设计也可以有效地分离不同类型的交通流,提高整体运输效率。

全至科技创新园入口人车分流　　　　　　嘉宝莉涂料产业园入口

图 5-6　产业园入口实拍图

产业园一字形规划设计通常将货车通道与消防环道结合，该规划考虑到了安全性和功能性的双重需求。结合货车通道和消防环道不仅节省空间，也提高了运输效率，如图 5-7 所示。在卸货区，货车可以直接靠近建筑进行装卸，而消防环道的设置则确保在紧急情况下，消防车辆可以快速到达现场。设计还允许更灵活的空间布局，有助于改善货车的行驶和转弯半径，同时也为园区内的安全管理提供了额外的保障。

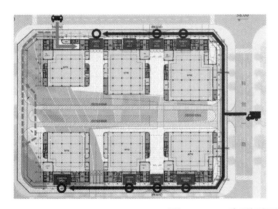
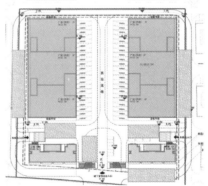

图 5-7　一字形平面停车设计

相对地，内围货运产业园的设计则更加注重内部空间的利用效率。将卸货区布置在产业园内侧的边缘，更有效地利用大厦内部的空间，同时在中间留出一片供货车循环行驶的通道。内围货运布局设计使得货车可以在大厦内部环形运动，方便货物的运输和分发，提高了卸货效率，减少了货车在园区内部的行驶距离。

全至科技创新园的改造计划在总体规划方面采取了创新的流线组织方法，如图 5-8 所示。在初步场地研究中，设计团队注意到园区内部存在如宿舍与厂房之间的通道、园区中心的大庭院以及北侧的小叶榄树等多个尺度舒适的步行空间；考虑到园区的特殊地理位置——西侧和南侧被水体环绕，北侧临近高架高速公路，形成了一个相对封闭的场地区域，其提出了一种大胆的车行流线组织方案：即提出利用城市道路来实现单车道单向循环的车行流线。园区的主入口设定在东南角，而出口位于西北角；顺时针方向的车行设计提高了车行交通流动的效率，同时减少对园区内部空间的干扰。两条连接西北出口和东南入口的次级城市支路在外部车行稀少的情况下，能够保证车行循环的高效率。

场地入口　　　　　　　　　　　　　场地车行与人行流线

图 5-8　全至科技创新园流线示意图

3. 多层次交通系统

20 世纪 90 年代以来，国外就开始了对地下物流系统的研究，日本、荷兰、德国、英国、意大利等都对地下物流系统展开研究。目前，瑞士于 2017 年提出的 Cargo Sous Terrain 地下物流系统，以及我国于 2018 年提出的基于城市轨道交通系统进行的地下货运系统，是世界范围内已有具体实施项目的系统，也被认为是最有可能广泛应用的系统。

地上地下一体化货运网络耦合是一种安全性较高、运输成本较低的典型方式。无人车或物流胶囊穿梭于地下隧道或大直径管道，连接起城市物流中心及市内商超、仓库、工业园、末端站点。地下输送管道与产业园各建筑自动连接，实现货物全流程自动化流转。

地下物流不受交通管制、交通拥堵的影响，能够全天候送货。智能化、无中断的运输方式，可以使运输有效衔接，保障运输的时效性和高效性。直接配送至各生产车间、装卸平台，甚至以送货入户的形式，可以减少人员安全事故的发生，通过地下运输，货物流转速度加快，减少地面交通拥堵，降低噪声和空气污染，符合绿色可持续发展理念。长期来看，地下物流系统有助于降低运输成本，减少与道路运输相关的事故和损失。同时，利用自动驾驶、物流机器人等先进技术，可以提高物流自动化和智能化水平，优化物流规划和运营决策。

武林广场是裕廊创新区的五大项目之一，拥有先进制造业、机器人技术、城市解决方案、清洁技术和智能物流等重要产业，为该区未来创新发展提供了试验平台，引领和支持企业迈向工业 4.0 转型。SAA 建筑设计在武林广场中采用了智慧"自动运输"系统，是新加坡首个地下物流网络，可自动引导车辆通过四通八达的地下线路，如图 5-9 所示。结合地下物流网络，该系统实现了空间的可达性和连通性，创造了一个可持续的环境和活跃的社区连接。

地下运输货车道　　　　　　　　　　　运输通道效果图

图 5-9　新加坡武林广场地下运输网络

地下物流系统本质上也是一个通过互联网实现的高效、相互连接的物流系统，其核心是一个位于城市中央或产业园内部的市场中心，如图 5-10 所示。这个系统使得货物可以从外部高效地输送到目的地，然后通过地下物流网络分发到不同的厂房，从而提高厂房的运营效率。

图 5-10　武林广场地下交通系统

4. 智能导航指示系统

根据货物的尺寸、类型和目的地进行分类，设计不同的装卸区域。

在调研过程中，发现部分产业园区已开始逐步应用 UWB（Ultra Wide Band）技术（超宽带技术）来提升产业园地下车库以及路径导航的定位精确度，从而优化物流和生产流程效率。该技术高精度的追踪能力有助于降低运营成本，增强安全性，防止工作场所，特别是装卸货时产生的事故和碰撞。通过采用 Omlox 标准（实时定位技术的开放式互操作标准），UWB 系统还能实现与不同厂商设备的兼容性，提供更大的灵活性和扩展性，为产业园区的未来发展提供支持。

5.2.2　垂直运输系统的设计

"工业上楼"是一种新型的工业楼宇模式，与传统模式下在单层工厂中进行生产不同，专为在高层大厦中进行企业的生产、办公、研发、设计。垂直运输是"工业上楼"的核心问题之一，高层厂房的承重能力有限，需要通过特殊的垂直运输方式解决。从目前已有的"工业上楼"产业园与建筑来看，园区与工业大厦一般通过垂直盘道、高载重货梯、大面积吊装平台等解决设备、货物运输等需求，少部分厂房通过增加特殊承重立柱、建设连廊实现楼宇间楼面的长距离连通、在高层建筑侧端增建高负载货运电梯等方法解决。在产业园规划建设前期，要根据产业类型的特征，综合评估选择合适的运输方式。

确保一层以上的楼层同样能够有效满足货物流动的需求，是垂直交通系统设计的重点。基于对现有高层工业建筑案例的深入分析，高层厂房垂直交通一般需要考虑电梯的负载能力、所需数量以及合理配置区域等要素。分析认为6~12层的高层厂房设计是一个比较理想的高度区间，既能保证垂直物流的高效性，又不至于因高度过大而增加成本和复杂度。货物升降区域应有足够的空间用于装卸和暂存货物，确保每个楼层都能高效地与垂直运输系统对接，减少搬运距离和时间。

1. 设计原则

在"工业上楼"的产业园区，垂直运输系统的设计应遵循多功能性、高效性、安全性原则：

（1）多功能性：系统须具有高度的适应性和灵活性，以适应不同类型的货物，如大型设备、散装材料等，并能够根据不同货物的特性调整运输模式。确保可以满足多样化的工业需求。在此原则下，垂直运输系统一般采用模块化设计，打破传统工业厂房单个交通核的传统设计，使得系统可以根据不同的需求进行快速调整和重新配置，适应多变的工业需求。

（2）高效性：通过运输路径的设计和对货运物流的调度，优化运输速度，减少货物在垂直运输过程中的等待时间；同时在垂直运输空间附近设置如临时存储区、分拣区，以确保货物快速、准确地到达目的地，在使用过程中增加维护和响应；确保系统的可靠运行，通过定期维护和快速响应机制来减少停机时间。

（3）安全性：考虑到货物的重量和体积，系统的结构设计必须足够强固，以承受不同类型货物的重载；同时，对安全预防措施也相对较高，设置包括安全门、限速装置、紧急制动系统等；配合安全监控系统，实施视频监控和警报系统，以实时监控运输过程，及时发现并处理安全隐患。

2. 技术方案

"工业上楼"货物垂直交通方式一般分为以下5种：

（1）智能货梯系统

货梯配备量应与现代化立体厂房规模及平面布局相匹配，一般保证每个标准层至少设置2台载重3t以上的货梯，且每个生产单元至少设置1台载重量2t以上的货梯。常见货梯吨位与尺寸如图5-11所示。

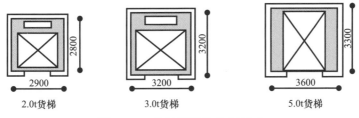

图 5-11 常见货梯吨位与尺寸

高标准的产业空间配置：首层一部 5t 电梯以满足大荷载及大容积物品的运输需求如建筑面积 3 万 m²，以 7000m²/台计，一般需要配置 2 部客梯，2~3 部货梯。湾区智谷产业园区的垂直交通系统结合自身产业园定位，关注功能性和货运效率，在规划园区时，重点就高容积率和多层工业楼宇问题提出了针对性的解决方案：通过调整层高（首层 8m，标准层 4.5m）和增强楼板承重（0.8~1.5t/m²）来适应不同的生产需求，如图 5-12 所示。同时配备的 16+14 台 5t 货梯和液压升降卸装货平台，平均即每 500m² 至少一部 2~5t 载重的电梯，从而实现人货分流。

货运停车场实拍图

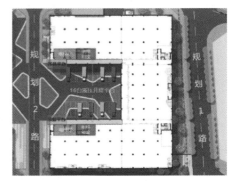
货运停车平面示意图

图 5-12 湾区智谷货运停车

（2）吊车+吊装平台

由于某些产品的尺寸或重量较大，难以通过货梯运输，部分立体厂房配置吊装平台并在地面预留吊装场地。该形式可满足多辆大型物流货车装载卸货要求，物流运输不用等待，同样适用于各类制造业。高层工业厂房的吊装平台具备独特的设计特点，如图 5-13 所示。可以提升重型或大尺寸设备在高层建筑中的装卸效率与安全性。每层外墙配备的吊装平台，结合可开启式围护栏杆和与之配套的特制吊篮，实现了装卸作业的高度自动化与安全保障。平台上的传送带系统和可调节支撑杆进一步优化了货物的搬运流程，减少了人工操作的需求和相关的安全风险。吊装平台的设计考虑到建筑美观与空间利用，可根据实际需求错层设置，同时在非吊装时段可用做休闲阳台或设备摆放区，增加了建筑的功能性和利用价值。

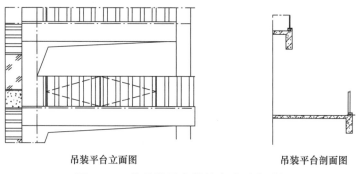

图 5-13 某吊装平台设计方法（发明）

吊装设计方法解决了传统高层工业建筑在垂直运输大型设备时遇到的难题，而且通过其创新性的设计提升了整体作业的安全性和效率。可开启式的围护栏杆和吊篮设计，以及内置的传送带和支撑系统，共同形成了高效、安全的吊装操作环境。该高层工业厂房吊装平台的设计思路，为高层建筑的物料运输提供了新的解决方案，同时也为建筑设计和工业生产带来了更多可能性和灵活性。

深圳某生命科学园项目位于光明区的核心 CBD 区域，为同合股份在全流程实操运营服务。该项目是深圳首批实施工业改造升级以促进工业空间立体化发展的园区之一。通过拆除原有的老旧厂房并重建，园区内的 B 座和 C 座专门用于生产和仓储工业活动，而 D 座则被规划为研发中心，满足企业研发和创新的需求。为适应企业生产工艺的特定要求，每栋建筑的一层均设计有卸货平台和吊装平台，以便于物料的卸载和设备的安装，如图 5-14 所示。

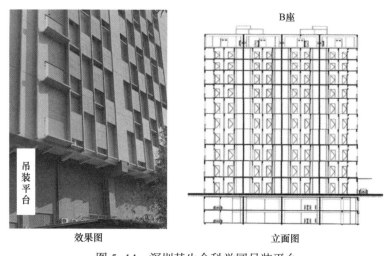

图 5-14 深圳某生命科学园吊装平台

（3）连廊+传送带传输

在工业建筑中，垂直方向的连廊和传送带组合是一种有效的物料搬运和人员流通解决方案。这类型的设计通常用于需要在不同楼层之间快速、高效地移动物品的场合:垂直连廊作为一种连接建筑不同楼层的运输结构,方便人员和物料垂直移动。垂直连廊通常配备楼梯、电梯或自动扶梯,以便人员上下移动。传送带是在建筑内部搬运物料的自动化设备,在多层工业建筑中,传送带可以与垂直连廊结合使用,实现物料在不同楼层间的高效传输。例如,在一个多层的仓库中,传送带可能被用来将物品从一个楼层传输到另一个楼层,而垂直连廊则为工作人员提供快速访问各个楼层的途径。

运输设备组合系统可以帮助工业原料与产品迅速、顺畅地在不同楼层之间移动,极大地提高了物料处理的效率。其次,设计有效地利用了垂直空间,减少了对地面空间的需求,从而提升整体的空间利用率。人员流动和物料搬运分开,通过自动化地传送系统运送物料,可以减少在工作场所人工搬运的安全风险。

(4) U形货车盘道

U形货车盘道作为一种有象征性的新型"工业上楼"产业园货运方式,主要优势在于能够直接到达每层厂房,大幅提升物流效率。U形专业货车通道设计通过优化结构和功能,使得每一层的层高和荷载能力都能符合首层的标准。但它缺点也尤为突出,如占地面积大、结构成本高和较大的公摊比例。在实际建设过程中,可以考虑采用更轻盈但强度高的建筑材料来降低成本,优化盘道设计以减少所需空间,以及通过智能物流系统来提高整体运输效率。多功能设计的引入也将提高空间的综合利用效率,使U形货车盘道在现代工业物流中发挥更大的作用。

南山智造红花岭产业园,作为深圳市的重点创新项目,项目打造"工业上楼"标杆的理念,这一概念主张将传统的工业生产活动从平面空间迁移到立面空间,目的是优化空间利用并提升生产效率,如图5-15所示。

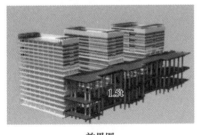
效果图

剖面图

图5-15 盘道+高架货运平台解决"工业上楼"核心问题

图片来源:中国建筑融媒体中心、《人民日报》。

该产业园的总建筑面积约为78.2万 m^2,其中专为高标准厂房预留的面积达到了49.5万 m^2。产业园着重于引进生物医药、智能制造、工业互联网和大数据等领域的高端制造业企业。项目的创新之处在于采用了"折叠空间+多维产城"概念,特别在2、5、9

层设置货运通道,有效地解决了高层工业建筑中设备运输和货物搬运效率低的问题,如图 5-16 所示。

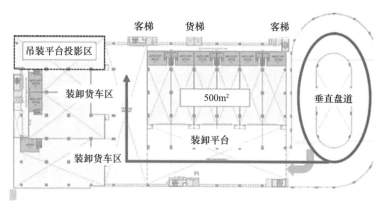

图 5-16　某产业园装卸货区平面示意图

图片来源:方升研究。

考虑到"工业上楼"产业园交通,货运通道需要有清晰、合理的布局,避免交通拥堵和冲突。新加坡部分"工业上楼"产业园区引入多层次的交通系统,包括地下、地面和货运盘道等,以分散交通流量和提高空间利用率,如图 5-17、图 5-18 所示。

图 5-17　新加坡 AMK AutoPoint 厂区 U 形盘道

货运盘道实拍图

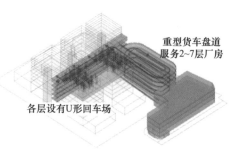
货运盘道概念图

图 5-18　新加坡 JTC Space @ Tuas

（5）垂直升降机+AGV

垂直升降机与自动引导车（AGV）的结合是一种较为前沿的物流解决方案，特别适用于产业园区的自动化立体物流仓库，见表5-1。

升降机设备效率及其特点　　　　　　　表5-1

设备实物						
设备	液压升降机	往复式升降机	连续式升降机	爬坡链板输送机	常规货梯	货车电梯
效率	20托盘/h	40~60托盘/h	300件/h	480箱/h	10~20托盘/h	—
载重取值	2t	1t	500kg	<1t	3~5t	80t
优点	载重量较大，占地面积小	自动控制升降，出入无人	自动控制升降，出入输送节拍快，出入无人	连续输送，效率高	载重量较大	载重量大
不足	速度慢	速度较慢	载重量较小	占地面积大，不适合托盘码垛式货物	速度慢	速度慢

垂直升降机与自动引导车（AGV）的结合，目前主要应用于轻中物料行业与物流产业园，但其潜力在多个领域内逐步扩展。例如，在汽车制造、食品加工、化工产品等领域，调整承载能力和尺寸即可适配其简单生产链。物流系统与智能仓储管理系统相结合，以实现高级库存管理和实时监控。在低温或高湿的特殊环境下，可以通过系统改进来实现，扩大其在特定行业（例如冷链物流）中的应用范围。

目前，以市面上已建成的产业园区设置自动化立体物流仓库为例，一般通过垂直升降机+AGV小车运输物料。设立自动化立体物流仓库的建筑高度一般在30m左右，最高可达70m，升降速度10~200m/min，输送能力最高达250托盘/h，货物载重量最大可达3t，输送货物规格尺寸最大可达（长宽高）3.5m×3.5m×3m。

对垂直运输系统未来的优化可以多方面进行。通过优化设计和使用高效能源系统，降低运营成本，提升环境可持续性。结合自动化和人工智能技术，如机器学习，进一步提升系统智能，优化货物流转路径。模块化和可定制化设计可以让系统能够根据不同产业园区的需求进行调整，互联网连接和远程控制则增加了系统的适应性和灵活性。图5-19展示了工厂内运用小型叉车与货梯的结合来提高物流效率。

图 5-19 12t 货梯,能够轻松开进叉车
图片来源:深圳特区报。

自动化货物搬运系统通过自动导引车(AGV)和无人搬运机器人实现高效搬运,减少人工操作,提高准确率。智能货梯系统能够自动调整运行频率和路线,响应实时的货物流量变化。模块化货物平台通过可调整设计,适配多种尺寸和形状的货物,优化装载过程。技术的进步关键在于自动化仓储系统、物联网和数据分析的应用。自动化仓储系统使用智能分拣技术加速存取过程,提升效率,物联网技术实现对货物的实时追踪,保障物流流程的透明度。

5.2.3 装卸平台设计要点

装卸平台作为物流体系中的核心环节,其设计和功能直接影响到货物的高效流转、存储和分配。高层工业建筑装卸平台设计要点包括空间足够、高度匹配、设备完备并考虑安全与效率,满足各种型号车辆和物流需求,保证园区生产工作正常进行。

装卸平台的设计要点包括确保足够的空间以适应大型车辆,特别是在泊位的回旋和装卸作业区。平台高度须与货车车厢底板高度相匹配,以减少高差,确保货物装卸的便捷和安全。装卸区应配备专用设备如升降平台、平台罩和提升门,以提高效率和安全性。考虑专用灯光、信号灯、缓冲器和车辆导向装置,以保障作业区的顺畅运行和操作安全。整体设计须考虑实际场地条件和物流需求,确保装卸作业的高效性和经济性。

高层工业建筑与其他高层建筑装卸平台类似,通常设有装卸区域、等候区和货物暂存区,如图 5-20 所示,且满足耐用性、安全性和效率等原则,以满足工业生产的需求。"工业上楼"建筑的装卸平台是为了适应重型货物处理、高效物流操作和特定工业环境而特别

装卸平台与电梯

湾区智谷底层装卸平台

图 5-20 产业园装卸平台实拍图

设计的关键基础设施，这些平台具有增强的耐用性和更大的尺寸，承受频繁使用和重负载的压力。它们通常配备有特殊安全措施，如防化学泄漏和防火设计，以确保工业环境中的安全。现代产业园区在装卸平台设计上更多考虑高效的货物处理，包括自动化装卸系统，以及与内部物流系统（如传送带和自动搬运设备）的集成。为了适应各种运输工具和极端的工业环境，"工业上楼"建筑装卸平台还设计有良好的天气和环境适应性，并且易于清洁和维护，以保持长期的运营效率。

1. 穿墙式平台

穿墙式平台是一种直接嵌入建筑物墙体的装卸设施，提供直接从外部运输工具到建筑内部的货物转移。这种平台节省空间，与建筑设计紧密集成，优化物流流程，提高装卸效率。安全性上，它作为建筑的一部分，有效防止未授权的来访，并提供稳定的装卸环境。除装卸功能外，穿墙式平台还能作为临时存储或货物处理中转站，适用于空间受限的建筑。

穿墙式平台、装卸平台设计在建筑物内，而货车装卸货时停靠在建筑物外，如图 5-21 所示。与合适的门封或门罩配合使用，此类型设计可完全不受天气影响，保安也更容易，其常见的变异形式是冷库式平台。货车尾端与墙壁之间至少要留有 20cm 的空隙（在平台平面以上 2m 处测量），货车尾端顶部与墙壁之间至少要有 15cm 的空间距离。

坡度货运平台　　　　　　　　　　　　货运停车场

图 5-21　产业园货运平台实拍图

冷库式装卸货平台在冷藏间与平台之间设置有回笼间（也称为缓冲区或预冷区），通常作为冷库和外界之间的缓冲区起重要作用，如图 5-22 所示。它通过温度控制维持冷库内部的低温环境，同时减少冷空气的流失。在这个区域，可以进行货物的短暂存储、分类或预处理。回笼间需要足够空间容纳货物搬运设备和临时存储，同时设计须具有良好的密封性能。使用温度监控则可以确保区域内温度处于理想状态，确保货物处理的效率和冷库的能效。回笼间如设计得当，可减少制冷能耗达 50% 以上；与开放式平台相比可减少除霜需求达 96%。

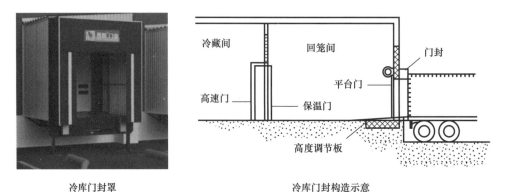

冷库门封罩　　　　　　　　　冷库门封构造示意

图 5-22　产业园常见门封罩与装卸平台实拍图

2. 开放式平台

开放式平台是一种无墙壁设计的装卸货平台，便于直接从运输车辆装卸货物，适合快速转运和短暂存储，如图 5-23 所示。这种平台建造和维护成本相对较低，因此应用范围更加广泛。开放式平台具有很好的适应性，能应对各种货物和车辆类型，由于缺乏围护结构，受天气影响较大。因此，需要配备适当的安全措施，如防滑表面和安全栏杆，以保障货物和人员安全。

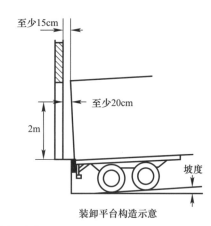

装卸平台　　　　　　　　　　装卸平台构造示意

图 5-23　开放式装卸平台

为保护货物免受天气影响，这类平台通常在上方配有雨篷或罩棚，或在周围加设垂帘，如图 5-24 所示。在设计时，确保叉车在建筑物墙壁与高度调节板之间有足够的空间（至少 4.5m）进行转弯和调动，同时考虑到双向叉车行驶的情况。为减少叉车掉下平台的风险，平台边缘通常会设置水泥柱、安全链或其他类似的障碍物。这些设计细节共同确保了开放式平台在实用性、安全性和对环境的适应性方面的优势。

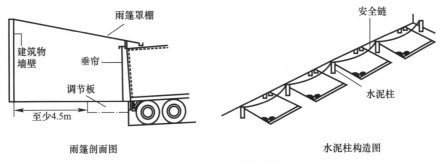

图 5-24 雨篷构造图

3. 装卸平台

（1）平台高度

平台高度的确定首先应确定使用该平台的货车底板高度的范围，这个范围中间高度作为平台高度的参考值。通常货车所需平台高度在 120～140cm，见表 5-2。进货平台，货车在卸货过程中，货车底板会升高；出货平台，货车在装货过程中，货车底板会降低。

不同类型货车的平台高度　　　　　　　　　　　　表 5-2

货车类型图片					
货车类型	货柜车	半拖车	四轮货车	冷藏车	平板车
平台高度	135cm	120cm	110cm	130cm	130cm

（2）平台门尺寸

平台门的尺寸常与将货车和建筑物之间空隙密封的系统一起考虑。需控制温度的平台，平台门是能量损失的重要区域，所以在不影响装卸操作的前提下，平台门应尽可能小。平台门通常宽 2.4m，高 2.4m、2.7m 或 3m，如要求平台与完全开后启的货柜车之间的通道无任何障碍，平台门高度要设计在装卸区地面以上 3.9～4.2m，宽度要 2.6～2.7m（满足未能停在泊位正中的货车）；窄于 2.4m 的平台门多用于保温平台的操作以利有效控制环境的温度。

（3）平台高度调节板

平台高度调节板安装在平台前端，作用为消除平台与货车之间的空隙和高度差。在装卸货过程中，调节板可随货车底板高度的变化而变化。

调节板长度：平台高度调节板是装卸货物时，用于消除平台与货车之间的空隙和高度差的关键设备，如图 5-25 所示。由一块斜板和一块搭板组成，确保在装卸货过程中，根据货车底板高度的变化进行相应的调整。调节板有三种宽度规格：1.8m、1.95m 和 2.1m，其中 1.8m 的宽度最为常用，适合大多数托盘货物运输车辆。为了保证牢固可靠的支撑，调节板前端的活页搭板必须足够长，长度不应短于 10cm。在计算调节板的最低承重量时，应将叉车的总毛重乘以安全系数 1.5。如果出现每日超过 8 辆货车使用、叉车需在板上转向、使用三轮叉车、叉车在板上速度超过 6km/h，或叉车加装有特殊装置等任一情况，安全系数须提升至 2.1；若这些情况有两种或以上同时出现，则安全系数须增至 2.55，以确保使用过程的安全性。

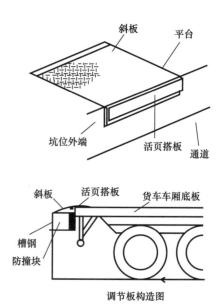

货车底板与平台之间的高度差(cm)	调节板长度(cm)			
	手动托板搬运车	电池托板搬运车	电池叉车	内燃发动机叉车
5	180	68	68	68
10	360	180	75	68
15	/	240	180	75
20	/	300	180	180
25	//	360	240	180
30	/	/	300	240
35	/	/	360	300
10	/	/	/	300
45	/	/	/	300

调节板长度高度表

图 5-25　调节板长度高度及构造图

⊃ 5.3　人行与客车通道的流线

关于人行与客车通道的流线规划，首先考虑园区内外的安全性，确保所有交通参与者，包括行人、骑行者和客车驾驶员的安全；其次，流线设计应追求高效率，以减少交通拥堵并提高通行效率。规划应保证交通系统的可达性，确保不同需求的用户都能使用。同时，舒适性也是重要的考虑因素，包括提供适当的遮阴、座椅、照明和清晰的标志。将交通流线规划与整体城市和产业园区规划紧密结合，以实现和谐的发展和运作，有效地提升产业园区的功能性和整体品质。

5.3.1　城市道路与产业园街区化的整合

产业园区在建设前应预先设计与城市路网的整合方案。将园区道路与城市道路网络融为一体。园区不仅仅是一个封闭的工业区域，而是成为城市结构的一部分，促进了园区内部交互创新以及与城市的跨界融合,在物理意义上回应"产城融合"概念。在产业园区的规划中,打造尺度适宜的街区化交通模式便于提升步行交通的人性化环境品质。通过将封闭的产业园进行街区化的布局处理,可以实现基地内多个目的地之间通过多种交通路线的连接,增强园内的连通性,从而提高联系并优化园区的交通资源综合利用。基本单元的尺度应保持在大约150~200m,以避免出现传统园区那种大尺度且封闭的街区模式,并可将公共交通与自行车慢行道结合布置,如图5-26所示。

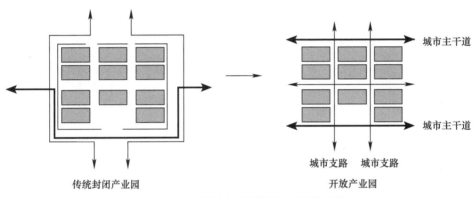

图5-26 产业园交通封闭与开放平面图

在产城融合的产业园区中,除了街区化的道路网络设计外,创建步行景观空间也极为重要。轻松友好且多变的街道空间布置对于缓解办公空间紧张氛围具有重要作用。这些街道空间集中了园区内的配套服务,成为园内企业员工充满活力的交流空间。在这些街道空间内,可以设置艺术化的街道家具、舒适的休憩设施和宜人的景观绿化营造出轻松愉快的环境。这样的空间设计不仅应结合园区核心空间与多样化的对外功能,还应打造连续性且具有集聚效果的步行空间。围绕主要的步行空间,可以突出园区的产业特色,打造核心标志物,优化步行环境,使之成为串联各个区域组团的重要骨架。

考虑到园区内流动性强的街道,规划时须考虑足够多的建筑退距。同时需要考虑人行道和沿街停车的共同规划,可以将二者整合为城市街道的公共空间。为了增加街道的人性化特点,可增设遮阴、门廊等细节设计,以提高街道的使用舒适度和吸引力。

5.3.2 立体分流交通分流

慢行交通系统如步行道和自行车道,是产城融合中不可忽视的一部分。这有助于促进园区内部的健康生活方式,增强园区与周边城市区域的联系。在规划慢行系统时,需要考虑到舒适性和安全性,确保有足够的绿化、良好的照明以及明确的标识系统。慢行交通系统也应与园区的其他交通方式相连,例如,在地铁站或公交站点附近设置自行车停放区,以便于人们转换交通方式。交通组织形式的选择可以保障产业园区及其周边区域的功能性、效率和安全性。将人行流线和车行流线进行立体分流，通过天桥、架空层、地下通道等方式分离不同的交通模式以保证园区内各企业间的连通性并减少交通冲突，如图5-27所示。

空中连廊剖面图　　　　　　　　　　　　空中连廊实拍图

图 5-27　苏州重建现代服务产业园立体交通

新型多功能复合式产业园流线上的跨层融合主要体现在人行流线上，将独立分布在不同层级上的人行流线、休闲厅、景观平台通过一条人行流线连接成一条三维空间序列。流线跨层融合可以起到三个作用：一是加强各栋建筑单体之间的联系；二是使不同层面上分散的公共场所构成一个有机整体的系统；三是建立回环立体式游览路径，创造全新的景观体验。万科云城东部产业用房组团，通过大台阶、直跑楼梯、空中连廊将各个楼栋上不同标高位置的公共景观平台连成一个游览回路，如图5-28所示。

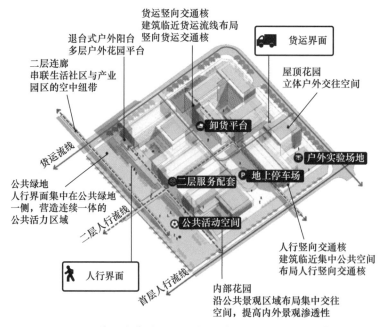

图 5-28　兼顾客货分流、慢行连续的园区交通组织模式

图片来源：方升研究。

在园区附近有城市高速路、快速路或主干道的情况下，采用立体化的人车分流措施，如架设人行桥或挖掘地下通道以保障行人的安全与舒适，同时保持车辆通行的高效性。

道路设计应考虑人车并行，恢复街道空间的活力。在人流密集区域设置步行街，以提高行人的安全性和舒适性。在人车并行的设计中，通过平衡行人与车辆的空间，一般的做法是物理分隔（如人行道和自行车道）和视觉提示（如不同颜色或材料的路面）来实现。同时，可在需要的特定区域（如广场或行人专区）实现人车融合，以增强互动和空间的多功能性，如图5-29所示。

立体交通　　　　　　　　　　　　　底层商超

图 5-29　力合双清创新基地地下层双层交通

大型的活动需求较传统工业园增多，在非高峰时段或周末，某些车行道可以临时转变为行人专用区域，或者用于创意市集、户外活动等。灵活使用道路的策略可以提高城市空间的利用效率，增加了社区活动的可能性。

同时，在"工业上楼"产业园的设计中，人行流线逐渐从二维曲线向三维空间转化，通过流线将不同层级上分散的元素（如人行道、休闲厅和景观平台）连接起来，形成连续的序列。这种设计打破了传统建筑中孤立的层级划分，通过建立跨越层级的联系，创造了一个更加动态和融合的空间。

纳玫格科技电子元器件生产基地项目设计考虑客货分流的交通组织模式，将货运流线组织在园区西侧部分，形成闭环；机动车流线集中在园区北侧，合理划分出货运界面与人行界面，保证货运效率的同时，提升车间的展示形象，如图5-30所示。跨层流线融合加强了各个建筑单体之间的联系，使整个园区显得更加协调和统一；同时使不同层面上的公共空间形成了一个有机的整体系统，提高了空间利用的效率和美感；立体式的游览路径的建立也为访客提供了一种全新的景观体验。

安全是人车并行设计中的重要考虑因素。采用减速措施（如减速带、凸起的人行横道）和充足的照明可以保障行人安全。同时，设置清晰的交通标志和信号灯，确保车辆驾驶者了解行人区域。产业园区应支持多种交通模式，除特殊货车需求外，还有公共交通、客车、自行车和步行等，例如，可以在园区附近设立公交站或轻轨站，提供足够的停车场和自行车停放设施，以及舒适安全的人行道。道路规划应尽量避免城市主干道直接穿越园区，以提高安全性和减少内部交通压力。

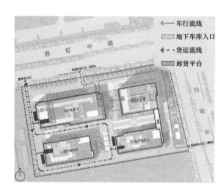 

车行人行流线图　　　　　　　　　　　立体交通示意

图 5-30　纳玫格科技电子元器件生产基地交通分流图

5.3.3　公共交通组织形式

产城融合的背景下产业园区面临更加开放包容的城市人群的需求，导致园区对外部联系与横向交流的需求量增加，也对多样化交通提出了新的要求。对交通系统的设计须提出更高标准，尤其是建立以便捷高效的公共交通为主导的交通网络。新型产业园位于城市重点资源周边，其公共交通系统还须与城市公交网络紧密结合，使外部城市公交网络成为园区交通完善的重要支撑。

在园区内部设计专用的自行车道和步行路径，鼓励环保和健康的出行方式。同时提供必要的设施，如自行车停放点、更衣室和淋浴设施，以鼓励员工骑行或步行上班。发展绿色交通方式，如电动公交车和共享自行车服务。

通过政策和激励措施鼓励低碳出行，减少环境影响。在具体设计上，应确保公交站点及地铁站点设置在园区办公人群 15min 步行范围之内，同时，公交站点的布置须合理有序，以满足较大园区不同组团的需求。若在园区内设置公交首末站，呼应站点与园区内部公共空间，以促进整体交通系统的协调和高效运作。

5.3.4　多样化交通方式的发展

多样化交通方式的发展包括优化园区的出入口设置，发展包括公共交通和园区班车在内的多样化交通方式，并与城市公交站点及地铁站点相结合，以提高对公共枢纽的可达性和便利性。还可以考虑与自行车等慢行交通工具的有效结合，以保证与公交枢纽的连续性和便利性以便于员工和访客的出行,从而提高通勤效率。智能交通系统:利用智能交通技术,如实时交通信息系统和移动应用,为用户提供路线规划、班车时间表和实时交通更新,帮助园区内用户优化出行决策,减少等待时间和拥堵。

产业园区的交通规划可通过增加辅助通勤方式来缓解高峰期道路压力。一方面,辅助通勤路径通过步行和非机动车等方式辅助缓解高峰期的交通压力。另一方面,通过利用街道空间或绿化带等资源,打造连续性的片区辅助通勤路径来实现,例如,可以在园区内部和周边设计专用的非机动车道和步行路径,以鼓励更多人选择低碳、环保的通勤方式;增强步行和非机动车通勤的便利性和舒适性,例如设置遮阳设施和休息点,提高这些通勤方式的吸引力,从而有效减轻高峰期的道路压力。

5.4 先进物流技术的应用

5.4.1 园区智慧物流技术分析

高标准产业园融合了物流园的部分功能和特性。产业园区的运营建设包含智慧物流系统的建立。智慧物流的发展依托于与园区运营者与企业的紧密协作,通过互联网和物联网技术整合,达成物流的自动化、可视化、控制性、智能化和网络化目标。物流整合有助于优化物流资源的配置,提高物流节点的协作效率,并减少物流成本。智慧物流系统涵盖的信息技术包括智能仓储管理、城市物流配送、多式联运、流通加工处理、运输监控以及物流优化分析等方面。

1. 智慧物流技术背景

随着产业园区的不断演进,智慧物流关键技术与之的结合也日益紧密,推动了产业园区的良性发展,提升了智慧物流技术的应用效果与水平。在产业园区中,诸如舱内技术、可穿戴技术以及干线技术等智慧物流技术得到广泛应用。这些技术的不断升级促进了物流行业的革新,也为产业园区的整体发展注入了新的活力。

智能扫描的应用能够迅速识别物品,极大提升了仓库管理的效率。面对当前产业园区对智慧物流技术的迫切需求,将这些先进技术深度融入物流工作中将大幅提升物流管理的质量。在运输、仓储以及配送等细分业务场景中,智慧物流的实践需要有完善的平台作为支撑。通过将物流产业链的上下游纵向整合,以及物流业与其他行业的横向融合以确保智慧物流产业化的持续增长。

2. 智慧物流技术应用

由时代的发展所驱动,产业园区管理中对智慧物流技术的需求日益增长。通过充分利用智慧物流技术优化产业园区管理，提升其管理质量。

人工智能关键技术：人工智能（AI）技术旨在模拟、延伸及拓展人类智能，通过研究智能的本质，开发能够模仿人脑功能的智能设备。作为智慧物流中的核心内容，人工智能技术，包括神经网络、深度学习、自然语言处理及基于规则的专家系统，可以提升物流效率和优化产业园区应用。神经网络技术能够优化物流信息查询过程，提升查询效率和准确性，同时，AI技术结合智能芯片和算法，能够处理客户个人信息，提供定制化和个性化的服务，提升了企业的运营效率。

随着智能物流向智能化发展的必然趋势，大数据技术因其处理大规模数据的能力而成为关键技术之一。大数据技术处理的数据量庞大至常规方法无法在合理时间内存储或管理，其核心特点为体量大、速度快、种类多（通常称为3V特征）。大数据技术的应用使得商品生产和供应链之间的信息高效对接成为可能，通过对供应链上下游企业的数据分析，实现商品全程的可追溯性，为商品质量保障提供了强有力的支持。

5.4.2 智慧物流技术集成应用策略

区域战略布局的规划通过优化地区主导或战略产业的供应链（包括国内外原料、部件和成品），在工业集聚区为厂商布置供应管理型和产地成品型仓库，而对消费者，则在城市近郊布置市场前置型仓库。

1. 智能物流综合体的构建

在智慧物流和智能仓储的快速发展阶段，可以优先考虑智能物流综合体的布局，注重信息管理平台的集成化、自动化仓储管理系统、自动化立体仓库、自动分拣线等系统设施的应用，以实现全流程的智能高效运作，包括订单响应、供应管理和仓储服务，如图5-31所示。

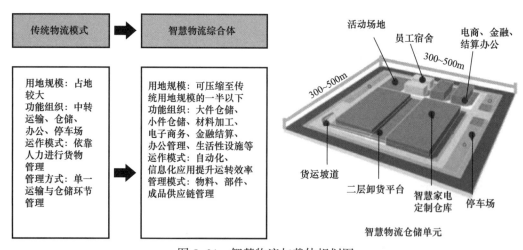

图5-31 智慧物流与载体规划图

仓储空间组织的规划指引：从用地规模考虑，智慧物流仓储的运转效率较传统方法提高数倍，因此可以达到节省仓储用地的效果。在用地规划中应考虑降低仓储用地比例，并划分为大地块、大街区，以满足巨型智能仓库的空间需求。在功能布局上，根据地理条件组织如大件仓、小件仓、物流转运区、加工处理区等。同时，规划时在仓库载体的建设上提供关于空间跨度、建筑净高、空中坡道和装卸平台等的详细研究。

2. 无线射频识别（RFID）技术

无线射频识别（RFID）技术是一项免接触式的电子识别技术，作为智慧物流关键技术的重要组成部分，目前被广泛应用到先进物流产业园中，该系统无需人工操作即可读取相关数据，且人工维护成本极低。RFID系统由电子标签、阅读器和后台数据管理系统三部分组成，如图5-32所示。

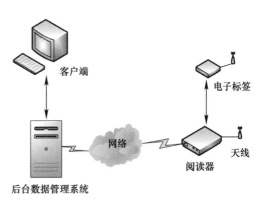

图5-32　RFID系统组成

RFID技术通过电子方式快速识别产品信息，根据激活方式的不同，分为两类标签：主动式标签和被动式标签。主动式标签内置电源，能主动发送信号；而被动式标签则依赖读写器发出的信号激活。这项技术信息传输既快速又稳定，不易受到其他信号的干扰，保证了数据传输的准确性和可靠性，在物流和仓储管理中的应用，极大提高了物品追踪和管理的效率。RFID技术的另一个优势是其数据安全性，通过配合频道加密技术，有效提高了信息的安全保护水平。RFID技术的广泛适用性及其操作的简便性使其在多种环境下都能稳定运作，适用于各种复杂的应用场景。

在产业园区中，RFID技术的应用能提升物品追踪和管理的效率，优化供应链管理，从原材料入库、生产过程中的物料流转，到成品的出库与配送，每一个环节都能得到监控和高效的管理，见表5-3。特别是在物流配送系统中，利用RFID技术可以实现动态的物流调度和实时的货物追踪，确保物资供应的及时性和准确性。工业园区内还能通过RFID技术实现资产管理，提高了资产利用率，降低了资产流失的风险。

标签码分类表　　　　　　　　　　　　　　　表5-3

标签功能＼标签类型	主动式RFID标签	被动式RFID标签
标签能源	自带	读卡器中获取
标签能量可用性	持续可用	标签被读卡器激活时可用
可用信号强度	弱	强

续表

标签功能 标签类型	主动式RFID标签	被动式RFID标签
感应范围	远程	近程
多标签扫描	1个读卡器可扫描数千个标签,每20个标签移动速度大于100m/s	1个读卡器可扫描数100个标签,每20个标签移动速度小于等于3m/s
传感器性能	持续监控	标签被读卡器激活时监控
数量容量	量大	量小

3. Milk-Run 模式下的智慧物流技术构架

Milk-Run 模式,源自牛奶配送的传统方式,指的是按照预定路线和时间节点,收集原材料、半成品等物料的循环取货模式,如图 5-33 所示。该模式在产业园区内实施需要考虑包括需求预测的准确性、人员和车辆的合理安排、路径和配送方式的选择,以及入库出库操作的效率等。

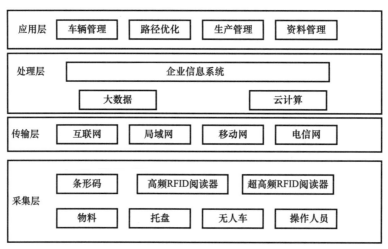

图 5-33 Milk-Run 模式信息系统

(1)产品托盘设计

在 Milk-Run 模式中,RFID 技术被应用于周转实体的电子标签读取,实现无接触式的计数操作,该技术适用于大批量周转箱的标识和信息记录。在汽车零部件的小批量多频次运输中,EPC 标签可即时提供运营状态等基本信息。基于货车结构和 RFID 技术工作范围的考虑,周转箱底端应采用高频频率的标签,以确保在装货过程中的有效读写。

(2)载具设计

利用大数据和云平台技术,无人驾驶货车的应用成为可能,进一步提高了运输效率。通过在无人驾驶车辆装配 RFID 读写器,能够实时识别托盘上货品的具体信息,并通过网络传递至信息处理系统,实现数据的实时反馈和存储。

5.5 停车场规划与管理

产业园区的停车难是一个普遍存在的问题。对已建成的传统产业园以及"产城融合"背景下的产业园实地走访调研,发现产业园内部停车管理也面临一系列具体问题,一些入住率较高的产业园停车位有限是比较常见的主要问题。这些问题从侧面也反映城市规划与产业园管理的冲突和矛盾尚未得到重视。首先,产业园内部道路乱停车现象,特别是汽车和共享单车频繁占用非机动车车道和人行道,有时甚至影响主要车道的通行,影响产业园的交通秩序与货物流转效率,还对行人安全构成威胁。物业管理部门在职能和人员配备上不足以应对日益增长的业务量,使得违规停车的执法成本增加;同时传统人力的投入减少,对新技术的应用较为有限,也限制对违规行为的有效监控和管理。

停车难问题在工作日的上下班高峰时段突出集中,这通常与园区工作人员和访客的停车需求有关,特别是在园区的商业综合体、在建企业和出租型企业周边道路上更为明显。这些问题反映了当前产城规划和交通管理中的不足,也为未来园区停车规划提供了重要的思考点。

传统产业园区的设计通常为了保证最大限度地增加生产设施的占地面积,因此停车位可能会受到限制,从而导致停车位短缺,容易造成拥堵,如图5-34所示,因此停车组织不善是另一个问题。在一些产业园区,停车区没有很好地标记或组织,导致混乱和可用空间的低效利用,停在禁停区内车辆会阻碍交通流量,并对园区内工作人员和行人造成安全隐患。

解决传统产业园区的停车问题需要利用现代化的停车系统,推广公共交通和非机动车出行,引入停车管理和定价政策,以及建立多层和地下停车场等多元化的方法和综合性的策略。各类解决方案在产业园实际应用中有其局限性,因此在选择具体方案时,需要根据产业园区具体情况和需求进行综合考虑。

图 5-34 传统产业园停车乱象现状

产城融合园区的优势在于园区内可提供集成的工作和生活空间来减少职住分离,降低了对交通和停车设施的需求。同时,优先发展高效、便捷的公共交通体系,并在园区外部设置停车场与公共交通的换乘点，提升公共交通吸引力，可减轻对私家车的依赖。

1. 多层停车结构

该策略主要围绕利用垂直空间以增加停车容量，减少园区内地面占用面积。目前，城市的家庭私家车拥有量逐渐提高，庞大的汽车数量使城市交通超负荷运行，同时停车位数量不足、车库缺乏导向、易迷失方向、空间浪费等成为停车空间的主要问题。为了解决这些问题，除了地面停车、地下停车、屋顶停车这三种停车方式外，立体停车开始在科技产业园中出现，如图5-35所示。通过采用停车新技术、结合休闲设施布局等方式，将消极的静态交通空间转变为有活力、提供人群交往的共享空间。

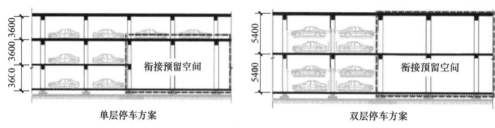

图 5-35 与未来地铁站点预接的停车方案

苏州工业园区的这座停车楼总建筑面积为16600m²，拥有三层地上和一层半地下的停车空间，如图5-36所示。其南北长度约160m，东西宽32m，有效地满足了园区内的停车需求。半地下层专用于停放测试车辆和充电汽车，考虑到车身较高的特点。车库的混凝土框架结构不仅提高了建筑的承载力，还确保了结构的稳定性。

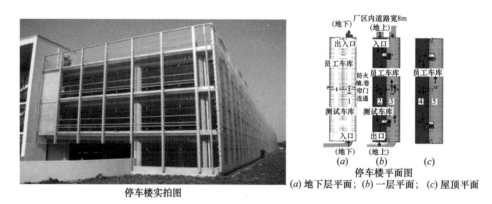

图 5-36 苏州工业园停车楼

2. 多层次式停车楼

在产城融合的背景下停车楼设计可以全面提高土地空间的利用率，产业园区的多层车库还优化了车辆流动，提高周边主干道的通行效率等功能，保障交通安全顺畅运行。车库设计相对容易满足防噪和防火的标准,且在如今高容积率产业园中相对容易实现。鉴于其体积与效益,规划设计过程中需要特别考虑车库与园区及其周边城市环境与整体美学相互协调,促进园林与城市环境的和谐共生。

全至科技产业园在地面停车场上方做平台花园、依托厂房做垂直绿化、在屋顶做生态菜园、在科创大厦首层做公共空间(设置小跑道)等,如图 5-37 所示。地面停车场上被装扮成一个"空中花园"。

 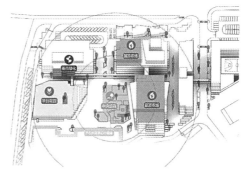

停车场实拍图　　　　　　　　　　　停车场概念图

图 5-37　全至科技产业园停车场

深圳万科云城:复合多种功能的停车库在激活静态交通空间上,比较典型的是深圳方科云城的多层立体停车库。深圳方科云城规划了两纵一横的景观绿廊,在北面绿廊的地块中,使用人群主要是中小型创意设计企业集群,地上建筑 2 层,地下建筑 2 层,包括了办公、公交首末站、商业等功能。在停车空间设计上,通过引入智能立体车库,让 300 辆车的停放压缩到一个极小的空间中,车库类型为平面移动(地下三层,地上一层)和新型垂直升降(地下四层,地上三层),设置了 10 个停车出入口,腾出大量空间用于研发办公,地下空间的价值得到最大释放。采用了全玻璃幕墙,通过简洁的玻璃幕墙,将内部车厅的机械部件和车辆的运输进行展示。在功能复合上,在取车点附近设置了等候咖啡厅,在停车楼顶层设置了屋顶绿化步道,如图 5-38 所示。停车空间静态交通设施通常被认为是负面影响的空间,深圳方科云城通过创新停车方式,将停车空间转变为休闲、有活力的共享空间。

3. 停车换乘(P+R)

停车换乘(P+R)是一个旨在减轻城市中心交通拥堵的概念,首次由宾夕法尼亚大学的 Austin Macdonald 于 1927 年提出。这一理念建议城市驾驶者将车辆停放在交通拥堵边缘的便利位置,然后转乘其他交通工具(如电车)完成剩余行程。

Macdonald 提出的策略是在交通便利的郊区或其他待开发区域建立换乘停车场。私家车停放完毕后,车主随后通过公共交通或自行车、步行等方式到达目的地。从而减少私家车进入园区中心造成交通紧张,缓解路面通行和停车压力。该模式灵活适应城市核心区的发展变化，并满足拥堵区域的交通需求。换乘停车场根据不同时期和不同区域的需要，为不同群体提供服务。

立体停车库平面图

立体停车库剖面图

取车等候区　　　　　等候区旁的咖啡店　　　　　

屋顶绿化步道

图 5-38　深圳万科云城停车场

➲ 本章参考文献

［1］姬聪．新建筑防火规范背景下的高层住宅建筑交通核设计研究［D］．西安：西安建筑科技大学，2017．

［2］王静，杜鹏，吴中平．湿热气候下高层办公楼气候适应性设计——以广东交通设计大厦为例［J］．南方建筑，2021，（02）：96-102．

［3］孙兆杰，张轶娜．铁马产业园规划设计中集约与生态的表达［J］．工业建筑，2018，48（04）：159+182-184．

［4］卢俊超．适应新兴产业发展需求的科技园区规划设计研究［D］．合肥：安徽建筑大学，2019．

［5］曹坤梓，李培．转型升级背景下科技产业园规划探讨——以武陟科技产业园概念规划为例［J］．华中建筑，2016，34（01）：116-119．

［6］张天东，郑欢欢．自贸区背景下空港产业园规划研究——以泸州空港产业园总体规划研究为例［J］．工程建设与设计，2021，（增1）：70-74．

［7］盘宇澄．第四代科技产业园规划与建筑设计的发展特点研究［J］．建设科技，2021，（15）：72-74+77．

［8］孙兆杰，曹胜昔．生态产业园规划研究——以江麓装备制造产业园为例［J］．建筑学报，2015，（07）：113-115．

[9] 刘书妍. 构建"双碳"背景下物流园发展路径的规划方案[J]. 老字号品牌营销, 2023, (24): 44-46.

[10] 陈星豫. 智慧物流园区的可持续规划设计策略研究[D]. 邯郸: 河北工程大学, 2023.

[11] 宁雅静, 阳建强. 新加坡产业园区综合规划方法及其对我国产城融合的启示——以纬壹科技城为例[J/OL]. 国际城市规划, 1-17[2024-06-27]. https://doi.org/10.19830/j.upi.2022.673.

[12] 张润泽. 数据中心产业园区规划与设计研究[D]. 南京: 南京工业大学, 2022.

[13] 刘丽媛. 工业产业园景观规划设计研究[D]. 济南: 山东建筑大学, 2021.

[14] 汤季春, 董恬, 胡鹏, 等. 基于绿色智慧导向下的"工业上楼"规划研究——以蔡发工业区城市更新单元规划为例[C]//中国城市规划学会. 人民城市, 规划赋能——2023中国城市规划年会论文集(02城市更新). 深圳市城市规划研究院股份有限公司, 深圳市城市规划研究院股份有限公司宜居中心, 2023: 15.

[15] 方遥, 徐梓杰, 李梦莹. 基于满意度评价的近郊型科研设计用地配套设施规划研究以南京市为例[J]. 室内设计与装修, 2023, (12): 116-118.

[16] 蔡燕婕. 基于循环经济模式下的产业园区景观规划设计研究——以天津子牙经济产业园A地块景观规划设计为例[J]. 宁夏大学学报(自然科学版), 2021, 42(04): 425-428.

[17] 袁映荃. 制造类企业厂区的规划与建筑设计策略研究[D]. 武汉: 华中科技大学, 2020.

[18] 赵虎, 张悦, 尚铭宇, 等. 体现产城融合导向的高新区空间规划对策体系研究——以枣庄高新区东区为例[J]. 城市发展研究, 2022, 29(06): 15-21.

[19] 崔冬冬, 姜乖妮, 田秋月. 产城融合视角下高新技术产业园空间布局规划策略研究[J]. 河北建筑工程学院学报, 2020, 38(01): 96-100.

[20] 张亮. 产城融合背景下产业园区公共服务设施规划策略研究——以益阳高新区东部产业园为例[J]. 城市建设理论研究(电子版), 2024, (13): 28-30.

[21] 李虹瑾. 产城融合背景下的产业园区绿色综合体规划设计研究[D]. 重庆: 重庆大学, 2018.

[22] 李霞, 于浩, 李艳华, 等. 莱锦文化创意产业园停车难问题的分析研究[J]. 北京城市学院学报, 2017, (06): 40-44.

第6章 建筑结构设计

"工业上楼"建筑结构与常规项目相比,具有层高高、柱网跨度大、荷载大的特点。本章主要从结构选型与概念设计、作用及作用组合的效应、结构计算与分析三方面简要介绍"工业上楼"建筑结构设计内容。

6.1 "工业上楼"建筑结构设计要求

"工业上楼"指的是建筑高度超过24m且不超过100m的高层厂房,有别于传统模式下的单层工业厂房,新型"工业上楼"模式将企业的生产、研发设计、办公等功能与空间集中在高层工业楼宇中。"工业上楼"建筑对结构设计有以下要求:

(1)要结合生产工艺需求,满足空间和功能的使用需求;
(2)要有足够的承载力和刚度,满足承载和耐久性的安全性要求;
(3)要充分体现科技与工程的新发展的技术先进性要求;
(4)要合理选型,精细设计,满足造价成本控制需求;
(5)要合理用材,便于现场实际施工,满足建造可行要求。

6.2 结构选型与概念设计

6.2.1 结构选型

"工业上楼"建筑水平荷载和地震作用效应明显,其结构设计时要求抗侧力结构具有足够的承载能力和刚度,同时具有良好的抗震性能,并要求尽可能提高材料利用率、降低材料消耗,以节省造价成本等。因此,需要从选择结构材料、结构体系、基础形式等方面着手。

"工业上楼"建筑的结构形式可选用钢结构、钢筋混凝土结构、钢—混凝土混合结构,也可以根据需要下部采用混凝土结构、上部采用钢结构。钢结构具有高强度、轻量化和施工速度快等特点,可以实现大跨度设计和灵活的空间布局,能够满足不同工业生产需求。钢筋混凝土结构融合了钢筋的高强度和混凝土的耐久性特点,能够满足较高的承载要求,并具有较好的防火性能和隔声性能,因此也被广泛应用。

各种结构受力总体系可以分为基础体系、水平结构体系和竖向结构体系三部分。

基础体系主要承受上部结构传来的竖向荷载和水平作用力，并将它们传给地基，常见的基础形式有：独立基础、条形基础、筏形基础、箱形基础以及桩基础等。选择合适的地基持力层，根据建筑规模、功能特性、对差异变形的适应性、建筑物体形的复杂性、场地环境条件等，确定相应的地基承载力和基础形式。一般而言灌注桩的成本造价大于预应力管桩的成本造价，而预应力管桩的成本造价大于浅基础的成本造价，综合考虑基础工程经济性和施工便利性，优先选用浅基础，其次可考虑预应力管桩，最后再考虑采用灌注桩。

水平结构体系也称楼盖结构体系，主要承受楼层或屋面的竖向荷载，并将这些竖向荷载传给竖向结构体系，常见的楼盖结构体系有：无梁楼盖、单向双次梁楼盖、井字梁楼盖、十字梁楼盖、加腋大板楼盖。生产厂房区域不宜采用无梁楼盖结构。合理的楼盖结构体系不仅能改善结构的整体受力性能，还可以减少材料使用、降低施工难度及造价等。相关学者对不同楼盖结构体系进行了研究，从取得的成果来看：对于办公、研发设计等荷载较小的用房，建议优先采用单向双次梁楼盖；用于生产制造的生产厂房，建议采用井字梁楼盖；对于荷载很大的情况，可采用加腋大板楼盖。

竖向结构体系主要抵抗水平作用力（如风荷载、水平地震作用等）和承受水平体系传来的全部荷载，并把它们传给基础，一般由墙、柱、筒体组成。竖向结构构件的距离决定水平结构构件的跨度，对工程造价影响较大，因此选择合理的间距非常重要。结合生产工艺、流水线长度、采光通风等需求考虑，"工业上楼"长度规格一般不小于70m，宽度规格一般不大于40m，为增强柱网适应性，建议柱网取8.4～10m之间，有特殊需求的应根据实际情况调整。

6.2.2 结构概念设计

高层工业建筑混凝土结构可采用框架、剪力墙、框架—剪力墙、板柱—剪力墙和筒体结构等结构体系，高层工业建筑钢结构可采用钢框架结构、框架—支撑结构、筒体结构等结构体系。

"工业上楼"建筑的水平和竖向平面结构都必须具有明确的传力路线，抗震设计时宜具有多道防线。平面、立面和竖向剖面的规则性对抗震性能及经济合理性的影响较大，宜择优选用规则的形体，其抗侧力构件的平面布置宜规则对称，质量、刚度和承载力分布宜均匀，侧向刚度沿竖向宜均匀变化，竖向抗侧力构件的截面尺寸和材料强度宜自下而上逐渐减小，避免有过大的外挑和收进，避免侧向刚度和承载力突变。

高层工业建筑应选择对抗震有利的地段，避开抗震不利地段和危险地段。同一结构单元不宜部分采用天然地基，部分采用桩基；当采用不同基础类型或基础埋深不同时，应根据地震时两部分地基基础的沉降差异，在基础、上部结构的相关部位采取相应措施。地基为软弱性土、液化土、新近填土或严重不均匀土时，应根据地震时地基不均匀沉降和其他不利影响，采取相应的措施。

当房屋长度超过现行国家标准《混凝土结构设计标准》GB/T 50010 和《钢结构设计标准》GB 50017 中规定的伸缩缝最大间距时，其设计应计入温度变化的影响。

6.3 作用及作用组合的效应

6.3.1 规范对荷载取值要求

建筑结构设计的作用包括永久作用、可变作用和偶然作用。"工业上楼"建筑结构荷载取值有别于一般建筑结构主要是楼面活荷载，根据《工程结构通用规范》GB 55001 第 4.2.7 条的规定，工业建筑楼面均布活荷载的标准值及组合系数不应小于表 6-1 的规定。

工业建筑楼面均布活荷载标准值及组合系数　　　　表 6-1

类别	标准值（kN/m²）	组合值系数	频遇值系数	准永久值系数
电子产品加工	4.0	0.8	0.6	0.5
轻型机械加工	8.0	0.8	0.6	0.5
重型机械加工	12.0	0.8	0.6	0.5

用于生产的厂房有明确的产业类型或者有特殊要求时，其荷载的计算和取值应满足使用需求且符合相应行业要求及国家有关规定。工业楼面堆放原料或成品较多、较重的区域应按实际情况考虑。设备振动荷载标准值宜由设备制造厂家提供，尚应符合现行国家标准《建筑振动荷载标准》GB/T 51228 的有关规定。

现行地方标准《广东省高标准厂房设计规范》DBJ/T 15—235 第 6.1.3 条规定，高标准厂房用于生产的厂房，楼（地）面活荷载的标准值不宜小于表 6-2 的规定。

高标准厂房用于生产的厂楼（地）面活荷载　　　　表 6-2

楼层	标准值（kN/m²）
首层	12
2层、3层	8
4层及以上	6.5

6.3.2 各地政策对荷载取值要求

各地政策对工业用地建筑的楼层荷载取值要求不尽相同。总体来说，产业用房中用于生产制造的用房应符合工业建筑设计规范，用于研发设计的用房可参考办公建筑设计相关规范进行设计，配套宿舍可参考公租房相关标准进行设计。

《广州市提高工业用地利用效率实施办法》（穗府办规〔2019〕4号）规定：新型产业用房（不含配套行政办公及生活服务设施）首层地面荷载不低于800kg/m²，2、3层楼层荷载不低于650kg/m²，4层以上楼层荷载不低于500kg/m²；每栋建筑单独设置客梯，至少配备1台载重2t以上的货梯。普通工业用房（不含配套行政办公及生活服务设施）首层地面荷载不低于1200kg/m²，2、3层楼层荷载不低于800kg/m²，4层以上楼层荷载不低于650kg/m²；每栋建筑至少配备2台载重3t以上的货梯。

《深圳市工业区块线管理办法》（深府规〔2018〕14号）规定：厂房原则上首层层高不低于6m，2层以上层高不低于4.5m；首层地面荷载不低于1200kg/m²，2、3层楼层荷载不低于800kg/m²，4层以上楼层荷载不低于650kg/m²；至少配备2台载重3t以上的货梯。建筑平面应为大开间，除配电房、工具间等辅助房间外，同一楼层厂房单套套内建筑面积不得小于1000m²。研发用房原则上首层层高不低于5.0m，2层以上层高不低于4.2m；首层地面荷载不低于800kg/m²，2、3层楼层荷载不低于650kg/m²，4层以上楼层荷载不低于500kg/m²；单独设置客梯，至少配备1台载重2t以上的货梯。研发用房单套套内建筑面积不得小于300m²。

6.3.3 荷载效应组合

一般情况下，建筑结构除承受恒荷载外，还要承受两种或两种以上活荷载，但这些荷载不会同时达到最大值，因此需要考虑荷载的最不利组合。荷载效应组合类型有：基本组合、偶然组合、地震组合、标准组合、频遇组合以及准永久组合。

基本组合的效应设计值：

$$S_d = S\left(\sum_{i \geqslant 1}\gamma_{Gi}G_{ik} + \gamma_p P + \gamma_{Q1}\gamma_{L1}Q_{1k} + \sum_{j>1}\gamma_{Qj}\psi_{cj}\gamma_{Lj}Q_{jk}\right) \quad (6-1)$$

偶然组合的效应设计值：

$$S_d = S\left(\sum_{i \geqslant 1}G_{ik} + P + A_d + (\psi_{f1}或\psi_{q1})Q_{1k} + \sum_{j>1}\psi_{qj}Q_{jk}\right) \quad (6-2)$$

地震组合的效应设计值：

$$S = \gamma_G S_{GE} + \gamma_{Eh} S_{Ehk} + \gamma_{Ev} S_{Evk} + \sum \gamma_{Di} S_{Dik} + \sum \psi_i \gamma_i S_{ik} \quad (6-3)$$

标准组合的效应设计值：

$$S_d = S\left(\sum_{i \geqslant 1}G_{ik} + P + Q_{1k} + \sum_{j>1}\psi_{cj}Q_{jk}\right) \quad (6-4)$$

频遇组合的效应设计值：

$$S_{\mathrm{d}} = S\left(\sum_{i \geqslant 1} G_{ik} + P + \psi_{f1} Q_{1k} + \sum_{j>1} \psi_{qj} Q_{jk}\right) \quad (6-5)$$

准永久组合的效应设计值：

$$S_{\mathrm{d}} = S\left(\sum_{i \geqslant 1} G_{ik} + P + \sum_{j \geqslant 1} \psi_{qj} Q_{jk}\right) \quad (6-6)$$

式中 A_{d}——偶然作用的代表值；

$\quad G_{ik}$——第 i 个永久作用的标准值；

$\quad Q_{1k}$——第 1 个可变作用（主导可变作用）的标准值；

$\quad Q_{jk}$——第 j 个可变作用的标准值；

$\quad P$——预应力作用的有关代表值；

$\quad S_{\mathrm{GE}}$——重力荷载代表值的效应；

$\quad S_{\mathrm{Ehk}}$——水平地震作用标准值的效应；

$\quad S_{\mathrm{Evk}}$——竖向地震作用标准值的效应；

$\quad S_{\mathrm{D}ik}$——不包括在重力荷载内的第 i 个永久荷载标准值的效应；

$\quad S_{ik}$——不包括在重力荷载内的第 i 个可变荷载标准值的效应；

$\quad \gamma_{Gi}$——第 i 个永作用的分项系数；

$\quad \gamma_{L1}、\gamma_{Lj}$——第 1 个和第 j 个考虑结构设计工作年限的荷载调整系数；

$\quad \gamma_{Q1}$——第 1 个可变作用（主导可变作用）的分项系数；

$\quad \gamma_{Qj}$——第 j 个可变作用的分项系数；

$\quad \gamma_{P}$——预应力作用的分项系数；

$\quad \gamma_{G}$——重力荷载分项系数；

$\quad \gamma_{Eh}、\gamma_{Ev}$——水平、竖向地震作用分项系数；

$\quad \gamma_{Di}$——不包括在重力荷载内的第 i 个永久荷载的分项系数；

$\quad \gamma_{i}$——不包括在重力荷载内的第 i 个可变荷载的分项系数；

$\quad \psi_{i}$——不包括在重力荷载内的第 i 个可变荷载的组合值系数；

$\quad \psi_{cj}$——第 j 个可变作用的组合值系数；

$\quad \psi_{f1}$——第 1 个可变作用的频遇值系数；

$\quad \psi_{q1}、\psi_{qj}$——第 1 个和第 j 个可变作用的准永久值系数。

各组合公式及系数应符合现行国家标准《工程结构通用规范》GB 55001 和《建筑与市政工程抗震通用规范》GB 55002 的有关规定。工业厂房楼面活荷载一般都较大且楼板上往往有大型设备荷载，应考虑活荷载不利布置的情况。

6.4 结构计算与分析

6.4.1 高层工业建筑结构受力特征

高层工业建筑结构可设想为一个承受着竖向荷载和水平侧向荷载作用的竖向悬臂构件，竖向荷载指的是建筑物自身的总重力荷载和竖向地震分量的作用下产生竖向的地震作用，侧向荷载是风荷载引起的对建筑物的水平压力和水平吸力或者是地震时地面运动引起的水平惯性力。在荷载作用下，结构主要承重构件承受较大轴力、弯矩和剪力，顶端有较大的侧移、层间有较大的相对位移，地基和基础承受上部传来的作用力可能导致地基发生过大变形，从而使整个建筑物滑移或者倾斜。

6.4.2 高层工业建筑结构计算分析

结构设计应按照国家和地方现行相关规范及标准，对结构承载能力极限状态、正常使用极限状态和耐久性极限状态分别进行计算或验算。

对于计算模型的参数取值，应注意其计算参数的选择与一般民用建筑的不同之处，如活荷载组合系数、重力荷载代表值分项系数、活荷载最不利布置、最高层号等。高层建筑结构的楼盖应起到水平刚性隔板的作用，使得各层竖向承重构件在水平力的作用下能够协同工作，但在工业建筑的结构设计中，生产工艺设计主导了厂房的结构布置，为了满足建筑功能、工艺的设备、管道布置及生产要求，厂房中错层、连层柱及大面积开洞经常出现，计算分析时应考虑楼盖的平面内变形对结构整体分析的影响。

高层工业建筑结构应具有足够的刚度，避免产生过大的位移而影响结构的承载力、稳定性和使用要求。规范中层间位移角可作为结构的刚度控制指标，反映结构的抗侧刚度是否合适。对层间位移角的控制实际上是对结构侧向刚度及构件截面尺寸的一个宏观控制指标，限制建筑结构层间位移的主要目的是首先保证主体结构基本处于弹性受力状态，其次是保证填充墙、幕墙和隔墙等非结构构件的完好，避免产生明显的破坏。

振动问题在工业生产中普遍存在，对于安装有动力设备的厂房，结构振动是不可避免的。振动设备在运行过程中对厂房产生持续激励，受设备振动自身的影响或者振动设备之间相互影响，导致振动放大，有可能诱发厂房结构或构件的共振。长时间地处于应力反复叠加状态，容易使结构构件产生疲劳损伤，久而久之，影响结构正常使用，重者导致结构构件破坏，造成不可挽回的经济损失。承受动力荷载的楼盖设计，除应满足静力计算要求外，尚应符合现行国家标准《工业建筑振动控制设计标准》GB 50190 的有关规定。大型工业生产设备安装在结构的中上部，易造成结构质量中心与刚度中心的不重合、结构超限等情况，在地震作用或者设备激励下，结构会产生较大的偏心扭转振动，将对结构的整体稳定性和抗震造成巨大隐患。因此，必要时应采用结构振动控制措施削弱结构在设备激励、地震作用以及风等外部激励下的扭转振动响应和水平振动响应，将结构振动的影响控制在结构承载力的范围之内。

考虑处在高层工业建筑中工作人员的舒适感和健康，应进行楼盖结构振动舒适度设计，其楼盖一阶竖向自振频率和峰值加速度应满足现行行业标准《建筑楼盖结构振动舒适度技术标准》JGJ/T 441 的规定，车间办公室、安装娱乐振动设备区、生产操作区的楼盖结构，正常使用时楼盖的第一阶竖向自振频率不宜低于3Hz，竖向振动峰值加速度不应大于表 6-3 中规定的限值。

竖向振动峰值加速度限值　　　　　表 6-3

楼盖使用类别	峰值加速度限值（m/s^2）
车间办公室	0.20
安装娱乐振动设备	0.35
生产操作区	0.40

为提高楼盖振动舒适度，可采用提高刚度、增加阻尼、调整振源位置或采取减振、隔振措施等方法。

本章参考文献

[1] 广东省建设科技与标准化协会. 广东省高标准厂房设计规范 DBJ/T 15—235—2021［S］. 北京：中国城市出版社，2022.

[2] 何树岗，唐煌，姜正荣，等. 某高层工业厂房楼盖结构选型研究［J］. 特种结构，2023，40（01）：45-49.

[3] 中国建筑科学研究院. 建筑抗震设计规范（2016 年版）GB/T 50011—2010［S］. 北京：中国建筑工业出版社，2016.

[4] 中华人民共和国住房和城乡建设部. 工程结构通用规范 GB 55001—2021［S］. 北京：中国建筑工业出版社，2021.

[5] 中华人民共和国住房和城乡建设部. 建筑与市政工程抗震通用规范 GB 55002—2021［S］. 北京：中国建筑工业出版社，2021.

[6] 邹利明. 微振动对高标准厂房的结构选型影响［J］. 安徽建筑，2022，29（01）：73-74.

[7] 张绍兴，虎彦政，王佳佳，等. 高层工业厂房抗震分析及优化设计［J］. 钢结构，2014，29（07）：32-35，52.

第 7 章　生产设备与水电设施配置

7.1　生产设备配置的策略

在转向"工业上楼"模式的生产性行业时，需要配置大量专业设备，包括流水线生产、精密空调、排风系统、新风系统、锅炉、空压机、化学反应器、水处理设备等，这些设备是对于工业厂房实现高效生产的基础。这些设备布置于高层厂房中需要考虑设备的荷载承受、振动控制、能耗优化和空间定位等一系列要素。这要求设计通过对产业需求和建筑平面进行更深入研究，并在不同区域因地制宜地设置垂直通道和设备平台等，必要时在外立面设计专门的通风区与易于拆卸的区域。这些设计考虑须保证未来的业主能够便捷地进行设备的安装与使用。并通过合理的空间规划，确保不同类型的设备可以被安置在最适宜的位置，避免空间的过度拥挤。将设备适当分配到地下室至屋顶，立体的设备空间分布策略须保证工厂能够顺畅且高效地运作。

在工业生产领域，人与生产设备的互动不仅是生产过程的基础，更是提升工作效率与安全性的关键。高标准产业园的建设不仅要考虑生产设备的布局和效率，更要注重人与生产设备之间的协同作业以及空间设计的安全性、便捷性。特别是在化学品制造、精密仪器和日用电器等生产线上，工人与设备的紧密合作需要通过精心设计的空间布局和工作流程来实现。工作区域的安全性和可达性也是设计过程中不可忽视的因素，设备设计要求确保工人在操作过程中的安全，并提供便捷的通行和工作条件。

7.1.1　适应生产需求的配置原则

新一代信息技术的飞速发展不仅为传统制造业注入了新的活力，推动了其技术改造和升级，更孕育出了一批新兴产业，如新材料、新生物技术等。这些新兴制造业的产品往往具有体积小、生产过程简化等特点。例如，通过单台3D打印机便能高效地完成整个产品的制造。由于这类产业大多处于研发或中试阶段，生产规模相对较小，且对环境的污染也较低，因此它们对生产空间的需求与传统制造业大不相同。它们不再需要大规模的生产线和大面积的生产空间，而是更倾向于在较小的研发空间内进行创新活动。同时，由于其环境友好性和对周边环境的低干扰性，这些新兴产业也更容易被接纳进入高层办公楼等城市中心区域。

高标准产业园的设计应充分考虑人机交互的安全性和便捷性。这包括在机械设计时注重人体工程学的应用，以减轻工人的体力负担并提高操作的舒适性。同时，通过引入自动化和智能化技术，降低工人直接接触高危生产设备的频率，减少操作失误导致的伤害风险。

随着技术的不断进步，特别是自动化和智能化技术的广泛应用，人与生产设备的关系正在发生转变。高标准产业园应积极采用计算机控制系统和机器人技术，实现生产过程的自动化和智能化，提高生产效率、降低劳动强度，并提升产品质量。同时，智能化管理系统的引入还可以优化工作流程，提升工作环境的舒适度和安全性，为工人创造更好的工作条件。

7.1.2 生产链视角下的设备与空间

在现代制造业中，生产链是产品从原材料到最终产品的连续过程，涉及多个环节和经济技术依赖关系。随着信息技术的革新，制造业及其相关部门的数据和资源得以高效互通，从而推动了生产方式与空间布局的重大变革。

1. 仓储空间的优化与压缩

随着信息技术的深入应用，物流和物料信息得以精确控制，实现了信息的无缝对接。实时的作业计划、调度和过程调整，提高了仓储空间的利用效率。制造业与物流业的紧密合作，通过实时信息反馈，实现了订单与生产、物流的迅速匹配，从而缩短了产品在仓库的滞留时间。例如，某汽车部件智能工厂采用自动化立体仓库，实现了在相同面积下仓储容量与货物流转速率的提升，如图7-1所示。

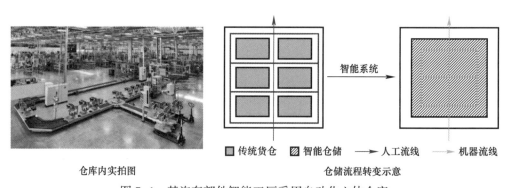

图7-1 某汽车部件智能工厂采用自动化立体仓库

2. 生产区空间集约化的发展

随着市场对少批量多样化产品的需求增加，企业面临将多种材料分配到不同生产线的挑战。通过计算机智能排产和灵活调整，生产线之间的紧密配合打破了传统生产模式中环节独立运作的局限，实现了物料以最优路线的快速、准确传递。这不仅减少了物料堆放面积和不必要的流程，还提高了厂房的利用率和布局的紧凑性。

3. 模块化生产单元的实施

模块化生产是实现柔性生产的关键策略之一。它通过对产品进行重新分析和规划，将不同功能和规格的产品划分为独立的模块。这些模块可以相互组合，使得生产方式从传统的串联式转变为并联式，从而实现生产空间的单元化。通过云平台实现跨企业合作，各制造企业可以专注于自己最擅长的部分。

海尔沈阳工厂在接到大量小众化订单时，利用互联平台，将信息传递给相应的模块商，实现了从 20 个型号到 500 个型号的定制生产，单线、单位面积产能提高了一倍，如图 7-2 所示。

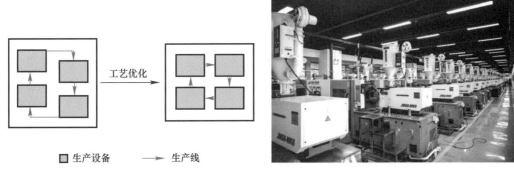

图 7-2 海尔沈阳工厂生产线优化

4. 垂直空间的有效利用

随着土地资源的日益稀缺和成本的上涨，传统的单层生产模式在空间效率上已显得捉襟见肘。近年来，"工业上楼"政策导向明显地推动了工业空间向垂直化、高层化发展的趋势。转变提高了土地利用效率，还紧密关联着建筑承载力和现代生产方式的特点。

垂直化的生产模式更适用于那些设备相对轻型、生产过程中污染较少的制造业。深圳坪山荣耀智能制造产业园的"空中厂房"形成了以信息智能化、新材料等为主导的产业集群充分展示了"工业上楼"在推动先进制造业空间发展方面的巨大潜力，如图 7-3 所示。

图 7-3 荣耀智能制造产业园建筑定制化标高与生产线

5. 生产空间的灵活适应性

面对日益多变的市场需求和竞争环境，生产方式的灵活性和适应性变得尤为重要。这意味着生产线布局和设备排布需要能够根据市场变化进行快速调整和优化。为实现这一目标，一种有效的方法是采用可重复建设的单元式厂房。利用装配式建造技术，企业可以根据生产需求灵活增加或减少空间单元，既可以对现有单元进行改造升级以满足新的生产需求，又可以确保新增加的单元不会对现有生产造成干扰；另一种方法是采用通用空间的厂房模式。各种生产设备被安排在同一大空间内，通过灵活的生产线布局和设备更换，企业可以迅速响应市场变化并调整生产策略。

在"工业上楼"的趋势下，设备的分解拆卸与精心防护成为确保设备安全迁移与重新投入使用的关键环节。由于"工业上楼"所代表的企业通常不再是以重工业为主的劳动力密集型企业，其企业生产类型往往需要精密仪器设备，设备的分解拆卸与防护、搬运准备和执行、设备就位与调试则需要通过在吊装平台精细操作、与建设单位的紧密合作以及严格执行的防护措施，如图 7-4 所示。

松湖智谷吊装平面　　　　　　　　　现场作业图

图 7-4　松湖智谷吊装平台现场作业图

工业设备拆卸前，必须制作详细记录，包括设备名称、编号、规格型号、材质及关键数据相对位置和重要组件，为重组提供准确参考。拆卸阶段，须与建设单位合作确定设备防护措施，包括内置程序和数据的拷贝备份及对活动部件和易损部位（如显示屏、按钮）的临时固定和软质海绵包装。小部件应袋装并固定，对关键部件拆卸位置进行明确标记和记录。搬运环节根据施工、天气和路况制定方案，遵循搬运大重件先于小轻件原则，采取加固保护措施，确保运输稳定安全。到达新厂房后，与建设单位确认设备位置，进行精确调整，确保参数精度，完成联合质量检查（表 7-1）。

传统人机关系与新型人机关系对比　　　　　　　　　　　　　　表 7-1

人机关系	空间联结	控制方式	交互方式	关系类型
传统人机关系	工人和机器在限定的物理空间内完成生产任务	操作者须近距离接触并控制机器	生产按照既定的流程开展，人要配合机器工作，较为被动	机器仅和工厂内部人员发生交流，关系类型单一
新型人机关系	工人逐渐脱离了在物理空间上与机器的结合，而在虚拟空间中二者实现了更紧密地配合	借助信息技术实现对生产线的远程控制	生产指令由数控中心向生产设备传达，机器灵活调整生产以满足人的要求	生产模式、进程向客户、服务商开放，后者可通过信息平台对生产设备发布需求，人机关系多样化

7.1.3　高层工业厂房隔振策略

在高层工业厂房的建设及运营过程中，相对传统厂房，控制由动力设备引起的振动问题更为迫切。高层工业厂房的生产设备运行不仅容易对厂房结构产生振动影响，还可能对生产过程造成干扰，严重时甚至导致结构损坏并产生安全问题。对厂房结构在不同工况下的振动特性进行实地测量和分析，如图 7-5 所示，对于确保设备的安全稳定运行具有重要意义。

随着工业技术的不断进步和土地资源日益紧张，多层和高层工业厂房逐渐成为主流。在这一背景下，如何有效减少和控制设备振动对厂房结构的影响，成了一个亟待解决的问题。厂房内的动力设备，如高速旋转机械，会产生周期性动荷载，导致楼盖的垂直振动和整体的水平振动。这不仅影响生产设备的动态精度和使用性能，影响产出效率，还可能对工作人员的健康造成危害。

从动力学角度分析，结构的振动受到两个主要因素的影响：一是外部激振力，即扰动源；二是结构自身的动力特性。当结构的固有频率与外部激振力的频率接近或相同时，可能会发生共振现象，导致振幅增大。为了避免共振，通常采取的策略是调整设备的运行频率或改变结构的自振频率。对于已经确定频率的设备，通过合理设计选择结构的自振频率，使其远离设备激振力的频率范围，是一种有效避免共振的方法。

在设备布置方面，由于设备振动的复杂性和计算模型的局限性，仅依赖精确的振动分析往往难以完全控制结构振动。因此，在结构方案和布置上采取适当的措施显得尤为重要。结构的自振频率主要受到结构刚度的影响，而刚度又与结构的布置方案密切相关。在工艺设备布置的初步设计阶段，结构设计人员应积极参与讨论，针对不同类型的设备提出合理的结构布置方案。通过将动力设备放置在对结构影响最小的位置，可以有效减轻设备振动对厂房结构的不利影响。

现场实施图

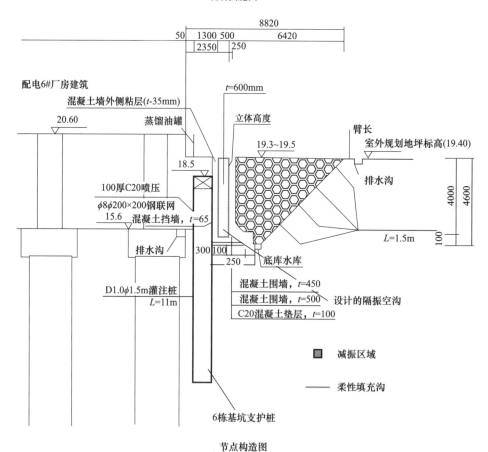

节点构造图

图 7-5 深圳红花岭项目采用柔性填充沟进行减振

为减轻动力设备对结构的振动影响,须从控制激振力源和结构响应两方面着手:设备布置时,应将振动设备尽量布置在厂房的底层,以降低振动向上部结构传递的可能性。其次,设备的基础或支撑体系应尽可能与主体结构分离,以减少振动能量的直接传递。对于振动敏感的设备,应避免将其放置在振动源的附近,以减少交叉振动的影响。

在运营阶段通过在设备上加装专门设计的振子,可以产生与设备振动方向相反、幅度相等的激振力,从而中和设备的振动,达到减振的目的。对于可以调整频率的设备,应优先通过调整其振动频率或运转方向,使其远离结构的自振频率,以降低共振的风险。对于多台设备共同工作的情况,应使它们的运转方向相互错开,避免同向共振的发生。

结构调整与优化:当生产设备难以调整时,应通过改变结构的自振频率来避免共振。具体方法包括改变梁柱截面尺寸、增加支撑结构或调整结构形式等。在结构布置上,动力设备应优先布置在梁上,避免放置在悬臂梁上,以确保水平方向的惯性力沿梁的纵向方向传递。对于垂直扰力较大的设备,应将其布置在承重墙、柱及梁支座附近,以减少振动对结构的影响。水平扰动力较大的设备的扰动力方向应与楼盖刚度较大的方向一致,以充分利用结构的刚度来抵抗振动。对于多跨结构的框架,宜采用等跨结构,以减少振动设备或对振动敏感的设备之间的相互影响。

7.1.4 生产设备未来发展趋势

随着信息技术的飞速发展,人机交互正经历着从实体空间向虚拟空间的深刻转变。转变并未增加操作生产设备的难度,反而通过实现人机优势互补,进一步提升了工作效率与安全性,构建了人与生产设备和谐共存的全新关系。

1. 数字平台的强化应用

产业园借助先进的信息技术,成功地将虚拟世界与现实世界相融合。例如,通过引入数字化平台与技术,工人可以实时地监控生产流程和设备状态,及时发现并解决潜在问题。设备的智慧数字平台应用不仅提高了生产效率,还强化了工人对生产过程的掌控与理解,推动了生产管理的精细化和智能化。

2. 安全性的提升

随着人工智能与生产设备间自学习、自感知、自组织能力的增强,人机交互方式变得更为多样化和人性化。工人可以通过语音、手势指令与生产设备进行直观互动,智能化的人机交互方式使人与生产设备在智力和知识水平上的差距逐渐缩小,进一步促进人机关系的和谐发展。

3. 协同性的大幅增强

新一代信息技术的应用为人与生产设备之间的协同工作提供了更加高效和灵活的平台。例如,借助模拟模型与数字化工具,工人可以实时获取设备、订单和生产要素等数据,并在虚拟环境中对生产设备进行远程操控和调整。将虚拟工厂信息与物理车间相结合，还能辅助工人进行生产设备的精准安装和布局，从而极大地提升了人机协同效率。

在自动化和智能化技术不断进步的背景下，人与生产设备的关系在表面上似乎逐渐疏离，但实际上在虚拟层面却更加紧密地结合在一起。工人不再需要直接操作生产设备，而是通过监控显示屏上的数据变化和智能化决策来参与生产过程。转变不仅对工人的素质提出了更高的要求，也推动了他们在研发和管理创新方面的深度参与。

在高标准产业园的建设过程中，还须注重拓展员工的培训体系，提升他们与智能化设备协同工作的能力，以适应这个快速发展的新时代与高新技术产业。"工业上楼"空间为推动信息技术与制造业的深度融合创造了有利条件，企业生产也应不断优化人机关系，为产业园带来生产效率和安全性保障的提升，为工人创造更加丰富和高质量的工作体验。

⬮ 7.2 工业厂房配电设施规划与配置

高层工业厂房的供配电系统是其基础设施中的核心部分，其设计须符合现行国家标准《供配电系统设计规范》GB 50052 的规定，并确保系统的可靠运行。在设计阶段，相关专业应对产业工艺生产设备进行调研，深入理解厂房内企业生产流程、能源供应需求、可靠性要求及供电电能质量要求。综合考虑项目所在地的供电特性，从而制定出合理的供电方案。在确定工业建筑重要负荷的供电源系统方案时，设计者应从多个角度进行综合比较，包括设备的初始投资成本与涵盖生命周期内的运营成本，如日常维护和故障修复费用等，旨在实现经济效益最大化。

7.2.1 供配电系统设计原则与实施

随着国家电力系统的不断演进和现行规范的持续完善，工业厂房中的一、二级用电负荷的供配电系统要求也在适应这些变化。合理的供电系统配置不仅关乎供电的安全性和经济投资效益，还直接影响到工艺设备的运行以及消防用电的可靠性等多个重要方面。

1. 规范对工业厂房负荷的分级

根据现行国家标准《建筑设计防火规范》GB 50016 的规定，对于高度超过 50m 的乙、丙类厂房和丙类仓库，其消防用电应按照一级负荷供电标准进行配置。而对于那些室外消防用水量较大的场所，则应按照二级负荷供电标准进行设计。对于其他类型的建筑物、储罐（区）和堆场等，其消防用电则可以根据三级负荷供电的标准进行设置。同时，现行国家标准《供配电系统设计规范》GB 50052 则从电力负荷等级划分的角度，详细规定了不同供电可靠性要求及对人身生命安全和生产过程、装备安全可能造成的经济损失影响的限制。这一规范为工业厂房的供配电系统设计提供了更为具体和翔实的指导。

2. 规范对负荷供电要求

根据现行国家标准《供配电系统设计规范》GB 50052 的相关规定，一级负荷的供电系统必须采用双重电源供电，确保在任一电源发生故障时，另一电源能够迅速接通，保障供电的连续性。对于特别关键的一级负荷，除了双重电源外，还须增设应急电源，并严格限制其他非关键负荷接入应急供电系统，以确保供电的稳定性和安全性。对于二级负荷的供电系统，通常要求采用两回线路供电。但在某些特定情况下，也可以采用一回 6 kV 及以上的专用架空线路进行供电。对于采用自备发电设备作为备用电源的建筑，应设置自动和手动启动装置，确保在电源故障发生后的 30s 内能够迅速恢复供电（现行国家标准《建筑设计防火规范》GB 50016 第 10.1.4 条规定）。

综合上述规范要求，工业厂房的负荷等级一般应用以下供电方案：二级负荷供电通常采用一路高压市电加柴油发电机，或两路高压市电供电方式；而一级负荷则通常采用两路高压双重市电加柴油发电机供电方式，以最大限度地保障供电的稳定性和安全性。

7.2.2 机电安装技术及其优化

1. 筹备阶段的规划

在面向产城融合与"工业上楼"的高标准产业园中，为确保工程顺利进行，机电安装工程筹备工作须建立完备的机电安装管理体系，并根据项目的具体需求进行详细规划。从施工进度和质量控制的前期布局入手，团队在施工前应全面理解施工合同的细节，如工期、质量标准等，以科学制定项目质量计划，并对施工材料质量严格管理。

在高标准产业园区内的大型工业厂房机电安装工程中，明确并优化施工流程能够有效地控制施工周期，避免工期延误，并在减少工时的同时降低成本；机电工程施工涉及很多的内容，整体施工程序较为复杂，而且施工材料种类较多，人员较为繁杂，需要加强现场人员之间的沟通与信息共享。

2. 设计阶段

施工设计单位须严格执行图纸设计工作，并对设计图纸进行细致审核，设计人员须全面了解机电安装的各种知识，熟练掌握施工工艺、施工技术，精准分析设计方案，及时发现设计方案的不足，以便及时修改。

为确保大型工业厂房机电安装工程的高质量完成，必须加强现场施工作业的监管，并实施严格的施工质量控制措施。在关键工序如照明电气、弱电、强电施工等方面，在保障施工精度和安全性的前提下，还要通过严格监督和动态检查来有效减少施工安全隐患，从而缩短整个工程的施工周期。

3. 施工实施阶段

从施工质量控制的角度来看，施工过程应从材料采购阶段开始就实施严格的筛选和质量检测，以确保所有使用的材料均达到质量标准。通过加强施工人员的技能培训，确保每项操作都规范、精确，大幅减少由于操作不当引发的安全隐患。同时，采纳新工艺和BIM技术，优化施工管理过程，提升整体施工效率。

在机电安装工程实施中，要展开科学合理的设备调试和日常维护保养工作，从而确保设备性能的可靠性，减少设备故障问题的发生概率，通过全面的运维管理及时发现并解决设备问题，提升运维管理人员的专业技能，保证设备性能和安全。

7.2.3 管线布置与综合优化技术

在"工业上楼"的高层工业厂房项目中，管线布置优化技术主要涉及建筑机电工程的施工管理，特别是通风、空调、给水排水及电气等关键管线的优化安装。通过使用计算机辅助设计软件，在施工前对各专业管线进行综合预装配，并在此过程中不断优化布线方案，从而大幅减少因设计不当导致的施工返工。

架空地板和架空吊顶作为常见的布线方法。通过预制装配式的生产和施工方法，架空地板能够在建筑结构层之上提供10~1000mm的高度空间，用于布置电力和数据线路。这类型设计增强了布线的灵活性，与地板送风系统及竖向集中管井相结合，从而有效解决水电和通风管道在水平和竖直方向的布置问题。架空吊顶则主要针对灯具和其他设备的布线需求，通过将设备系统与主体结构分离，便于后期的检修和设备更新，还有助于提升建筑本身的耐久性和使用寿命。

管线布置技术应用体现了设计、建设和监理等各方面的协同需求，确保施工图纸中的潜在问题能在施工前得到有效解决。管线布置优化技术能够提高施工效率，降低资源浪费，提升施工质量，并带来经济效益的增长。因此，在追求高效率和高标准的产业园区建设项目中，这项技术在建筑领域得到了广泛认可和应用。

1. 精细化的施工方案设计

为确保大型工业厂房布线施工的高质量，必须制定精细化的施工方案。该方案应明确线路的布放与安装要求，包括工作区线路布局、水平线缆的精确敷设以及配线间配电柜的制作与安装等细节。同时，强调采用暗埋式插座布置、增设三孔三相电源等实用性和安全性措施。施工过程中，须注意对水平电缆的保护和强弱电线槽的间距控制（一般至少30cm）。施工完成后，应全面整理技术资料（包含安装工程量、工程说明、竣工图纸等），确保施工方案的完整性和可追溯性。

2. 室内建筑综合布线的技术实施

室内布线技术涉及强弱电、给水排水、热力竖井等多个系统的正常运行，因此必须确保强弱电管线的优质安装和废水、污水等管道的规范安装。施工中须深入理解管线布局，包括管线空间大小、形状等要素，制定科学合理的安装方案，以预防安全隐患和避免返工。同时，积极应用BIM技术优化施工管理流程，实现各系统间的协同工作和无缝对接，提升施工效率和质量。

3. 室外建筑综合布线技术的应用

高层工业建筑室外布线技术涵盖一般消防管道、雨水管道、污水管道、压力管道、高压电力、照明、水电管线、室外弱电控制管线、楼宇自控多个领域，施工前须全面分析和审核各项技术要求，明确管道铺设方式和位置等细节。施工中应严格控制质量，定期检查外墙配件等以确保符合规范要求。同时，加强室内外施工团队的沟通协作，确保室外布线施工的高效推进和顺利完工。

7.2.4 设备安装工程中的接地问题探讨

在高标准工业厂房中，接地系统的重要性不仅源于其基本的电气安全保障作用，更因为这些厂房通常装备有大量高精尖的生产设备，这些设备对电气稳定性和安全性的要求极高。随着新产业的发展，对设备的精度和可靠性需求不断提升，使得接地系统在保护敏感设备、维持生产连续性和稳定性方面发挥着重要作用，同时，有效的接地系统不仅能减少电气干扰，保障设备和人员安全，还提高生产效率和降低维护成本。科学合理地设计和安装接地系统，对高层工业厂房而言，是确保高质量生产和促进新产业健康发展的关键。

在设备安装工程中，接地系统的设计和安装是保证电气安全的关键环节。一个有效的接地系统，不仅需要基于理论设计，还应充分考虑土壤特性、施工环境、接地材料和安装技术等实际因素。通过对这些关键因素的综合把控，可以确保电气接地系统的安装质量，从而为设备的安全稳定运行提供保障。

智能建筑的兴起带来了对电气设备接地技术要求的提高。智能建筑内部集成的众多电子设备，如自动化系统、通信系统、监控系统等，均对耐压等级和抗干扰性能有着较高的要求。因此，在智能建筑的设计和施工过程中，除了考虑设备的先进性和建筑的性能指标外，接地技术的正确应用尤为重要。一个合理的接地系统不仅能有效防止雷电和意外故障电流造成的损害，还能保障人员安全。

1. 电气接地装置的技术要求

在电气接地装置的安装作业中，以下技术要求须被严格遵守：

（1）施工前准备：施工前须详细了解并遵循工程施工单位批准的技术要求，并在监理单位及施工单位的监督下进行。

（2）接地电阻要求：

低压电气设备的接地电阻应小于4Ω；

500A以下接地短路电流的高压保护接地电阻应小于0.5Ω；

重复接地电阻应小于10Ω；

变压器中性点接地电阻应小于4Ω；

防雷装置的冲击电阻应小于30Ω。

（3）接地系统设置：在设置接地系统时，除了需要利用自然接地体外，还须确保接地导体及接地极满足热稳定性、机械强度及防腐蚀要求。接地系统的防腐蚀设计年限应与地面工程使用年限一致，且防腐蚀措施应根据当地腐蚀数据进行确定。

2. 接地保护系统的分类

（1）工作接地

工作接地主要目的是确保电气设备在正常或故障状态下的正常运行。通常通过电气设备的中性点实现，故亦称中性点接地。典型应用包括电压互感器和变压器的中性点接地。接地方式的电阻范围一般为0.5~10Ω，确保了设备在电气系统内的稳定性和安全性。

（2）保护接地

保护接地旨在维护工作人员安全，适用于正常工作时不带电压但在绝缘损坏时可能带电的金属部件。例如，将高压电气设备的金属外壳接地，以便在设备绝缘损坏时，通过保护装置切断损坏的设备或保持电气设备外壳的电位在安全范围内，从而防止触电。此类接地的电阻值通常在1~10Ω之间。

（3）保护接零

保护接零是将中性点直接接地，并将中性线与电气设备外壳直接连接的保护方式。保护接零能有效保护人身安全，避免触电事故。与保护接地相比，保护接零在防止触电方面更为有效。

（4）防雷接地

防雷接地是为了防止雷电和电压冲击对人员和电气设备造成伤害的接地方式。通过将避雷针、避雷线及避雷器等通过导体与大地直接连接，将雷电产生的巨大电流引入地面。接地方法的电阻值应控制在1~30Ω范围内，以实现有效的电压保护。

高标准工业厂房对工业电气设备的安装工程中接地技术的要求更为严格，不仅是为了保护设备的正常运行，更是为了确保人员安全和防范自然灾害的危害。因此，结合施工经验和国际施工工艺，对现代智能化楼宇电气设备安装工程中的接地问题进行深入探讨，对于提升整个行业的安全标准和效率具有重要意义。

在电气安装工程中，实施对接地保护系统与接地电阻的准确测量是关键一步，它要求使用专门的测量仪器并充分考虑土壤湿度、结构等外部因素，以获取准确的数据。测量时，应选择能同时测量电流和电压的方法，避免使用万用表以减少瞬间电流干扰，以确保测量结果的准确性。环境因素如土壤类型和接地极形状对大地电阻性有显著影响，因此，在施工中应根据具体要求合理排查环境条件，以确保能满足施工要求。

接地装置的选择和安装须针对不同电气设备的特点进行。例如，变电设备通常建于建筑物外部，其接地体须在冻土层下方水平铺设，并连接保护接地与工作接地，同时设置独立的避雷装置。对于直流设备，考虑到其对金属的腐蚀性，选用的接地体应满足标准要求，并须定期检查腐蚀情况。在易燃易爆区域中的设备安装对应接地装置时，还应给接地装置设置保护空间，以增加安全性。

7.3 "工业上楼"中的给水排水设施配置

7.3.1 给水排水设施的重要性与需求特点

高层工业厂房的给水排水系统与消防系统是工业园区安全与高效运营的重要组成部分。系统的设计须考虑多种供水用水类型（包括生产用水、生活用水和消防用水等），如图7-6所示，还须应对工业用水量大、废水处理需求高以及雨水排放量大等问题。同时，由于高层工业厂房内部空间复杂且装备众多，消防系统的设计尤为复杂，需要精细规划以确保火灾时快速有效响应。

供水系统的构建和管理直接关系到园区内企业的稳定发展和员工的生活质量，是提升区域经济水平和园区文明程度的重要标志。在高标准产业园中，工业园区的给水排水系统不仅是保障生产连续性和企业运营的基础，也是实现环境可持续发展的关键。合理的给水排水设计对于提升工业生产效率、维护环境质量、促进工业园区经济增长具有不可替代的作用。给水排水系统的优化设计须确保水资源的充分利用和有效管理，避免因水资源短缺引发的生产中断，保证企业的平稳运行和生产效率的提升。

在设计过程中，应综合考虑园区的用水需求、环境保护要求和地形条件，采取科学合理的方案，以满足企业的用水需求，同时有效处理和回用污水，实现水资源的可持续利用，减轻对环境的影响，促进绿色经济的发展。合理的给水排水设计还须考虑未来的扩展性和灵活性，以适应工业园区未来发展的需求。

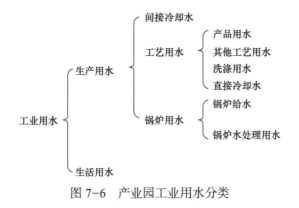

图7-6 产业园工业用水分类

7.3.2 给水排水设计的核心要点

在高标准产业园建设中，设计有效给水排水系统的首要步骤是对园区进行详尽的实地考察。通过考察园区的地形地貌，确定水流的自然走向，以此为基础规划出合理的给水排水管网布局。特别是排水系统，须考虑到地形的高低变化，确保污水顺利流向处理设施，同时保障雨季或雪季水能被及时排出，避免影响园区运营。

1. 给水管网的专业设计

考虑到产城融合背景下的工业园区区位可能位于市区或居民区附近，因此，对于该类产业园而言，给水系统设计要考虑独立于居民用水，避免园区内企业的用水需求与居民用水产生冲突。设计时须考虑园区的长期用水规模和特点，注重实现水压和水量的稳定供应，同时考虑水管材料的耐压性、耐腐蚀性和经济性，优先选择高质量、强适用性的水管材料。科学规划专用供水管网，满足工业生产和员工生活用水需求，同时预防因用水量大而导致的潜在地表塌陷问题，同时高层工业建筑的水压计算须保证水能够顺畅到达建筑的最高层，需要计算所需的水压，并设计合适的增压设施。消防供水设计在下一章单独讨论。

2. 工业厂房给水系统设计

在工业厂房的给水系统设计过程中，根据实际需求和应用场景，通常会采用以下几种常见的给水方式：

（1）直接给水

这是最为简单直接的供水方式，通过在厂房内部直接安装水管网和水龙头来实现供水。该方式具有成本低、安装简便的优点。然而，一旦出现供水故障，其影响范围会相对较大，甚至整个厂房的供水都将直接受到影响。

（2）屋顶设置水箱

这种方式利用厂房屋顶的空间构建水箱等设施，将供水管道与水箱连接，并在室内设置水管网与水箱相连。水箱能够储存一定量的水，从而在供水不稳定或停水时起到缓冲作用，提高供水的稳定性。不过，屋顶设置水箱会对楼顶结构造成一定的压力，并且水箱需要定期进行清理和消毒，以确保水质安全。

（3）气压给水

气压给水方式利用气压水罐来储存水，并通过气压和水泵产生的压力来保持水管网中的水流稳定运输。气压给水具有较高的灵活性和供水稳定性。但是，它缺乏可调节性，一旦设定好参数后，较难进行灵活调整。

（4）变频调速供水方式

这是一种使用较为广泛的供水方式，它利用变频控制器和水泵来控制水口和管网的压力。通过调节水泵的转速，可以控制水的启停和流速。为了提升变频调速装置的效果，可以在系统中增加自动控制装置和压力传感器，根据传感器反馈的数据实时调节水流情况，确保管道的稳定性。

（5）叠压供水方式

叠压供水技术最初由日本研发并推广使用。在使用时，由于管网受到的压力较低，因此设置了稳流补偿器来提高系统的调节和使用效果。叠压供水能够有效地利用管网压力，减少能耗，并提高供水的稳定性和可靠性。同时，它还能够根据实际需求进行灵活调整，满足不同场景下的供水需求。

3. 排水管网的合理布局

在排水系统设计中，将污水、生活用水和雨水排放管网分开，是保障环境和园区运行效率的关键。工业建筑的废水排放量和废水污染程度各不相同，因此排水管道设计工作应根据具体的工艺要求进行针对性改进。排水系统设计涉及多个方面，如管材选择、排污地点设立、废水处理工艺调整以及污染防控等。具体做法一般为根据特殊的工业园区与建筑需要建立其对应的污水处理中心，先集中处理园区内企业的污水废水，达到要求后再统一排放到园区污水排水管网，提高污水处理的效率和规范性，保护周边环境。

设计人员须具备全局观念，凭借专业设计能力完成高质量的排水系统设计任务。从水系统良性循环的角度出发，应合理设计排水管道走向，为管材采购人员提供建设性意见，并科学制定排水体制。例如，在选择排水管道管材时，应考虑到工业废水中可能含有的金属杂质以及水流的强冲击力，因此要求管道具备耐腐蚀、耐冲击等性能。硬金属塑料管道因兼具低成本和高性能优势而成为常用选择，同时，还应注重废水处理工艺的调整和优化，以提高废水处理效率并降低对环境的影响。同时，还应加强信息监控，通过完善的信息监控系统，利用网络数据和终端设备来管理，方便对应的管理人员及时了解给水排水当下的状态，及时进行维护、修理工作。同时，加强给水排水管网运维的监管工作，提高监管效率，以保证监管到位，实现监管效果。

7.3.3 给水排水设施的实施原则

工业建筑的给水排水设计是确保建筑功能正常运行的关键环节。针对当前给水排水设计中存在的问题，提出了实施原则，旨在优化设计方案、提高设计质量，确保工业建筑的给水排水系统既实用又经济。

1. 严格控制管道设计范围

在进行给水排水管道设计时，必须严格按照相关设计规范进行，确保设计范围合理、可行。同时，要充分考虑供水设施的实际运行需求，避免设计范围过大导致资源浪费或设计范围过小无法满足实际需求。通过合理控制管道口径、长度等参数，确保供水设施的正常运行。

2. 优化建筑给水排水系统设计方法

为了保障给水排水设计的顺利进行，设计人员应积极掌握相关专业知识，并加强对建筑给水排水系统设计方法的研究。通过深入了解不同设计方法的特点和适用范围，选择最适合的设计方案，提高设计效率和质量。同时，要注重与其他专业知识的结合，提高设计的综合性和实用性。

3. 优化室内给水排水方案，减少工程造价

在供水设备设计时，应充分考虑其实用性和经济性。通过合理选择供水设备类型、明确设备功能等方式，确保供水设备能够满足实际需求并降低工程造价。同时，在室内给水排水管道设计时，要注重合理性和美观性的结合，减少管道堵塞现象并提高建筑使用安全性。同时应充分考虑污水处理问题，确保废水得到有效处理并降低污水处理工程造价。

7.3.4　高层工业建筑给水排水管网设计特殊考量

1. 给水排水管道与结构振动的影响

高层工业建筑可能会遇到由于设备运行、风荷载以及其他外部因素引起的结构振动。这些振动可能通过建筑结构传递到给水管网，影响管道连接的稳定性和耐久性。振动可能导致接口泄漏、管道疲劳破裂或支架松动，尤其是在连接件和转角处更为明显。

为了降低结构振动的危害，设计中可以使用防振支架和管夹以及弹性连接器和补偿器，减少振动传递。同时，选择具有良好弹性和抗震性能的管材和配件，优化管道布局，减少长直管段，利用弯头和支架增加管道系统的整体稳定性，可以有效减轻振动对给水系统的影响，确保给水排水系统的稳定性和安全性。

2. 水力模型和仿真

通过建立精细化的水力模型并进行仿真分析，在设计阶段全面评估系统在不同运行工况下的性能表现，包括压力分布、流速变化以及潜在的水力冲击等。如利用计算机水力模拟软件进行详细的水力模型建立和仿真分析，可以为高层工业建筑给水系统的设计提供技术支撑。仿真分析方法允许设计在早期阶段模拟多种运行和故障场景，以检验系统的响应能力和稳定性，进而优化设计配置，提升系统的鲁棒性和可靠性。通过仿真分析，工程师还可以实现系统的水力平衡，确保各个取水点均能满足压力和流量需求，同时发掘潜在能效提升机会，为后续能效优化工作提供依据。

在已建成的"工业上楼"产业园区中，常见的做法是采用模块化设计原则，使给水系统能够灵活应对建筑未来的扩展或改造。在此设计思路下，给水系统被设计成独立的模块，每个模块可以单独安装、更换或升级，无需对整个系统进行大规模调整。

3. 分区与应急供水策略

采用分区供水策略，该策略将建筑划分为几个独立的供水区域，每个区域配备独立的增压系统。该策略可以确保在任何楼层和时间点都能提供稳定的水压，减少能耗，可以根据每个区域的实际需求调整供水量和压力。同时采用变频驱动的水泵可以根据实时用水量自动调节运行速度，进一步提高系统的能效和性能。

应急供水系统的设计须确保在主供水系统因故障或其他紧急情况下失效时，能够独立提供足够的供水，尤其是在关键区域如消防系统等。其中建立独立的应急水源的有效性已得到广泛验证，如地下水井、雨水储存池或独立的水箱，并设置专用的应急泵站，配备备用电源须保证在断电情况下也能运行。设计快速切换系统，包括自动检测主供水系统故障的传感器和自动切换到应急供水系统的阀门，以最小化供水中断的时间。应急系统设计应确保在紧急情况下能够快速响应。

4. 能耗与环境影响

高层工业建筑的给水系统设计必须考虑到能耗和环境影响，尤其是在水泵的运行和水处理过程中。为了减少能耗，可以选用使用再生材料制成的管道和配件与高效能水泵，并配备变频器，根据实际需求调整水泵运行速度。同时，部署智能控制系统，利用热泵或其他热能回收技术，自动调节供水量和压力，减少过量供水和能源浪费。

考虑到环保设计，引入雨水收集系统用于冲洗、灌溉或冷却塔补水，以及废水处理与回用技术，如膜处理技术，将部分废水处理后用于非饮用需求，可以减少对地下水或市政供水的依赖，同时减少总体用水量，降低运营成本，减少建筑对环境的影响，实现可持续发展的目标。

5. 智能化与自动化管理

智能化与自动化管理已成为高层工业建筑给水系统设计的重要发展方向。通过部署广泛的传感器网络，实时监测系统中的水压、流量、水温以及水质等关键参数，并结合物联网（IoT）技术和人工智能（AI）算法对这些数据进行深度分析，系统能够实现泵站和阀门的自动调节，以优化系统性能和快速响应突发状况。

智能化的控制系统提升了给水系统的运行效率和可靠性，通过持续的数据学习和分析，自动识别节能潜力和效率提升空间，推动能效的持续优化。借助先进的物联网学习技术，智能系统还能预测设备的故障趋势和维护需求，从而实施预防性的维护策略，有效减少系统的意外停机时间，确保给水系统的高效、稳定运行。在高层工业建筑给水系统的设计过程中，需要确保维护与检修的便利性。设计应规划充足的维护通道和操作空间，以确保所有管道和设备均能抵达，便于进行日常检查和维护工作，保障维护人员的作业安全。

通过实施一套清晰、统一的标识系统或利用物联网系统平台，对各类管道、阀门及关键设备进行编号和标签化管理，提升维护效率，同时方便工作人员快速定位并处理问题。

在实际案例中，采用模块化设计理念，以及预装配和预测试的作业方式，进一步简化维护流程，降低维护成本和时间，从而确保给水系统的长期稳定运行。

6. 产业园内居住区功能用水考量

在产城融合背景下的给水管网设计中，考虑到产业园区内部融合了居住与生产等多功能区域，居住功能用水的特殊需求成为前期规划设计时必须重视的一个方面，这不仅关系到工业园区日常生活用水的便利性和舒适性，也直接影响到整个产业园区的可持续运营和发展。生活给水设计须充分考虑市政给水管网的供水能力和稳定性，通过与消防用水共用同一水源但分网设计的策略，避免消防用水对生活给水系统的潜在影响，并且确保在紧急情况下，生活用水的供应也不会受到影响。

园区内项目的排水设计须同时注重实用性和环保性。通过将生活污水和雨水分开处理，减轻污水处理系统的负担，提高污水处理的效率和质量。生活污水经过厂区内部的化粪池处理后，可以接入小区污水管网进行市政统一处理，而雨水则可以通过收集后排入市政雨水管网，实现雨水的有效利用和排放。

在排水量的设计上，可以参考当地的最大降水量，以确保排水系统在任何天气条件下都能正常运行。避免因排水不畅而导致的积水问题，确保厂区的正常生产和运营。

7. 管道相关设计

在管道的选择上，生活区采用了地下敷设方式，并使用具有耐腐蚀、耐磨损、抗压性强等特点的管材，一般使用钢丝网骨架塑料（聚乙烯）复合管作为给水管材。同时，通过电热熔承插式连接技术，确保管道的密封性和可靠性。对于排水管，宜选择高密度聚乙烯（HDPE）排水塑料管。管材同样具有优良的耐腐蚀性和抗压性，而且重量轻、安装方便。通过橡胶密封圈承插接口进行连接，增强排水系统的密封性和耐用性。

8. 环保节能措施设计

在环保节能方面，采取了一系列有效的措施。通过设置蓄水箱直接从市政管网取水，避免了二次加压的能源消耗。其次，采用生活污水与雨水分流排放的方式，减轻污水处理系统的压力，使得收集的雨水经处理后可用于非饮用用途，如冲厕、绿化等。这不仅提高了水资源的利用效率，还体现了环保节能的设计理念，同时，需要注重节水型设备的选择和使用。通过采用节水型水龙头、便器等设备，以及建立内部水循环系统实现生活废水的重复利用，进一步提高了水资源的使用效率。这些措施不仅有助于降低用水成本，还为企业树立了良好的环保形象。

7.3.5 工业建筑新型给水排水系统及应用

新型给水排水系统在全球范围内受到重视，特别是在节约用水和消防系统设计方面的创新。美国、日本、英国等国家在工业用水管理、雨水回用和消防系统设计上采取了先进技术和管理策略，以提高水资源的利用效率和灭火系统的效率。

在节约用水方面，美国通过制定专门的管理条令，强调提高工业生产用水的重复利用率和水循环利用效率，以达到节约水资源的目的。日本在一些工业厂房中设计了雨水回用系统，并配备了雨水存储设施，有效利用雨水资源。英国则通过在工业厂房建筑上安装专门的雨斗，加强了雨水的排放效果，减少了雨水对城市排水系统的压力。

在消防系统设计方面，美国 FM 公司采用了 ESFR 喷头系统，该系统能够加快火灾响应速度，从而提高灭火速度。中国也逐渐加强了对工业节约用水和消防系统设计的重视，研发了重力流屋面雨水排水系统和虹吸雨水系统等新技术，促进了雨水的有效排放。固定消防炮灭火系统和稳高压消防给水系统的增加，使得消防系统能够在火灾发生时提供稳定的高压水流，保证消防水流的流量和扬程在长时间内保持稳定，有效提升了火灾扑灭的速度。

7.4 高层工业建筑的水电设备布局实际案例

7.4.1 钢构—机电一体化在工业厂房中的应用研究

钢结构建筑中，主体结构由钢柱和钢梁构成，而机电管线的支架通常通过焊接与主体结构相连。在机电深化设计阶段，确定管线支架的形式及固定位置是关键步骤，随后在施工阶段按设计图纸将支架焊接到主体结构上。本研究中的钢构—机电一体化技术主要应用于门式刚架工业厂房，旨在简化传统施工流程中复杂的工艺，提高施工质量控制的效率。

1. 技术特点

钢构—机电一体化施工方法通过将钢结构深化设计与机电深化设计融合，统一出图并预先在加工厂加工、焊接，减少现场焊接工作及二次返工，从而提升工程的一次成活率。具体施工方法包括以下几个关键步骤：

BIM 模型建立与合模：首先利用 BIM 软件建立机电和钢结构的 BIM 模型，确定机电管线的三维空间排布方案，并将机电 BIM 模型与钢结构 BIM 模型合并，进行碰撞检测，以调整机电管线的综合排布模型。

支吊架设计：根据调整后的机电管线排布模型及钢结构构件的位置和形状，设计支吊架的样式和布置点，确定其与钢结构构件的连接方式，并创建支吊架的三维模型，完成初步设计方案。

受力分析与深化设计：使用受力分析软件对综合支吊架进行受力评估，以验证其是否符合力学要求。根据受力分析结果，对支吊架的设计方案进行必要的修改，并完成模型的深化设计。

钢结构深化与一体化加工：将深化后的支吊架模型反馈给钢结构专业，进行钢结构构件生产前的深化设计。部分支吊架构件、连接件、安装孔将在钢结构构件生产时一体加工、焊接、留孔，以实现一体化施工，如图7-7所示。

BIM模型模拟分析

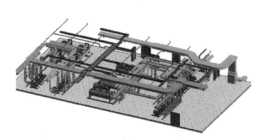
机电支架与深化图纸

支架一体化加工

现场应用情况

图7-7　钢构—机电一体化施工方法应用

项目机电工程管线专业较多、走线复杂；大跨度钢结构厂房相比由梁柱板构成的钢筋混凝土结构，可供安装支吊架的结构件间隔较大、结构多变、样式复杂；为了加强钢结构厂房机电工程支吊架的稳定度、合理性，同时减少现场高空作业的危险性和对钢构件的破坏性，提供一种机电与钢结构一体化施工方法，如图7-8所示。

2. 机电支架预制的应用

钢结构与机电深化模型整合，进行安装分析、结构碰撞检测。对机电管道与钢结构节点进行分析，将部分管道支架与钢结构在加工厂同时加工，并减少现场焊接施工。

机电孔预留安装孔的应用对机电吊架与钢结构连接节点的优化：钢结构深化图纸中标明机电支吊架与钢构件连接孔位。构件在加工厂对支吊架连接孔进行提前开设，减少现场开孔，如图7-9所示。

整体吊装安装应在高处作业前完成。屋面管线与屋面钢梁拉条檩条等在地面组合。整体吊装，减少高空作业，保证施工质量。

第7章 生产设备与水电设施配置

```
利用BIM软件建立机电BIM模型，根据管线综合排
布规则确定机电管线的三维空间综合排布初步方
案，同时建立钢结构BIM模型
          ↓
将机电BIM模型与钢结构BIM模型进行初步合模，
进行机电工程各专业管线、结构的碰撞检测，调整
机电管线综合排布模型
          ↓
根据调整好的机电管线综合排布模型，结合钢结构
件的位置、形状，进行支吊架样式和布点设计。确
定支吊架与钢结构件连接方式，创建支吊架三维模
型，完成支吊架的初步设计方案
          ↓
利用受力分析计算软件进行三维综合支吊架受力评
估，验算其是否符合力学要求，根据受力计算书数
据进行三维综合支吊架初步设计方案修改，完成支
吊架模型深化
          ↓
将支吊架深化模型反馈给钢结构专业，进行钢结构
件生产前的深化设计，部分支吊架构件、连接件、
安装孔随钢结构件生产时一体加工、焊接、留孔
```

施工流程

节点分析图

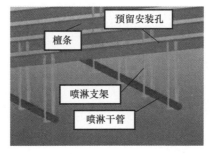

图 7-8 机电支架预制流程及节点图

吊车现场吊装

现场组装

图 7-9 项目现场吊装图片

7.4.2 郑州华锐光电工业产业园项目

该项目利用 BIM 技术直接参与设计阶段，结合设计与施工，提前规避设计风险。通过 BIM 建模和集成、碰撞检查、进度及施工模拟、质量与安全管理等措施，BIM 的应用缩短了整体工期并降低了成本。此技术是机电安装工程中数字技术的直接应用，优化了施工流程，提高了效率，如图 7-10 所示。

图 7-10　机房完工效果图

采用"BIM 深化设计 + 工厂预制加工 + 现场装配"的施工方法，将 BIM 技术应用于指导现场施工，使得机电专业施工可以在土建结构施工期间开始。这一方法允许现场仅需组装预制模块，提高了施工效率，减少了现场焊接和防腐工作量。对 CDA（高纯空压系统）及动力系统采用创新的快速拔管多通技术，结合 BIM 深化技术进行精确定位。通过拔管设备一次性拔出多道管口，提高施工效率，如图 7-11 所示。利用 BIM 技术的精确定位，优化施工流程，提高了施工速度。

图 7-11　拔管多通效果图

针对高科技厂房洁净室内洁净风管的安装，研发了小型风管合缝机器人和自动清洗机，实现风管清洗的全自动化。这项技术通过自动化设备简化了复杂的清洗、合缝、干燥工序，提高了风管安装的效率和质量，如图 7-12 所示。

洁净室泵房

洁净风管现场

图 7-12　洁净风管效果图

通过改进传统污泥处理工艺，引入吹气穿流和真空干化工艺，以及热水循环泵加热，实现污泥含水率最低可达 20%。这项技术大幅降低了污泥外运成本，优化了废水处理系统的效率和环境友好性。

本章参考文献

[1] 彭俊龙，鲁燕青. 浅谈工业厂房建设过程中生产设备的搬迁与就位管理[J]. 中国设备工程，2023，(17)：72-74.
[2] 张宁. 某工业厂房大功率设备用电方案思考[J]. 建筑电气，2023，42(04)：54-57.
[3] 阮凯. 智能建筑及工业电气设备安装工程中的接地问题分析[J]. 智能城市，2019，5(05)：167-168.
[4] 邹航煌. 基于 BIM 技术的某工业项目机电设备设计安装及优化[J]. 福建建筑，2022，(10)：133-137.

第 8 章　施工技术与应用

随着现代化经济的飞速发展，现代工业厂房的设计理念和技术已经达到很高的水平，尤其是高层工业厂房，采用环境友好型建造策略、装配式建筑施工，以及先进的模板工程施工技术，能很大程度地提高建造效率及降低建造成本。

因此，在未来的工业厂房设计及建设中，应该把现代社会的发展理念融入其中，坚持绿色可持续发展观念，从宏观的角度来考虑当前存在的设计问题，避免资源浪费，推进现代工业的可持续发展。

8.1　绿色建筑材料的选择

图 8-1　绿色建筑

绿色建筑材料是指采用清洁生产技术，不用或少用天然资源和能源，大量使用工农业或城市固态废弃物生产的无毒害、无污染、无放射性，达到使用周期后可回收利用，有利于环境保护和人体健康的建筑材料。绿色建材的定义围绕原料采用、产品制造、使用和废弃物处理 4 个环节，并实现对地球环境负荷最小化和有利于人类健康两大目标，达到"健康、环保、安全及质量优良"4 个目的（图 8-1）。

8.1.1　低碳混凝土

低碳混凝土的制造过程着重强调了环保和可持续性。传统混凝土的制备通常需要大量的水泥，而水泥的生产过程是一个高碳排放的环节，因为它需要高温煅烧石灰石和黏土，释放大量的二氧化碳。相比之下，低碳混凝土（图 8-2）采用了多种减排措施。它可以减少水泥的用量，通过添加混合材料、工业废弃物或粉煤灰等替代材料来降低水泥的使用比例。这不仅减少了对水泥的需求，还减少了

图 8-2　低碳混凝土

碳排放。低碳混凝土的生产过程采用了更高效的技术，例如采用绿色能源供电的生产线，以减少能源消耗和碳足迹。这些改进措施使低碳混凝土成为一种更环保、更可持续的建筑外观材料。

8.1.2 高强钢筋

高强钢筋是指现行国家标准《钢筋混凝土用钢 第2部分：热轧带肋钢筋》GB/T 1499.2中规定的屈服强度为400MPa和500MPa级的普通热轧带肋钢筋（HRB）以及细晶粒热轧带肋钢筋（HRBF）。

400MPa级高强钢筋作为混凝土结构的主力配筋，主要应用于梁与柱的纵向受力钢筋、荷载较大的承台和地梁部位，以及高层剪力墙或大开间楼板的配筋。对于500MPa级高强钢筋应积极推广，并主要应用于高层建筑柱、大柱网或重荷载梁的纵向钢筋，也可用于超高层建筑的结构转换层与大型基础筏板等构件，以取得更好地减少钢筋用量的效果。

经对各类结构应用高强钢筋的比对与测算，通过推广应用高强钢筋，在考虑构造等因素后，平均可减少钢筋用量约12%～18%，具有很好的节材作用。按房屋建筑中钢筋工程节约的钢筋用量考虑，土建工程每平方米可节约25～38元。因此，推广与应用高强钢筋的经济效益也十分可观（图8-3）。

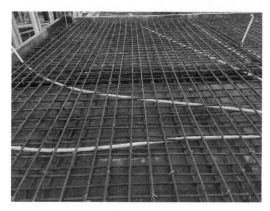
楼板高强钢筋

高强钢筋剪力墙应用

图8-3 高强钢筋的应用

8.1.3 ALC预制墙板

ALC预制墙板由粉煤灰（或硅砂）、水泥、石灰等为主要原料，由经过防锈处理的钢筋增强，经过高温、高压、蒸汽养护而成的多孔混凝土板材，ALC板既可做墙体材料，又可做屋面板，是一种性能优越的新型建筑材料。该材料不仅具有好的保温性能，也具有较佳的隔热性能，当采用合理的厚度时，不仅可以用于保温要求高的寒冷地区，也可用于

图 8-4 ALC 预制墙板

隔热要求高的夏热冬冷地区或夏热冬暖地区，满足节能标准的要求（图 8-4）。

8.1.4 保温建筑材料

传统的建筑设计通常通过单纯地增加建筑的厚度以增强建筑物的保温或绝热效果，而建筑物厚度的增加又会严重影响到建筑设计过程，例如，建筑物中窗洞的深度增加，不同建筑之间层间距降低等，不仅使得建筑物外观的美观度下降，还严重影响到人们在建筑中的居住体验。

真空隔热板以金属和纸质材料为外壳，在壳间形成真空内腔，真空内腔中填充多孔结构的纤维、泡沫塑料或是压缩硅酸盐，真空隔热板的二氧化碳的排放量很小，并且在厚度很薄的情况下就可以达到良好的保温绝热效果。一般情况下，厚度为 50mm 的真空隔热板，其保温绝热效果就相当于厚度为 200mm 的普通矿物棉材料形成的建筑墙体，大大避免了由于建筑墙体厚度对建筑设计的限制，同时建筑采用的玻璃材料也是影响建筑保温采光效果的重要因素（图 8-5）。

图 8-5 真空隔热板

图 8-6 夹胶 Low-E 复合玻璃

为了进一步提高建筑物的保温绝热采光效果，各种新的玻璃材料也相继出现，例如，吸热玻璃、复合玻璃、热反射玻璃、调光玻璃等。其中，复合玻璃是一种透明的绝热塑料，这种透明的绝热塑料内部呈圆形的蜂窝状，不仅能够节约建筑材料，降低建筑施工成本，还可以吸收太阳的辐射热，对太阳光进行反射，另外，复合玻璃主要包括玻璃、空气间层和吸热面层。黑色的吸热面层位于复合玻璃的最外侧，在夏季避免建筑外的热量通过复合玻璃进入室内，冬季建筑室内的热量向外部散发，起到绿色节能的效果（图 8-6）。

⊃ 8.2 装配式建筑施工技术

装配式框架结构工业厂房因结合框架结构（建筑平面布置灵活、可形成较大的建筑空间）和装配式结构（生产施工绿色环保且高效便捷）二者自身优点，成为目前工业厂房建筑主流设计结构类型。

8.2.1 大跨度钢梁安装施工

装配式框架结构工业厂房在建筑结构设计时，常设计为开间大、高楼层，且层高较高的形式。得益于钢结构自身特点，结构梁采用钢梁设计，减少结构柱支撑布设，以获取更大的建筑空间，进而钢梁构件整体设计为跨度长、重量大、安装高度高的形式。大跨度钢梁高空安装存在较大安全隐患，如何保证钢梁安装精准是施工关键。基于大跨度钢梁分段深化设计，常规做法采用起重设备进行无支撑吊装或采用搭设支撑架进行支撑安装。前者起重设备进行无支撑吊装受限于场地条件限制和构件重量制约，无法满足适用；而后者支撑架支撑安装则因材料投入量大、成本高、使用周期长、占据施工空间久，且超重钢梁对钢管支撑架压力大，存在竖向变形隐患，影响钢梁拼装连接质量。故常规安装方式无法解决现有施工问题，需要进行技术创新与改进。

在大跨度钢梁安装施工中，创新采用了可调节钢支撑施工工法，由转换结构+支撑结构+调高结构+稳固结构四个结构部分组成的"可调节钢支撑架体系"施工工法原理：先定位固定下部转换结构底座，以便将上部钢支撑节承受的荷载进行传递转化至楼板面及框架柱，同时对楼板面起保护作用；再对支撑结构钢支撑节进行模数化拼装，以形成整体支撑骨架，承担支撑钢梁传递的荷载；后对上部调高结构装置进行精确设计标高调节，以达到分段钢梁形成整体的设计安装所需要求；最后，辅以稳定结构水平连系杆，将每个独立可调节的钢支撑体进行相互连接稳固，以加强支撑体整体稳定性。

8.2.2 独立大截面和超高框架柱加固体系施工

装配式框架结构工业厂房在建筑结构设计时，为满足较大的建筑空间需求，框架结构柱截面尺寸和柱高设计会偏大、偏高，以达到承受施工荷载要求。故独立大截面和超高框架柱加固体系的选择尤为重要，其影响着后续框架柱浇筑成型质量，而传统的"木模板+对拉螺栓+钢管加固"方法难以满足该结构的施工加固要求。

独立大截面和超高框架柱采取方柱扣加固方式，根据柱截面尺寸和框架柱高度选择相适应的方柱扣卡箍尺寸和卡箍布置间距，以满足施工承载要求。采取方柱扣加固方式除能满足施工承载要求外，普通木胶合板（黑模板更好）拆模后能达到免抹灰效果，对于饰面装饰简单的墙面设计，可直接进行柱面腻子批白施工。另外，如施工造价等因素允许，可深化设计为框架结构柱。

8.2.3 砌体填充墙墙体砌筑施工

装配式框架结构工业厂房在建筑结构设计时，内墙为砌体填充墙墙体，砌筑工艺采用蒸压加气块和砂浆组合工艺，且与墙面连接采用拉结筋方式进行连接固定。此砌筑工艺砂浆砌筑易受天气影响，工作效率低且植筋工作量大，影响施工进度。

采用胶粘剂代替砂浆进行薄层抹灰施工，提高填充墙砌筑施工效率，缩短施工周期；同时，将与墙面连接的"拉结筋"改为"拉结片"，减少植筋工作量及减轻对结构破坏影响。因采取胶粘剂砌筑工艺，砌筑垂直和水平灰缝厚度相对较薄（一般控制在3～5mm）；另需对蒸压加气块提前进行拉槽处理，以确保构造柱拉结钢筋能够隐藏于砌体内，满足水平灰缝控制要求且整体美观。其余砌体填充墙墙体加固连接结构的构造柱和圈梁按照设计要求进行施工即可。

8.2.4 温度伸缩后浇带施工

装配式框架结构工业厂房在建筑结构设计时，建筑物整体跨度大，导致从地下室至上部楼层均设有温度伸缩后浇带（伸缩后浇带一般间距30～40m）。而根据图纸设计要求，伸缩后浇带两侧混凝土浇捣完60d后方可封闭伸缩后浇带，给施工周期带来了影响。

将伸缩后浇带改为膨胀加强带（详细做法要求可详见图集《蒸压轻质砂加气混凝土（AAC）砌块和板材结构构造》06CG01），提前封闭后浇带，减少渗漏隐患，且同步拆除内部施工架体，减少对施工空间占用，便于后续砌筑施工；同时，提前利用地下室顶板进行行车、堆载，缩短施工工期及节约施工成本。

8.2.5 无支撑预制叠合板施工

由于传统预制板的支撑架主要是采用了满堂支架的形式，该支撑体系的优点在于支架体系材料与常用现浇模板支撑体系一样，材料成本低，但是缺点也非常明显：支架搭设占用施工场地、支架搭设人工费用高以及支架搭设的工期长等，并且容易受限于复杂的场地而导致施工难度增加。

对预制叠合板施工工艺进行详细分析发现，传统预制叠合板之所以需要采用满堂支架的形式主要是因为单块预制叠合板尺寸较大，重量较大，而预制叠合板厚度较小，若无足够的支撑，叠合板容易出现裂缝甚至断裂。

为此提出了无支撑预制叠合板概念，无支撑预制叠合板是在计算允许的情况下，合理缩小预制叠合板的长宽尺寸，从而减小预制叠合板的重量，另外增加预制部分厚度，从而增加叠合板在竖向的抗剪抗弯能力，而无支撑的原理与预制主梁搭设在预制柱上方原理一致，预制板的四边长宽各增加 20mm，使得预制叠合板可以直接坐落于预制梁上方，减少了支撑的搭设。

另外若预制叠合板之间的梁间距过大，单块预制叠合板长度方向过大，容易导致预制叠合板的断裂，可采用在预制梁设置悬挑式组架的形式以减少预制叠合板的无支撑长度。悬挑式组架需要在预制梁生产时进行钢板及连接螺栓的预埋，待预制梁安装定位后进行悬挑式组架剩余部分的安装，待悬挑式组架进行试压无问题后方可进行无支撑预制叠合板的安装。

如工业厂房 15 层原设计为少支撑叠合板，但该处为悬空施工作业，搭设落地式模板支撑高度已经超过 36m，施工难度大、安全隐患较多并且搭设支撑架时间长，影响施工工期，为此将此处变更为无支撑结构设计。

将原 5.9m 方向由两跨改为三跨，并且将原 5.9m 方向小梁取消，如图 8-7、图 8-8 所示。原预制板长宽高为 2850mm×2078mm×65mm（非预制板长宽高为 5900mm×8300mm×150mm），修改为无支撑结构后长宽高为 1830mm×2078mm×75mm，分布钢筋直径为 12mm，间距 200mm，上弦钢筋直径为 10mm，间距 500mm，下弦钢筋直径为 8mm，间距 500mm，根据对预制截面进行等效截面、荷载验算及裂缝控制验算，发现其均满足要求。

相较于传统的预制叠合板安装工艺，无支撑预制叠合板安装不仅减少了支撑架的搭设时间以及提高了预制叠合板的截面刚度，降低了预制叠合板出现裂缝的概率，提高施工质

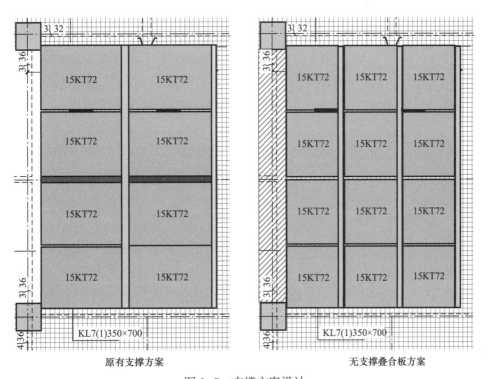

图 8-7 支撑方案设计

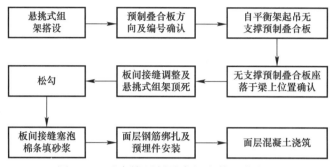

图 8-8 无支撑预制叠合板安装工艺流程

量,而且可以采用小型起重设备进行预制叠合板构件的安装,减少施工成本。

8.2.6 组合灌浆套筒施工

对预制柱灌浆套筒灌浆这一施工工序进行进一步的研究,传统的灌浆套筒灌浆施工工艺为单筒灌浆工艺,即每一个套筒独立灌浆,根据测试可知单筒灌浆施工工艺每个套筒灌浆时间为 5~10min,而每一个柱的灌浆套筒数量至少有 8 个,甚至有的预制柱多达数十个灌浆套筒,一根预制柱的灌浆时间均超过 1h。另外通过调查发现单筒灌浆施工工艺非常容易因个人原因出现遗漏灌浆的情况。

为提高灌浆套筒的施工效率,提出了组合式灌浆套筒施工工艺。该工艺主要是在柱底与楼面板之间增加 10mm 的钢垫片,使得柱底与楼板面形成空仓,然后对四周进行坐浆料或者木模板封模,如图 8-9 及图 8-10 所示,利用橡胶塞封堵除了注浆位灌浆套筒注浆孔外的其他注浆孔,从注浆位的灌浆套筒注浆孔进行注浆,浆液通过下方的空仓流至每一个灌浆套筒中,待每一个灌浆套筒的出浆孔流出浆液时即表示该灌浆套筒灌注满浆液,每一个灌浆套筒的出浆孔均流出浆液,则表示该柱内所有灌浆套筒已灌浆完成。

图 8-9 柱底垫钢垫片

图 8-10 坐浆料封模

通过对组合式灌浆套筒施工工艺的试验进行统计,单根柱的平均灌浆时间约为 15min,相较于传统的单筒灌浆工艺,组合式灌浆套筒施工工艺的灌浆效率明显提高。

但是对其灌浆质量进行进一步的检测发现，预制柱的底部存在着部分的孔洞，灌浆质量不能达到要求，对此进行研究发现主要问题在于预制柱底面存在毛面，而部分空气在灌浆时未能及时排除，积压在毛面的凹坑处，使得灌浆液不能灌满。为此对组合式灌浆套筒施工工艺进行优化，提出了柱底排气结构优化，即在生产预制柱时在柱底设置排气槽，中心部位设置锥形排气仓及排气孔，使得柱底面的气体能通过排气槽、排气仓及排气孔排出柱底，从而让灌浆液充满整个柱底，如图8-11及图8-12所示。

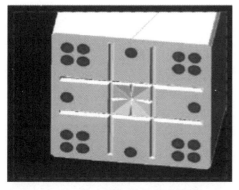

图8-11 柱底排气结构优化模型

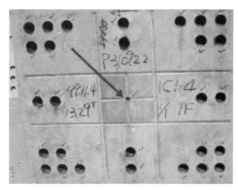

图8-12 柱底排气结构优化实物

另外对灌浆套筒灌浆填充情况进行检测，发现部分灌浆套筒顶部的浆液仅到出浆孔位，而其上部存在空腔。对此进行分析研究，得出主要原因在于灌浆套筒内浆液直接从出浆孔出浆后，通过继续注浆一段时间使得浆液充满灌浆套筒，但是在灌浆期间无法进一步识别内部实际情况，即无法判断灌浆套筒是否已完全灌满，从而出现部分灌浆套筒内未灌满的情况。

为此提出了套筒灌浆饱满度可视化检测工具，主要是通过在出浆孔处增加一段有刻度的透明塑料管，与出浆孔相接，在灌浆时观察透明塑料管内的出浆高度，利用连通器原理即可清晰知晓灌浆套筒内浆液充实情况，从而确保了灌浆套筒内部灌浆质量。该检测工具通过旋钮方式与出浆孔相接，极大程度上方便了现场的施工作业，并且该检测工具可重复回收利用，减少建筑垃圾和施工成本。

由以上优化后得到的组合灌浆套筒施工工艺在实际应用过程中大大减少预制柱灌浆施工的时间，提高了施工效率，并且保证了灌浆的质量，减少了后期的返工。

8.3 模板工程施工技术

模板工程在混凝土结构工程的总造价、工作量、工期方面都占有非常高的比重，是混凝土结构工程质量的第一步，也是其质量保证的关键所在，因此模板工程的质量至关重要。

高层工业厂房由于层高较大,跨度较大,其模板工程施工技术对施工质量及安全的保证尤为重要,采用先进的模板工程施工技术能更好地保证施工质量及有效避免安全事故的发生。

8.3.1 重型盘扣架模板支撑技术

工业建筑是指供工业生产使用或直接为工业生产服务的建筑物,如厂房、物流仓库等,尤其是高层工程厂房,其具有大层高和大跨度的结构形式特点,如图8-13～图8-16所示。在工业建筑主体结构施工中,承插型盘扣式钢管脚手架(以下简称"盘扣架")已经成为一种先进的脚手架系统,并得到了广泛应用。尤其是重型盘扣式钢管脚手架(以下简称"重型盘扣架"),其承载能力强、施工效率高等优点,对于工业建筑施工工艺的发展和进步具有重要的意义。随着对工业建筑建造高质量的要求越来越迫切,重型盘扣架施工技术也在不断改进和完善。

图8-13 广州华星生产线项目

图8-14 广西泰嘉光电超薄玻璃基板深加工厂房项目

图8-15 厦门天马显示生产线项目

图8-16 阿里菜鸟物流园项目

1. 重型盘扣架的特点

(1)承重能力强:重型盘扣架采用直径60mm、材质355B的钢管,其承重能力可达到130kN,相当于10辆小汽车的重量。

(2)稳定性高:由于重型盘扣架的钢管直径较大,其稳定性更高,适用于需要承受较大的设备和材料荷载的工业厂房的建设。

（3）适用范围广：重型盘扣架不仅适用于房建项目，还广泛应用于工业、交通等领域。

2. 重型盘扣架的施工工艺

京东、菜鸟、顺丰等工业建筑通常采用轻型格构梁结构（密集肋梁和小面域楼板），梁截面尺寸相对较小，次梁梁底高度相同，且梁间距密集多小于3m，如图8-17所示。在传统的模板支架工程中，常采用"梁板分支"的施工方法。然而，密集的梁间距会造成传统模架立杆间距过小，导致立杆承受的轴力相对较小，从而无法充分发挥立杆的承载能力，这进一步导致材料用量增加，施工成本大幅上升。为了改善这一现状，另一种方法是利用盘扣支架的结构特点，发展出使用槽钢托梁来进行"梁板共支"的施工方式，但即便采用这种方法，仍然难以充分发挥盘扣支架承载能力大的特性。目前重型盘扣式钢管支撑脚手架平台法施工技术，能够避免立杆受轻型格构梁间距限制，以增大立杆间距，并可以保证荷载的有效传递，从而节省杆件使用数量，故在工业厂房中得到广泛的应用。

图8-17 工业建筑轻型格构梁结构楼盖特点（井式楼盖和密肋楼盖）

（1）架体组成

重型盘扣式钢管支撑脚手架平台法由上部架体、转换平台和标准架体三个基本部件组成，如图8-18所示。

（2）上部架体

上部架体由面板、板底小架和梁底次龙骨组成，所用钢材材质均为Q355。面板是主要梁或板的模板，主要作为楼板轮廓成型，可用竹木胶合板制成。梁底次龙骨（或称"小梁""次楞"）可为型钢（方钢管、槽钢、工字钢）、木枋、铝合金托梁等，作为次梁面板的支承，将次梁面荷载转为线荷载，龙骨的选用可根据现场实

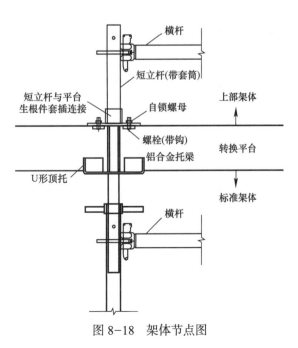

图8-18 架体节点图

际条件，用力学性能强的材料进行替换。板底小架由短立杆、横杆、板底U形顶托、板底主龙骨（大梁）和次龙骨（小梁）组成，板底小架已然成为一个完整的支撑脚手架体系，将板平面荷载转为立杆的集中荷载，如图8-19和图8-20所示。

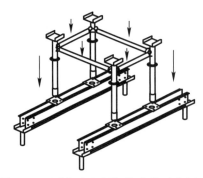 

图8-19　平台法上部架体安装示意图　　　　图8-20　平台法搭设示例图

（3）转换平台

转换平台由铝合金托梁（可用型钢替代）和平台生根件组成，如图8-21和图8-22所示。铝合金托梁由材质为6082-T6的两根特殊截面刚性梁、连接板和T形螺栓组成。

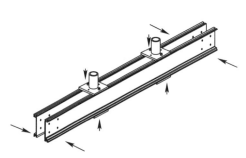 

图8-21　转换平台　　　　图8-22　平台生根件

（4）标准架体

标准架体采用重型盘扣架（Z形盘扣式钢管脚手架模板支撑系统），主要承重立杆采用直径为60.3mm的钢管制成，立杆用专用连接接头对接，材质为Q355高强度低合金钢。横向杆件为直径48.3mm的钢管制作而成，竖向斜杆为直径42.4mm的钢管制作而成。理论计算和实验均证明，为提高立杆承载力，增大钢管直径的效果，要远远大于增加钢管壁厚的效果。

8.3.2　清水混凝土模板施工技术

目前，混凝土施工技术有了很大进步，对建筑节能、节约材料及集成化水平均提出了较高要求，应用绿色材料建设绿色建筑是建筑企业实现可持续发展的重要基础，目前高层工业厂房中大量采用清水混凝土。清水混凝土作为主要建筑材料,能够呈现现代城市建筑的艺术魅力。清水混凝土材料和施工工艺技术将会成为工程应用的主要材料和技术,其中,把定型组合大钢模板应用于现浇墙体施工中,能够保证模板接缝表层平滑,如图 8-23 所示,混凝土拆模后可以直接采用涂料进行装修,省去了墙体抹灰工序。

图 8-23 清水混凝土模板支撑体系

1. 清水混凝土模板的特点

清水混凝土是直接利用混凝土成型后的自然质感作为饰面效果的混凝土工程,清水混凝土表面质量的最终效果主要取决于清水混凝土模板的设计、加工、安装和节点细部处理。

由于对模板有平整度、光洁度、拼缝、孔眼、线条与装饰图案的要求,根据清水混凝土的饰面要求和质量要求,清水混凝土模板更应重视模板选型、模板分块、面板分割、对拉螺栓的排列和模板表面平整度等技术指标。

2. 清水混凝土模板的施工工艺

(1) 模板的选择

结合工程特点、饰面混凝土质量要求,选择既能满足工程要求,构造简单、支拆方便,经济性又最优的模板。

针对饰面混凝土高质量的表观质量要求,剪力墙体模板宜选用整体式大模板体系,减少拼缝,提高表面平整度和表面光洁度,减少和避免混凝土常见质量通病的发生。

整体式大模板体系的骨架,可以根据工程情况,选择全钢、钢木结合或钢、铝、木相结合的模板骨架。

(2) 面板材料的选择

面板质量直接影响混凝土表面质量,混凝土表面质量的好坏是饰面混凝土成功与否的关键。饰面混凝土模板面板材料要求耐磨性好、刚度强、平整度高。

传统竹面竹胶板因有纵横编织纹,影响混凝土表面观感效果。而多层板、镜面多层板虽表面光洁,但强度低、不耐用、周转次数太少、不经济。

目前适用较多的是以钢板、高质量的覆膜木胶合板作模板面板,这种方式浇筑获得的混凝土表面质量较好,钢板和覆膜木胶合板性能各有优势特点,需要视具体工程情况进行合理科学选择。

(3) 明缝、禅缝的施工工艺

明缝处要求线条顺直、平整光滑,能保证清水饰面混凝土的观感质量。明缝条必须有足够的硬度，而且能够便于与模板固定安装，选用质量较好、便于安拆以及具有良好经济效果的塑料条。

禅缝是保证清水饰面混凝土感观质量的重要项目，它通过模板拼接缝的处理来实现。模板拼缝处不能出现漏浆或错台，必须保证模板平整、拼缝严密、相邻模板厚度一致。为保证模板拼接缝的质量，在施工过程中宜采取以下措施：

1）加工、拼装组合大模板时，禅缝里加垫密封条或海绵条，在模板的切割边部位刷2～3遍封边漆。

2）模板拼接缝背面采取专用工具打胶，打胶后将密缝贴好，再用木条压实，用钉子钉牢，贴上胶带纸。

3）模板加工时，模板面板应突出边框1~2mm，模板安装时在竖向边框之间加橡胶密封带，这样既能保护面板，又能保证竖向拼接缝质量。

4）模板加工前应根据模板深化设计图纸控制模板截面加工尺寸和模板的接缝处理，模板加工的截面尺寸、厚度、对角线等尺寸统一，并对相邻板面高低差、板面之间缝隙、表面平整度等严格检查符合饰面效果设计要求。

5）模板安装前进行预拼，为保证禅缝能够交圈，预拼后在模板背面编号，并弹控制线，作为模板的安装依据，模板安装时，要使模板控制线对齐。

6）模板安装的关键是模板的垂直度、禅缝阴阳角、明缝等细部节点的处理。

7）对拉螺栓不仅是模板体系中的重要受力构件，其成型后的孔眼还是清水饰面混凝土的重要装饰表现方法。故除要满足受力要求外，还要满足排布要求，排布位置和堵头的直径大小也要满足设计要求。拧紧对拉螺栓和夹具时用力要均匀，保证相邻的对拉螺栓和夹具受力大小一致，避免模板产生不均匀变形。小心地取出塑料堵头和采用专用工具封堵螺栓孔，混凝土成型后可取得较好的效果。

8）模板的细部处理

除上述明缝、禅缝、对拉螺栓等特殊部位外，对模板平整、严密，阴阳角方正、线脚挺拔等同于一般工程的重要性，且要求更严、更高；混凝土结构楼层水平施工缝处、墙端头是容易出现混凝土缺陷的部位，需要精心施工，在模板处理方面必须做好构造处理。

（4）模板的拆除与维护

1）吊装时应注意保护模板，模板下方用绳子牵引，避免模板下口与混凝土墙体发生碰撞摩擦，防止出现"飞边"。模板就位调整时，受力部分不能直接作用于面板，使钢梁或背楞受力，并且加方木垫块。

2）模板按照施工方案进行拆除，拆模后应及时清理保养模板和穿墙螺栓等配件，刷隔离剂，检查面板的几何尺寸及拼缝、龙骨与面板的连接螺钉情况，以防使用时面板脱落。

3）模板放置在专用钢管架上，采用面对面的插板式放置方式，面板间应垫棉毡保护，叠放不能超过 4 层，模板存放区应采取排水措施，注意防水防潮。

⊃ 8.4 BIM 技术

8.4.1 装配式混凝土结构

BIM 技术应用于大型装配式高层厂房建设中，完成了结构建模、碰撞检查、工程量计算、施工方案优化、施工进度模拟以及项目信息管理等工作。实践表明，在装配式混凝土结构工程施工阶段应用 BIM 技术有利于提前发现设计图纸、施工方案、进度计划中存在的问题，便于提前制定解决方案，实现控制项目成本、缩短工期和提高建筑质量的目标。本章节结合装配式混凝土结构工程的特点，重点阐述 BIM 技术在装配式混凝土施工阶段具有装配式特色的集成化应用，主要内容如图 8-24 所示。

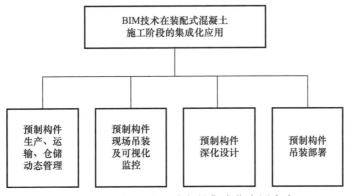

图 8-24 混凝土施工阶段的集成化应用内容

1. 预制构件深化设计

BIM 技术实现了设计信息的开放与共享。设计人员可以将装配式混凝土结构项目相关设计方案及图纸上传到工程项目的 BIM 技术平台上，在 BIM 技术平台上进行预制构件规格尺寸、材料等信息的集合，并构建装配式建筑各类预制构件（柱、墙、梁、板、预埋件）的预制构件族库，如图 8-25～图 8-27 所示。随着 BIM 技术平台中族库的不断积累与丰富，BIM 设计人员可以将同类型预制构件族进行对比优化，从而形成装配式混凝土结构预制构件的标准化和模数化。另外，预制构件族库的建立可以推动通用性建筑设计规范和标准的编制工作。预制构件深化设计还包括预制构件之间以及预制构件与其他建筑构件之间的软碰撞检测及硬碰撞检测，以避免后期预制构件安装过程中出现问题，如图 8-28 所示。可以利用 BIM 技术深化设计得出的预制构件模型直接对接预制构件生产厂家进行预制构件的生产。

图 8-25 预制柱族库

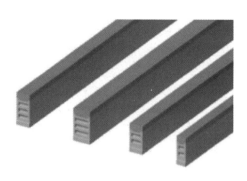

图 8-26 预制主梁族库

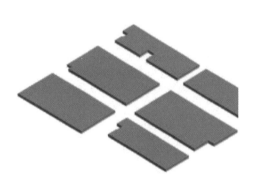

图 8-27 预制板族库

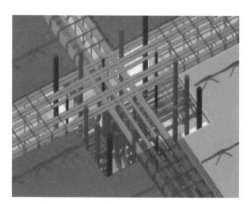

图 8-28 钢筋碰撞检测

2. 预制构件吊装部署

预制混凝土构件的吊装是装配式混凝土结构工程施工当中的重点和难点，也直接关系着项目成败。BIM 三维模型能动态模拟每一个预制构件的吊装过程，从而提前规划吊装设备的型号和定位参数，以及相关操作人员和材料的数量，调整施工现场的平面布置，优化相关施工工艺和设备，最后存放并确定所有预制构件的吊装位置和吊装顺序，如图 8-29 所示。并将 4D 动态仿真模型与工程施工进度计划相结合，形成 5D 模型，将计划进度与实际进度进行比较，根据工程情况提出相应的措施和方案。

图 8-29 预制柱吊装施工模拟

3. 预制构件生产、运输、仓储动态管理

预制构件的生产、运输和存储需要根据施工现场情况进行动态调整，利用 BIM 技术能实时结合预制构件厂的生产情况、运输车辆的调度情况和现场需求情况，以便现场项目

部根据现场实际情况调整预制构件的需求计划,预制构件厂和运输车辆可根据需求计划实时调整生产和运输计划,从而达到生产完成后将预制构件运到现场直接进行吊装的目的,减少预制构件在工厂和施工现场的存放。通过将 BIM 技术、RFID 和二维码技术相结合,每个预制构件都有唯一的编码,其生产、运输、仓储和安装信息都记录在云平台上,可通过手持终端随时查看,实时控制相关部件的信息,如图 8-30 所示。

图 8-30　预制构件二维码示意图

4. 预制构件现场吊装及可视化监控

BIM 技术可以在吊装施工方案确定后,将所有预制构件的吊装定位、吊装顺序、吊装注意要点等信息存储到 BIM 模型当中,然后通过云平台传输至手持终端。项目施工现场作业人员可以根据 BIM 模型,精确查看每个预制构件的详细施工方案和施工状态,实现预制构件吊装可视化和无纸化。施工现场作业人员在预制构件吊装前对预制构件进行扫描,查验并输入其状态信息,在准确识别吊装的预制构件信息后查看吊装施工方案,吊装就位后校核预制构件的位置等细节,合格后通过扫描构件芯片/二维码进行预制构件吊装完毕信息确认,同时记录预制构件的吊装进程、实际装置和施工时刻,以便查看,如图 8-31 所示。减少了施工失误的发生,提高了施工效率。

图 8-31　手持终端扫描构件二维码

8.4.2　装配式钢结构

1. 深化设计

选用 Tekla 完成上部钢结构部分模型的建立工作,根据运输条件、吊装设备等条件在软件中对构件进行合理的分段,开发适用于项目的专用参数化节点,在 Tekla 中建立深化设计的模型。化零为整,以统一标准进行深化表达,深化设计完成后可利用软件输出部品部件加工图、材料清单、零件清单等可用于加工制作的报告,如图 8-32 所示。

2. 精准下料

若无规划地按照零件图去加工制作,则会造成大量的钢板材浪费。利用 Sino CAM 数字化加工软件,可从 BIM 模型中直接提取原始的加工数据信息,通过二次开发的企业物料数据库,调用工厂的库存物料信息进行排版套料,根据工厂所有的数控设备进行生产加工。利用BIM软件进行套料加工，可有效利用企业的库存物料，达到节约经济的目的，如图8-33所示。

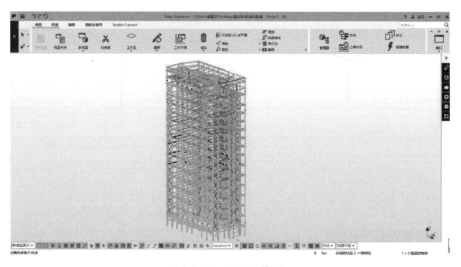

图8-32　Tekla模型

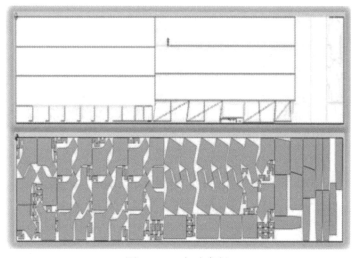

图8-33　自动套料

3. 虚拟预拼装

传统的施工方法是在工厂预制好钢构件后，直接运送至现场进行安装工作。由于制作构件的误差问题，极易出现在现场拼装时才发现安装不到位等问题。采用基于BIM的虚拟预拼装技术，可利用软件在构件运送至现场安装前进行构件预拼装，避免后期出现拼装不准确的问题，有效提高结构整体的装配精度。在构件制作加工完成后，利用扫描技术将所需拼装构件的三维数据进行逐个扫描，采集到所有需要进行预拼装构件的完整数据。利用Scene软件对得到的数据进行提取、降噪处理，得到需要预拼装构件的点云模型。将点云模型与所有构件的原始模型导入到 Qualify 软件进行预拼装处理，进行误差分析。分析完成后，对误差较大可能影响拼装的部位进行注释，标记出关键部位的三维误差，结合规范要求判断预拼装结果的合理性，对整体拼装情况进行评估。若误差过大到影响现场拼装，则将评估结果反馈到构件制作部门，重新进行构件的制作以确保拼装的精准性，如图 8-34 所示。

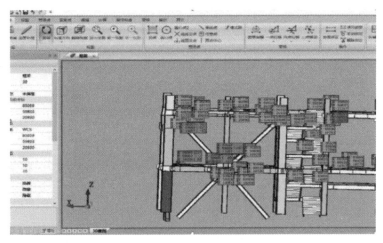

图 8-34　构件预拼装

⇨ 本章参考文献

[1] 张文锦. 厂房独立基础预制装配式施工技术应用［J］. 四川水泥，2022，(12)：126-128.

[2] 蔡梦娜，吕雪源，徐文杰，等. BIM 技术在大型装配式厂房施工中的应用［J］. 施工技术，2019，48（10）：8-11.

[3] 张文举. 高大厂房装配式混凝土工程施工方法与技术分析［J］. 佛山陶瓷，2023，33（05）：96-98.

[4] 刘永峰. 高大模板盘扣架平台法施工技术［J］. 江西建材，2021，(07)：168-169.

[5] 王雷兵. 承插型盘扣式钢管支架在高大支模架体系中应用的施工技术研究［J］. 陶瓷，2024，(05)：206-208.

[6] 叶兆平. 承插型盘扣式钢管支架在高大支模架体系中应用的施工技术［J］. 建筑技术开发，2021，48（08）：37-38.

[7] 侍磊，李志，王克文，等. 重型盘扣式支架与型钢组合支撑体系在超厚现浇板中的应用［J］. 江苏建材，2019，(增2)：98-101.

[8] 周澳成. 新型盘扣式模板支撑架的研究与应用［D］. 合肥：安徽理工大学，2020.

[9] 刘哲，刘战伟，张兆龙，等. 重型承插型盘扣式钢管脚手架连接节点抗弯性能研究［J］. 施工技术（中英文），2024，53（02）：110-116.

第 9 章　室内环境与供暖、通风和空调系统

本章主要介绍工业厂房的室内环境的重要性，以及为了达到工业厂房室内温度、湿度和空气洁净度等要求所采取的供暖、通风和空气调节等设施，通过这些暖通设施的运行创造出舒适的工业厂房室内环境。

9.1 室内环境的重要性

室内环境是指人居住、工作、交通、文体娱乐等室内所接触的环境。有研究表明人们生活和工作在室内环境中的时间已达到全天的 80%～90%，因此室内环境质量的好坏直接影响人们的身体健康，室内空气质量对人的健康保障、舒适感受和工作学习效率尤为重要。

9.1.1　企业效率与员工健康的影响

随着社会的发展，建筑的意义从作为人类的庇护所逐渐演变成为人类提供更舒适更高效的生活与工作环境。长时间处于室内环境中，我们的身体抵抗力逐渐下降，建筑涂料挥发了大量有机化合物，导致室内空气品质恶化，出现疲劳、头昏、烦躁、注意力不集中等病态建筑综合征，以及空调系统的不恰当使用，不仅会影响室内人员的舒适感，还会降低工作和学习的效率。现代人的一生中绝大多数时间都在室内，在我国，加班情况一直非常盛行，尤其是在一些北上广深的互联网科技公司中，工作人员每天在室内工作时间超过 8h，甚至更长。对于长时间在室内环境中度过的现代人来说，室内环境是否舒适会直接影响室内人员一天的工作状态，适宜的室内环境会使人心情舒畅，处于注意力集中的兴奋状态，有助于提高工作效率。因此，寻找一个合理的环境温度水平，从而提高室内环境品质，以满足人员高效工作的热舒适环境需求，尤为重要。

对于一个企业来说，员工的工作效率是发展的保证，与社会经济效益有巨大关系。有研究表明，在北京、上海等大城市办公建筑中，人员薪酬与建筑运行能耗支出之比达到 100 倍之多。这表明，提高人员工作效率有获得巨大经济效益的潜力。而工作效率的影响因素主要有四个：个人因素、社会因素、管理因素和环境因素。在相关文献调查收集的主观问卷中可以看出，室内环境质量的好坏程度对用户的工作效率影响最为直接，其他主观因素还包括室内人员的工作压力和其对工作的满意程度。影响室内环境品质的因素有四

个：声环境、光环境、热环境和室内空气品质，以上四个因素都会对室内用户的热舒适感觉和工作效率造成影响，其中室内热环境对人体的影响较大，它是指室内空气温度、空气湿度、室内空气流速及围护结构内表面之间的辐射热等因素综合组成的一种室内环境。然而，长期以来人们却忽视了室内环境质量的重要性，只是单纯地追求高效的工作效率，采用那些仅仅满足最低要求的规定进行设计运行，如建筑室内环境质量参数的规范和标准。值得注意的是，这些标准中，有很多是为了保护人员不受到实质性的生理伤害。与生理上的反应相比，人体的神经系统更易受外界的影响，因此，工作效率也更容易受到空间环境因素的影响。

改善工作环境不仅可以通过提高工作人员的注意力来直接提高工作效率，还可以通过减少缺勤率和减少走神等方式间接提高工作效率。因此，确保高效的工作效率应是当代工作环境设计和运行中需要重点考虑的内容。

9.1.2 "工业上楼"模式下特殊考量

相关数据表明，自 2011 年起，中国连续 12 年成为世界第一制造业大国。为解决工业用地紧张的问题，促进土地集约化利用，进一步优化产业结构，降低企业成本，"工业上楼"模式逐渐产生。但不同于传统模式下工业企业在单层厂房的生产加工，如图 9-1 所示，"工业上楼"可以初步理解为建造了多层的厂房，并且能满足企业的生产和制造活动，因而，国内的一些多层厂房（超过 2 层，有楼梯、电梯及吊装设施），如图 9-2 所示，便满足了相对应的需求，可被称之为"工业上楼"的 1.0 版本。

图 9-1 单层厂房

图 9-2 多层厂房

而后，多层厂房在国内不断普及，对于"工业上楼"便有了更明确的说法，逐渐发展成为在高层大厦中进行企业的生产、办公、研发、设计的新型工业楼宇模式（泛指高度超过 24m 或楼层数量在 6 层及以上的高层厂房）。

"工业上楼"极大地提高了工业空间的利用效率，但随着工业厂房室内生产规模不断扩大，导致室内污染散发强度增大、散发源增多，同时污染物室外排放容量迅速减少，厂房密闭性被迫增强，自然通风应用受限，由此带来工业厂房室内污染物控制难度不断提升。工业建筑中的室内污染物控制需要同时兼顾生产过程和工人的健康安全，按照通风

图 9-3　厂房排风

目的可以分为两类：一类是为了消除工业生产过程中产生的大气污染物，保障工人的生产环境满足职业卫生标准（图 9-3）；另一类是营造出清洁的空气环境，提高精密加工生产中的成品率。为了提高室内环境质量，就必须加强机械通风，及时排出室内污染物，以满足室内环境要求。此外针对一些对室内温湿度有较高要求的场所，比如生物制药、精密仪器生产及数据机房等场所，还必须设置恒温恒湿空调对室内环境进行控制，保证室内温湿度满足要求，如图 9-4 所示。

图 9-4　数据机房

9.2　温湿度、噪声控制策略

温度、湿度、噪声等是厂房室内环境的重要参数，这些参数需要按相关规范要求进行设计，并且采用相应的设备设施来实现这些参数的设计，从而达到符合厂房室内环境的温湿度、噪声等要求。

9.2.1　温湿度、噪声值的设计标准

1. 温湿度设计标准

（1）冬季室内设计温度按现行国家标准《工业建筑供暖通风与空气调节设计规范》GB 50019 中相关规定执行。

1）生产厂房、仓库、公用辅助建筑的工作地点应按劳动强度确定设计温度，并应符

合下列规定：

① 轻劳动应为 18~21℃，中劳动应为 16~18℃，重劳动应为 14~16℃，极重劳动应为 12~14℃；

② 当每名工人占用面积大于 50m²，工作地点设计温度轻劳动时可降低至 10℃，中劳动时可降低至 7℃，重劳动时可降低至 5℃。

2）生活、行政辅助建筑物及生产厂房、仓库、公用辅助建筑的辅助用室的室内温度应符合下列规定：

① 浴室、更衣室不应低于 25℃；

② 办公室、休息室、食堂不应低于 18℃；

③ 盥洗室、厕所不应低于 14℃。

3）生产工艺对厂房温湿度有要求时，应按工艺要求确定室内设计温度。

4）采用辐射供暖时，室内设计温度值可低于第 1）~3）条款规定值 2~3℃。

（2）空气调节室内设计温湿度等按现行国家标准《工业建筑供暖通风与空气调节设计规范》GB 50019 中相关规定执行。

1）工艺性空气调节室内温湿度基数及其允许波动范围应根据泳衣需要及卫生要求确定。活动区的风速，冬季不宜大于 0.3m/s，夏季宜采用 0.2~0.5m/s；当室内温度高于 30℃ 时，可大于 0.5m/s。

2）舒适性空气调节室内设计参数宜符合表 9-1 的规定。

空气调节室内设计参数　　　　　表 9-1

参数	冬季	夏季
温度（℃）	18~24	25~28
风速（m/s）	≤0.2	≤0.3
相对湿度（%）	—	40~70

3）当工艺无特殊要求时，生产厂房夏季工作地点的温度可根据夏季通风室外计算温度及其工作地点的允许最大温差进行设计，并不得超过表 9-2 的规定。

夏季工作地点温度（℃）　　　　　表 9-2

夏季通风室外计算温度	≤22	23	24	25	26	27	28	29~32	≥33
允许最大温差	10	9	8	7	6	5	4	3	2
工作地点温度	≤32	32~35							35

4）生产厂房不同相对湿度下空气温度的上限值应符合表 9-3 的规定。

生产厂房不同相对湿度下空气温度的上限值　　　　　　　　　　表9-3

相对湿度Φ（%）	55≤Φ<65	65≤Φ<75	75≤Φ<85	≥85
温度（℃）	29	28	27	26

2. 噪声设计标准

（1）噪声设计指标

1）厂区声环境设计应符合现行国家标准《工业企业噪声控制设计规范》GB/T 50087相关规定，见表9-4。

各类工作场所噪声限值　　　　　　　　　　表9-4

工作场所	噪声限值（dB）
生产车间	85
车间内值班室、观察室、休息室、办公室、实验室、设计室室内背景噪声级	70
正常工作状态下精密装配线、精密加工车间、计算机房	70
主控室、集中控制室、通信室、电话总机室、消防值班室，一般办公室、会议室、设计室、实验室室内背景噪声级	60
医务室、教室、值班宿舍室内背景噪声级	55

注：生产车间噪声限值为每周工作5d，每天工作8h等效声级；对于每周工作5d，每天工作时间不是8h，须计算等效声级；对于每周工作日不是5d，须计算4h等效声级。

2）建筑物外部噪声源传播至主要功能房间室内的噪声限值及适用条件应符合现行国家标准《建筑环境通用规范》GB 55016中第2.1.3条规定。

3）建筑物内部建筑设备传播至主要功能房间室内的噪声限值应符合现行国家标准《建筑环境通用规范》GB 55016中第2.1.4条规定。

4）主要功能房间室的Z振级限值及适用条件应符合现行国家标准《建筑环境通用规范》GB 55016中第2.1.5条规定。

（2）噪声控制及减噪方式

1）建筑平面布局宜根据声环境的不同要求进行区域划分，减少相邻空间的噪声干扰以及外界噪声对室内的影响。

2）生产区宜选用低噪声的生产设备。

3）振动强烈的设备不宜设置在楼板或平台上。

4）设备布置时，应预留配套的噪声控制专用设备的安装和维修所需的空间。

5）对有噪声源房间的围护结构应做隔声设计。

6）管线穿过有隔声要求的墙或楼板时，应采取密封隔声措施。

7）当通风空调系统送风口、回风口辐射的噪声超过所处环境的室内噪声限值，或相邻房间通过风管传声导致隔声达不到标准时，应采取消声措施。

8）通风空调系统设计消声时，应通过控制消声器和管道中的气流速度降低气流噪声。

9.2.2 现代控制技术与设备

1. 温湿度控制技术

温度控制是通过利用传感器测量环境中的温度，并与设定值进行比较，从而控制加热或制冷设备的工作状态。湿度控制是通过利用传感器测量环境中的湿度，并与设定值进行比较，从而控制加湿或除湿设备的工作状态。温湿度控制是相互关联的，两者之间存在一定的关系。在温湿度控制系统中，必须同时采取温度和湿度数据，并综合考虑两者的变化来进行控制，以达到最佳的舒适度。

车间温湿度是工业生产中不可忽视的因素。稳定的温湿度，对于工业而言具有重要作用，在生产、存储等车间都需要遵守严格的温湿度监控。高温高湿、低温低湿等环境条件下会影响车间产品质量和生产效率。因此，工业生产厂房应该精细化控制车间温湿度，以确保产品质量和生产效率。

2. 温湿度控制设备

（1）空气调节器

空气调节器是一种能够调节空气温度、湿度、气流以及空气洁净度的设备，广泛应用于各类仓库、实验室、厂房等场所。其通过改变空气流过的冷凝管的温度，从而改变芯片面积上的温度，从而达到调节温湿度的目的。空气调节器可根据需要进行定时自动调节，也可以手动实时调节，如图9-5所示。

图9-5 空气调节器

（2）温湿度控制器

温湿度控制器是控制温湿度的重要设备，通过在厂房仓库中布置传感器来检测环境的温湿度，并通过控制器对空调或者加湿机的启停进行控制和调节，从而稳定厂房仓库内的温湿度。温湿度控制器分为传统控制器和智能控制器两种，如图9-6所示。

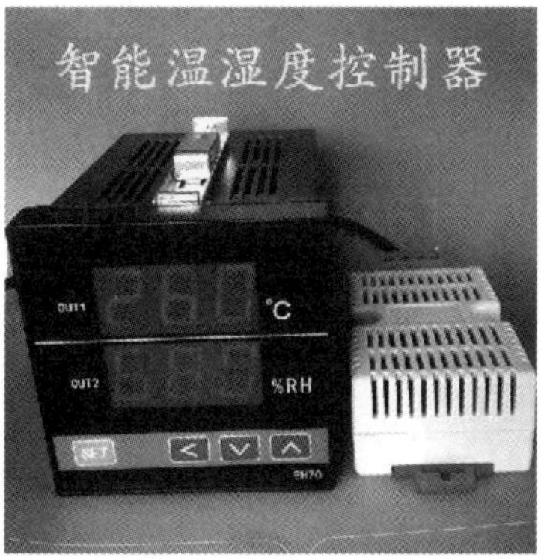

（3）恒温恒湿机

恒温恒湿机是集制冷、制热、除湿、加湿等多功能于一体，可实现准确可靠的恒温恒湿控制，满足多种不同环境要求。适用于对温度、湿度稳定性要求较高的生

图9-6 温湿度控制器

产车间,特别适用于电子、医药等车间,为生产车间提供一个温度、湿度相对稳定的环境,如图9-7所示。

(4)调温除湿机

调温除湿机是可以对使用环境进行恒温除湿来满足生产车间对室内温度的要求。调温除湿机利用蒸发器给空气降温除湿,并利用加热器来调控温度,弥补空气中因冷却除湿散失的热量,是一种高效的除湿方式,适用于对温湿度要求比较高的场所,如航天、医药等领域,如图9-8所示。

图9-7 恒温恒湿机

图9-8 调温除湿机

9.3 通风与空气质量优化

采用通风方法改善室内空气质量,是利用设备将建筑物内的不符合卫生标准的污浊空气排至室外,并将新鲜的空气或经过净化的符合卫生要求的空气送入室内。从而保证室内良好的空气品质,并提供室内人员呼吸过程中所需的氧气量以及满足生产需求的空气品质。

9.3.1 通风系统的设计与应用

工业建筑的通风系统分为普通通风与工艺通风。普通通风系统只须按国家相关规范要求进行设计即可;工艺通风就须根据建筑内可能产生的有机、酸碱等废气,在高处进行处理后满足相关排放要求后再排放。

1. 通风系统设计

(1)在不影响生产工艺与环境卫生的情况下,通过优化建筑物的平面空间组织布局、立面设计和门窗的设置,优先选用自然通风。

(2)对于一些有特殊要求的生产岗位,须进行局部送风和排风系统设计,以便岗位周边环境满足相关要求。

（3）厂房内可能突然放散大量有毒气体、有爆炸危险气体或粉尘的场所，应根据工艺设计要求独立设置事故通风系统。

（4）厂房设置机械送风系统时室外进风口位置应符合下列要求：

1）设在室外空气比较洁净的地点；

2）设在排风口的上风侧，且应低于排风口；

3）进风口的底部距室外地坪不宜低于 2m，当设在绿化地带时，不宜低于 1m；

4）降温用的进风口，宜设在建筑物的背阴处；

5）避免进、排风口短路。

（5）厂房排风的气流组织设计应满足下列原则：

1）当有害气体和蒸汽密度比空气轻，或虽比空气质量重，但建筑物散发的湿热全年均能形成稳定的上升气流时，宜从房间的上部区域排出；

2）当有害气体和蒸汽密度比空气重，但建筑物散发的显热全年均不能形成稳定的上升气流或挥发的蒸汽吸收空气中的热量导致气体或蒸汽沉积在房间下部区域时，宜从房间上部区域排出总排风量的 1/3，从下部区域排出总排风量的 2/3，且不应小于每小时一次换气；

3）当人员活动区有害气体与空气混合后的浓度未超过卫生标准，且混合后气体的相对密度与空气接近时，可只设上部或下部区域排风。

注：① 相对密度小于或等于 0.75 的气体视为比空气轻，当其密度大于 0.75 时，视为比空气重；

② 上、下区域的排风量中，包括该区域内的局部排风量；

③ 地面以上 2m 以下的区域，规定为下部区域。

（6）厂房机械排风的吸风口设置应符合下列规定：

1）位于房间上部区域的排风口，由于排除余热、余湿和有害气体时（含氢气时除外），吸气口上缘至顶棚平面或屋顶的距离不大于 0.4m；

2）用于排除氢气与空气混合物时，吸风口上缘至顶棚平面或屋顶的距离不大于 0.1m；

3）位于房间下部区域的排风口，其下缘至地板的距离不大于 0.3m；

4）因建筑构造形成的有害或有爆炸危险气体排出的死角区域应设置导流设施。

（7）厂房洁净室和洁净区空气洁净度等级应符合现行国家标准《洁净厂房设计规范》GB 50073 相关规定。

2. 事故通风设计

（1）在可能突然散发大量有害气体、爆炸或危险性气体或粉尘的建筑物内，应设置事故通风装置与事故排风系统相连锁的泄漏报警装置。

（2）散发有爆炸危险的可燃气体、粉尘或气溶胶等物质时，应设置防爆通风系统或诱导式事故排风系统。

（3）事故排风量宜根据工艺设计条件，通过计算确定，且换气次数不应小于 12 次 /h。

（4）事故排风的排风口，应符合以下规定：

1）不应布置在人员经常停留或经常通行的地点；

2）排风口与机械送风系统的进风口的水平距离不应小于 20m，当水平距离不足 20m 时，排风口必须高出进风口并不宜小于 6m；

3）当排风中含有可燃气体时，事故通风系统排风口应距离可能火花溅落点 20m 以外；

4）排风口不得朝向室外空气动力阴影区和正压区。

（5）事故通风的通风机应分别在室内及靠近外门的外墙上设置电器开关。

3. 排气要求

（1）废气排放有相关行业标准的，优先执行行业标准，没有行业标准的，执行现行地方标准《大气污染物排放限值》DB44/T 27 相关规定。原则上执行较严标准，具体以环评为准。

（2）应根据行业需求，厂房预留好废气排放井道。厂房内有不同生产废气排放类型时，应分别独立设置排放井道。

（3）厂房内废气不应无组织排放，应按照相关规定，安装污染排放自动监控设备，并接入监控中心。

9.3.2 空气质量的监测与改善

1. 空气质量的监测

（1）生产工艺有要求且技术可行时，通风系统宜监测下列参数：

1）工作区有毒物质的浓度；

2）工作区有爆炸危险的浓度。

（2）排出有毒或爆炸危险物质的局部排风系统，宜与污染浓度报警装置连接，并应在工作地点设置通风机启停状态显示。

2. 空气质量的改善措施

为改善工业厂房空气质量，可通过平面优化，有效引入室外新风进入室内，从而提升多高层厂房的通风舒适性。

（1）结合建筑形体可在建筑一侧设置通高边庭，如图 9-9 所示，利用拔风效应，将底部空气引入到高层区域，缓解高层部位自然通风效果差的问题。夏季，边庭立面窗户处于开启状态，内部空气经太阳辐射加热后由高部侧窗排出，通过热压通风带走室内余热，新鲜空气从边庭底部被引入室内；冬季，边庭窗户处于封闭状态，内部空气经由太阳辐射加热后，通过自然对流将温暖的空气送入室内。

（2）可考虑设计双层地板，如图 9-10 所示。双层地板之间形成空气腔，夜间低温的室外空气流过地板空腔，带走双层混凝土地板热量，利于降低室内温度。

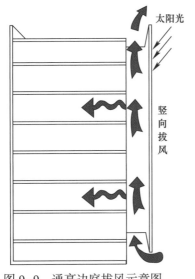

图 9-9　通高边庭拔风示意图　　　　图 9-10　双层地板通风示意图

（3）进行导风设计。充分考虑建筑造型，在建筑开口处采用导风构件，形成"风斗"捕捉非主导风，如图 9-11 所示。通过导风设计（导风墙、出挑楼板、挑檐等），在建筑表面微观的边界层阻滞空气流动，驱动建筑表面附近空气进入室内，加强通风换气效果。

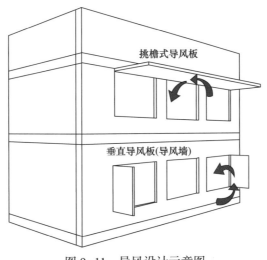

图 9-11　导风设计示意图

通过上述自然通风措施，一方面可降低建筑内部温度，降低制冷能耗，起到节能效果；另一方面利于加强气流循环，保证室内空气的新鲜度，营造健康舒适的室内环境。

9.4 供暖和空调系统的设计

由于生产厂房对室内环境有着不同的要求，为满足厂房室内温度、相对湿度以及新风量的要求，须通过供暖、空调系统的设计来达到不同厂房所要求的目的。

9.4.1 供暖系统设计

1. 供暖设计总体要求

（1）厂房应结合场地自然条件和建筑功能需求，对建筑的体形、平面布局、空间尺度、围护结构等进行节能设计，且应符合国家有关节能设计的要求。

（2）厂房的室内温度、相对湿度、室内风速、新风量、空气质量和污染物控制标准应符合现行国家标准《工业建筑供暖通风与空气调节设计规范》GB 50019 相关规定。

（3）应结合当地的能源结构和能源政策，统筹建筑物内各系统的用能情况，并结合产品生产工艺需求，通过技术经济比较，选择综合能源利用效率高的冷热源形式。

（4）厂区供热系统技术标准应满足以下要求：集中供热管网敷设方式应以"直埋"为主，在有条件的地方可架空；管线布置在满足设计要求的情况下，力求平直，尽量选择人行道下敷设。

2. 供暖系统热媒的确定

（1）当厂区只有供暖用热或以供暖用热为主时，应采用热水作为热媒；

（2）当厂区供热以工艺用蒸汽为主时，生产厂房、仓库、公用辅助建筑物可采用蒸汽作为热媒，生活、行政辅助建筑物应采用热水作为热媒；

（3）利用余热或可再生能源供热时，热媒及其参数可根据具体情况确定；

（4）热水辐射供暖系统的热媒应符合现行国家标准《工业建筑供暖通风与空气调节设计规范》GB 50019 中第 5.4 节的规定。

3. 供暖系统的形式及设计要点

根据供暖媒介的不同，供暖系统有以下几种形式：

（1）散热器供暖

1）散热器应明装，且宜布置在外墙窗台下。

2）确定散热器数量时，应根据其连接方式、安装形式、组装片数、热水流量及表面涂料等对散热量的影响，对散热器数量进行修正。

3）热水供暖系统高度超过 50m 时，宜竖向分区设置。

4）有冻结危险的场所，其散热器的供暖立管或支管应单独设置，且散热器前后不应设置阀门。

（2）热水辐射供暖

1）低温热水辐射供暖系统供水温度不应低于60℃；供回水温差不宜大于10℃，且不宜小于5℃。

2）低温热水地面辐射供暖系统敷设加热管的覆盖层厚度不宜小于50mm。

3）每个环路加热管的进、出水口应分别与分水器、集水器相连接。分水器、集水器内径不应小于总供、回水管内径，且分水器、集水器最大断面流速不宜大于0.8m/s。每个分水器、集水器分支环路不宜多于8路。每个分支环路供、回水管上均应设置可关断阀门。

4）低温热水地面辐射供暖系统的工作压力应根据选用管道的材质、壁厚、介质温度和使用寿命等因素确定，不宜大于0.8MPa；当工作压力超过0.8MPa时，应采取相应的措施。

（3）燃气红外线辐射供暖

1）无电气防爆要求的场所，技术经济比较合理时，可采用燃气红外线辐射供暖。采用燃气红外线辐射供暖时，应符合以下规定：

① 易燃物质可能出现的最高浓度不超过爆炸下限值的10%，燃烧器宜设置在室外；

② 燃烧器设置在室内时，应采取通风安全措施，并应符合现行国家标准《城镇燃气设计规范》GB 50028的相关规定。

2）燃气红外线辐射供暖严禁用于甲、乙类生产厂房和仓库。

3）采用燃气红外线辐射供暖时，热负荷计算的室内计算温度宜低于对流供暖室内温度2~3℃。

4）采用燃气红外线辐射供暖进行全面供暖时，加热器宜沿外墙布置，且加热器散热量不宜少于总热负荷的60%。

5）当燃烧器所需要的空气量超过厂房0.5次/h换气计算所得的空气量时，其补风应直接来自室外。

（4）热风供暖

1）符合下列条件之一时，应采用热风供暖：

① 能与机械送风系统结合时；

② 利用循环空气供暖，技术经济合理时；

③ 由于防火、防爆和卫生要求，需要采用全新风的热风供暖时。

2）采用暖风机或空气加热器时，其散热量应留有20%~30%的余量。

3）采用集中送热风供暖时，应符合以下规定：

① 工作区的风速最小平均风速不宜小于0.15m/s，送风口的出风口风速应通过计算确定，可采用5~15m/s；

② 送风温度不宜低于35℃，并不得高于70℃。

（5）电热供暖

1）低温加热电离辐射供暖宜采用地板式，低温电热膜辐射供暖宜采用顶棚式。

2）低温加热电离辐射供暖系统和低温电热膜辐射供暖系统应设置温控装置。

3）采用低温加热电缆地面辐射供暖方式时，加热电缆的线功率不宜大于17W/m，且电缆布置时应避开无支腿家具占压区域；当面层采用带龙骨的架空木地板时，应采用散热措施，且加热电缆的线功率不应大于10W/m。

9.4.2 空调系统设计

1. 空调设计总体要求

（1）选择空调系统时，应根据建筑物的用途、构造形式、规模、使用特点、负荷变化情况与参数要求、所在地区气象条件与能源状况等，通过技术经济比较确定。

（2）厂房中的高大空间，仅要求下部生产区域保持一定的温湿度时，宜采用分层式空气调节方式。大面积厂房不同区域有不同温湿度要求时，宜采用分区空气调节方式。

（3）室温允许波动范围大于±1℃的空气调节区，应设置可开启外窗。

（4）空气调节系统采用制冷剂直接膨胀式空气冷却器时，不得用氨作制冷剂。

（5）厂房应采取措施降低部分负荷能耗，并应符合下列规定：应区分房间的朝向细分供暖、空调区域，并对系统进行分区控制；空调冷源的综合部分负荷性能系数（IPLV）、电冷源综合制冷性能系数（SCOP）应符合现行国家标准《公共建筑节能设计标准》GB 50189的相关规定。

2. 空调系统设计

根据厂房的建筑条件以及使用要求，空调系统设计时应采取适合本厂房的空调系统方式。

（1）全空气定风量系统。当空气调节区允许采用较大送风差时，宜采用具有一次回风的全空气定风量空气调节系统。

（2）全空气变风量系统。空气调节区允许温湿度波动范围小且噪声要求严格时，不宜采用全空气变风量空气调节系统。技术经济合理、符合下列情况之一时，可采用全空气变风量空气调节系统：

1）负担多个空气调节区，各空气调节区负荷变化较大，且低负荷运行时间较长，需要分别调节室内温度时；

2）负担单个空气调节区，低负荷允许时间较长，相对湿度不宜过大时。

（3）风机盘管加新风系统。空气调节区较多、各空气调节区要求单独调节，且层高较低的建筑物宜采用风机盘管加新风系统，经处理的新风应直接送入室内。当空气调节区空气质量和温湿度波动范围要求严格或空气中含有较多油烟等有害物质时，不宜采用风机盘管。

（4）蒸发冷却空调系统。符合下列条件之一时，宜采用蒸发冷却空调系统：

1）室外空气计算湿球温度小于23℃的干燥地区；

2）显热负荷大，但散湿量较小或无散湿量，且全年需要以降温为主的高温车间；

3）湿度要求较高的或湿度无严格限值的生产车间。

（5）多联机空调系统。振动较大、油污蒸汽较多以及产生电磁波或高次频波的场所不宜采用变频多联机空调系统。多联机空调系统的设计应符合下列规定：

1）使用时间接近的空气区域设计为同一空调系统；

2）室内外机之间以及室内机之间的最大管长和最大高差应符合产品的技术要求；

3）夏热冬暖地区须全年运行时，宜采用热泵式机组；

4）同一系统中需要同时供冷和供热时，可选用热回收式机组。

（6）分体式空调系统。符合下列情况之一时，应采用分散设置单元整体式或分体式空气调节系统：

1）空气调节面积较小，采用集中供冷、供热系统不经济时；

2）需设置空气调节的房间布置过于分散时；

3）少数房间的使用时间和要求与集中供冷供热不同；

4）原有建筑需增设空气调节，而机房和管道难以设置时。

（7）厂房洁净室和洁净区的空调安装方式应符合现行国家标准《洁净厂房设计规范》GB 50073和《电子工业洁净厂房设计规范》GB 50472的相关规定。

3. 空调系统设置要求

（1）分体式空调系统的设置要求

1）建筑沿街立面不宜装设空调室外机；

2）建筑立面设计应统一预留装设空调室外机的位置，通过适当的建筑手段进行有效遮蔽，达到美观、整齐、易于维修检查效果，并保证空调室外机通风良好。

（2）空调处理机房宜安装在空调机房内，空调机房宜临近所服务的空调区，并应留有必要的维修通道和操作、检修空间。空气处理机组的设置应符合下列规定：

1）机组的风机和水泵应设置减振装置；

2）应设置排水水封；

3）工艺无特殊要求时，机组漏风率及噪声应符合现行国家标准《组合式空调机组》GB/T 14294的相关规定。

9.4.3 冷热源系统设计

供暖空调冷热源系统应根据建筑物规模、用途、冷热负荷，以及所在地区气象条件、能源结构、能源政策、能源价格、环保政策等情况去选择，然后经技术经济比较论证确定。参照以下原则去实施。

（1）一次热源宜采用工业余热或区域供热；无工业余热或区域供热时，技术经济合理时，可自建锅炉房供热。

（2）有供冷需求且技术经济上可行时，宜采用工业余热驱动吸收式冷水机组供冷；无工业余热的地区，可采用电动压缩式冷水机组供冷。

（3）干旱缺水地区的中小型建筑，可采用空气源热泵或土壤源热泵冷热水机组供冷、供热。

（4）有天然地表水或有浅层地下水等资源可供利用，且保证地下水100%回灌时，可采用水源热泵冷热水机组供冷、供热。

（5）有工艺冷却水可利用，且经技术经济比较合理时，可采用热泵机组进行热回收供热。

（6）当采用冬季热电联供、夏季冷电联供或全年冷热电三联供能取得较好的能源利用效率及经济效益时，可采用冷热电联供系统。

（7）全年进行空气调节，且各房间或区域负荷特性相差较大，需长时间向建筑物同时供热和供冷时，经技术经济比较后，可采用水环热泵空气调节系统供冷、供热。

（8）在执行分时电价、峰谷电价差较大的地区，空气调节系统采用低谷电价时段蓄冷（热）能明显节电及节省投资时，可采用蓄冷（热）系统供冷（热）。

➲ 本章参考文献

［1］ 中华人民共和国住房和城乡建设部. 工业建筑供暖通风与空气调节设计规范 GB 50019—2015［S］. 北京：中国计划出版社．2015.

［2］ 中华人民共和国住房和城乡建设部. 建筑环境通用规范 GB 55016—2021［S］. 北京：中国建筑工业出版社，2022.

［3］ 广东省建设科技与标准化协会. 广东省高标准厂房设计规范 DBJ/T 15—235—2021［S］. 北京：中国城市出版社，2022.

［4］ 深圳市光明区"工业上楼"建筑设计指南，2022. https://www.szgm.gov.cn/attachment/1/1073/1073539/9990021.pdf.

［5］ 艾荔，唐可峙，尹玉，等. 多高层厂房绿色低碳技术分析［J］. 建筑节能（中英文），2024,52（5）：2-10.

第 10 章 运营管理与服务

10.1 产业园发展历程

我国的产业园是伴随着改革开放而诞生、成长与发展起来的。以 1979 年深圳蛇口工业区的设立为起点,经历了从无到有、从弱到强的发展过程,主要可以分为以下四个阶段:

第一阶段:在 20 世纪八九十年代,我国的产业园还处于初级阶段。在这个时期,园区的规模相对较小、功能需求单一,主要以土地开发的形式进行,即单纯的土地运营,基本实现基础设施的"七通一平",形成单一、封闭格局的产业基地。企业通过竞拍的方式获得土地,然后自行负责厂房和基础设施建设及运营管理,主要以单层或多层的厂房为主,配备小规模的员工宿舍,从而形成单一的工业园区。

第二阶段:在 2000 年左右,传统工业园经历了变革,其中最突出的特点是产业规模化集聚。政府在城市郊区或其他合适地段规划建设较大规模的产业园,提供厂房、基础设施和服务设施,实现园区资源共享,包括物流、安全和通信等,有效降低企业的生产成本和经营风险。通过设立专门的管理机构或物业公司,进行租售和物业管理,即运营商扮演的只是简单的"房东"角色,为园区企业提供简单粗放的租售、水电供应、交通、安全等物管服务。

第三阶段:在 2010~2020 年期间,产业园迎来了土地集约化、智能化和数字化发展的新时代,产业升级和结构调整成为发展的主题。高技术含量、高附加值战略新兴产业成为经济驱动主力,产业需求进一步升级,建筑形态和品类更加多样化,生活配套和商业配套不断完善,更加注重园区公共空间设计、空间品质提升,产业园与城市之间已逐渐建立中枢辐射式互动关系。在这个时期,"工业上楼"作为一种新的工业载体空间模式出现,它通过垂直建筑设计,将多个不同功能的区域堆叠起来,实现"产学研展销"全产业链及"产城人文旅"融合发展,构筑"生产、研发、试制、中试、检测、营销、展示、办公"等全产业链功能,力争形成产业集聚效益,同时,有效解决城市经济在快速发展过程中面临的土地短缺和原有工业用地利用率低的问题。在这个时期,产业园区会成立一站式服务中心和专业的运营团队(图 10-1),为园区企业提供运营服务,包括不限于政策服务、人力资源服务、品牌建设服务、鹰眼服务、产业服务、科技服务、财税金融服务、定制服务、科技孵化等,聚集企业生长的资源与要素,一站式为企业提供优质的服务。

图 10-1　松湖智谷一站式服务中心

第四阶段：2020 年至今，产业园产业组织逐步由产业链式联系趋向产业生态圈互动，产业园中各种类型产业链互相连接，紧密交织，形成内外开放、资源整合的产业生态圈。产业功能与城市功能多层级互动深度融合，产业园空间不仅面向本园区，甚至面向整个城市开放共享，园区功能由产业功能和一般配套扩展到产业研发与生产服务、生活配套完美结合的城市产业综合体，居住、产业与商业三位一体，齐头并进，商业、社区、学校、文化创意、服务业等形态大量涌现，形成产业园新型功能空间格局，产业园与城市关系逐渐走向全面融合，最具代表性的为北京中关村科技园和深圳湾科技园。在这个阶段，甲方会成立专门的园区物业管理公司，并搭建园区运营管理平台或系统，可直观展示各项运营数据，例如，租售面积及各自占比、入驻企业数量及名称、所属行业、纳税情况、能耗数据等信息，如图 10-2 所示。其次，开发相应的小程序，可实现园区线上线下同步办公，例如，缴费、报修、公共会议室预约等事项可以通过小程序线上完成，高效便捷。最后，通过与政府部门、金融机构合作等，在园区内设置相应的办事窗口，为园区企业及人员提供优质的服务，及时解决企业和员工的问题。

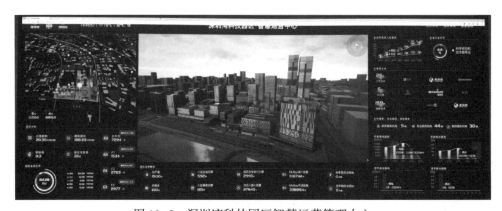

图 10-2　深圳湾科技园区智慧运营管理中心

10.2 产业园运营管理现状及存在的问题

自 1979 年的蛇口工业区取得巨大成功后，各种产业园如雨后春笋般不断出现。不可否认，它们在加速产业集聚、促进科技和经济发展方面贡献突出，但并非所有的产业园区都能实现预期效果，主要有以下几方面问题：

（1）园区主导产业定位不准。因缺乏系统研究本地区的资源优势和产业发展基础，所以，往往不能选择比较有优势的产业作为主导产业；加上部分地区产业园建设过剩，在招商竞争白热化的情况下，产业园招商企业在前期入驻的博弈中往往处于劣势地位，出现"能来一切都好谈"的现象。特别是对轻资产二房东模式的产业园区，"活下去"成为首要选择。产业园区主导产业不突出，产业无协作，对企业的助力仅仅停留在地产层面、产业集聚效应发挥有限。

（2）园区运营管理模式缺乏创新。随着市场竞争发展及科技元素介入，产业园区形态变得更加多元，汇聚的社会资源更加多样，配套设施更加完善，功能也越发复杂，因此对园区运营管理也提出了更高的要求。传统"租售+物业管理"的运营模式已不满足现行产业园发展需求。

（3）园区经营市场化程度不高。在产业园开发建设阶段，由政府统一部署安排，对产业园区的资金筹集、土地运用、招商引资等进行统一规划，可以保证园区项目迅速启动并尽快达到规模经济。但是，运营管理阶段，各项基础设施建设和服务配套陆续完成，政府的角色定位若无法实现从管理者向引导和服务者的成功转换，将会导致产业园管理偏离市场化、企业化轨道，不利于产业园区的长期可持续发展。

（4）数字化技术支持能力不足。从总体上来看，国内的产业园绝大多数存在数字化技术支持能力不足的问题，即使是第三和第四阶段新建的产业园，绝大多数还是仅仅开发一个物业管理信息系统或者购买单独的物业、财务、停车等系统，各系统相互独立、互不联通，导致相互隔离，并不能实现真正意义上的智慧运营管理目标。

10.3 产业园运营管理需求分析

随着社会经济的发展，产业园区形态变得更加多元，汇聚的社会资源更加多样，配套设施更加完善，功能也越发复杂，入驻的企业也各不相同，以及不同生活背景、不同教育水平的从业者，它们对园区的需求各不相同，例如，一般情况下，初创企业注重的是融资和销售渠道，而行业龙头企业更注重的是管理与品牌建立；高学历的青年人员更倾向于线上服务，而学历较低或年龄较大的从业人员更倾向于线下服务等。导致园区运营管理难度加大，对园区的服务也提出了更高的要求。

很多传统的园区管理者对园区企业、面积、租金等了如指掌，但很少有人对整个招商过程、园区企业及人员、设备运行等情况及未来趋势非常清楚，导致无法为园区企业及人员提供更好的服务，以及解决企业及人员所遇到的问题。为了能够给园区企业和人员提供更加优质的服务，首先，应充分了解园区企业和人员的需求，并针对不同企业、不同阶段、不同人员提供差异化的服务；其次，利用5G、物联网、大数据、人工智能等技术，将园区的设备和原本独立不开放的系统进行连接，通过设备和系统连接园区里面的人，包括园区管理者、企业、员工、访客、商家甚至政府等，进而进行数据沉淀，并利用数据作为支撑，为园区企业和人员提供更加优质、精准的服务。最后，通过部署传感设备、安防监控设备、智能办公设备、工厂智能装备等对基础信息进行采集，并利用BIM、GIS、5G、物联网、大数据、人工智能等技术，进行万物互联，最终实现可视化、精细化和智能化运营管理目标。

10.4　产业园运营管理趋势及优化策略

随着市场竞争发展及科技元素介入，产业园区形态变得更加多元，汇聚的社会资源更加多样，配套设施更加完善，功能也越发复杂，因此对园区运营管理也提出了更高要求。产业培育和服务，资源导流和落地，数字化应用和产业赋能，是园区运营管理最核心的竞争力，也是打造产业生态服务体系的关键节点。如何做好园区运营管理，应着重从以下几方面入手：

10.4.1　产业培育和服务

特别是创业初期的小微企业，因为小微企业产业资源不够、管理经验不足等，产业园可以发挥平台的作用为它们赋能，解决小微企业融资、人才招聘、产品宣传、市场营销等难题，帮助小微企业迅速成长并逐渐发展壮大，同样也有利于吸引更多企业入驻本园区，实现双赢或多赢的局面，例如，深圳湾科技园通过定期举办路演厅活动，设置相应的主题，可以有效解决园区内企业面临的融资、法务、财务和营销等方面的难题。

10.4.2　坚持产业集聚理念不动摇

因产业园建设周期长、投资规模大、回报慢，所以，在产业园开发和运营阶段，通常会面临很大的资金压力，尤其是在产业园运营早期阶段。因此，产业园运营平台企业在园区设计之初，就应坚持产业集聚理念不动摇，明确园区主导产业，在保证资金链安全的基础上，适当抬高招商准入门槛，保证入驻企业能够与产业链实质性对接，这样才能实现资源的有效配置，并通过企业之间的横向和纵向的联系，降低产品开发成本，充分发挥产业链的驱动效益和联动效益，最终实现产业集群的目标。

10.4.3 以龙头企业带动上下游企业协同发展

坚持以市场为导向，以行业龙头企业为依托，按照"引进一个项目、聚集一片园区、催生一个产业"的链式效益原则，带动产业链上下游企业协调发展。例如，新加坡裕廊工业园就引入跨国公司，并利用这些企业的辐射效益，延伸产业链条，吸引上下游企业在产业园区内集聚。又如，南京软件谷通过引入通信软件两大巨头中兴、华为，现已带动形成了超过数十家企业的通信软件产业集群。

10.4.4 加强产业园区企业间的沟通交流

产业园运营平台从园区可持续发展目标出发，注重园区内产业链的设计与搭建，对园区内的结果进行有意识地规划，以产业链为导向进行招商引资，吸引优质企业入园，为园区内的产业链培育和产业集群创造条件。在此基础上，产业园运营商应通过积极举办园区CXO俱乐部、人才沙龙、产业圆桌会议以及大型论坛等多种形式，致力营造园区创业兴业的软环境，加强入园企业的沟通交流与合作，强化产业链上下游企业间共生共存的密集联系。

10.4.5 推动园区运营管理向数字化转型

为了向入园企业提供更加优质、高效和便捷的服务，产业园应搭建统一的运营管理系统，通过对规划、设计、施工和运维阶段的信息进行全方位的采集、统计、分析和预测，能够透彻感知到园区内从地上到地下空间、从宏观建筑到具体设备的运行状况，感知人员与物质的流动，感知能源的消耗与预警，感知生态环境的变化，实现对园区的可视化、精细化和智能化管理，实现园区内地上、地下各项业务协同联动，实现安防、设施及其状态管理、能源管理和生态环境监测等的统一部署和动态协调调度，掌握园区产业链中各企业运营情况，从而为企业提供差异化服务，满足不同企业、不同阶段的需求。

10.5 深圳湾科技园区项目实践

10.5.1 项目概况

深圳湾科技园区项目包括深圳湾科技生态园、深圳市软件产业基地、深圳湾创业投资大厦等 7 个项目,是深圳高科技产业创新发展的代表性园区。园区总建筑面积约 362 万 m^2,以产城融合科技综合体为主要特征,可动态引进高新技术企业 1000 家,年产值超过 1500 亿元,税收超过 100 亿元。

10.5.2 建设目标

深圳湾科技园区通过建设智慧园区运营管理平台,实现园区各项运营管理服务的统一管理,给企业提供更优质的服务,从而打造园区产业创新生态系统。经过多方考察,深圳湾最终选定与左邻合作,打造 Mybay 智慧园区运营管理平台。平台建设目标和框架,如图 10-3、图 10-4 所示。

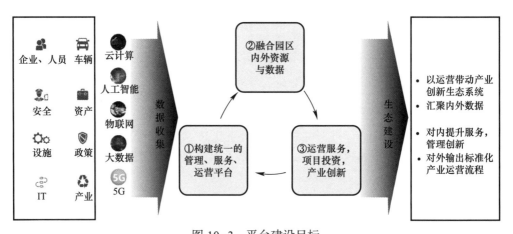

图 10-3 平台建设目标

图片来源:深圳市左邻永佳科技有限公司官网。

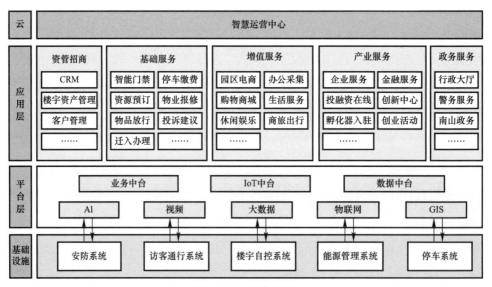

图 10-4 平台框架

图片来源:深圳市左邻永佳科技有限公司官网。

10.5.3 应用情况

1. 资管招商

房源资产+服务资产数据可视化,助力精细化招商及运营,实现从意向客户到客户入驻、续租、退租的全生命周期管理。

从意向客户到客户入驻、续租、退租全生命周期管理。

2. 基础服务

(1) 智能门禁

访客、门禁、闸机、梯控打通,面向常驻用户提供聚合通行权限的一码通小程序,面向访客提供轻量化的访客邀约小程序。

(2) 车辆通行

用户在线办理停车月卡、预约访客车辆,强化园区服务品牌;统一收费,跨系统聚合停车流水,缓解对账压力,同时提高通行效率。

(3) 物业服务

统一线上标准化流程,为园区企业、个人提供更加便捷的服务。

1) 线上化标准业务:物业保修、物品放行、迁入办理、装修办理等业务统一线上标准化,提供便捷服务入口。

2) 服务透明公开:物业服务流程化、可视化、支持查询和评价。

3) 提升工作效率:系统自动生成任务指标,提升管理效率及服务品质。

(4) 资源预订

园区会议室、场地、电子屏等资源线上预约,线上线下体验闭环。

3. 增值服务

(1) 园区食堂

技术赋能存量场景运营新思路,提升园区服务品质。

(2) 服务联盟

深圳湾通过与平台优质品牌服务商合作,园区企业及用户通过平台可以享受专属折扣,为企业及用户减负;通过平台整合优质商业资源,从温饱到品质,适应园区用户新的消费需求,打造良性互动服务闭环,进而为园区带来增值收入。截至目前,平台累计引入商家241家、品牌198个入驻,包括商旅、办公、消费服务以及线上电商平台等服务资源,构建商业业态丰富、产城高度融合的品质消费示范基地。

(3) 企业福利

积分卡将助力园区形成全封闭支付体系,并为企业谋取福利,如图10-5所示。

图 10-5　企业福利

图片来源：深圳市左邻永佳科技有限公司官网。

4. 产业服务

提供高端产业生态服务和优质产业生态资源，打造独一无二的产业生态系统，如图 10-6 所示。

图 10-6　产业服务

图片来源：深圳市左邻永佳科技有限公司官网。

10.5.4　建设成果

MyBay——"智慧大脑"重塑园区生活。园区中的企业和人员通过 MyBay 平台与园区管理方联系更为亲密，管理方能更快速地响应企业和人员的需求，为园区的企业和人员提供更加优质、高效的服务，增加企业和人员的黏性，同时，促进园区内及周边的经济活力，如图 10-7 所示。

图 10-7　建设成果

图片来源：深圳市左邻永佳科技有限公司官网。

（1）打通信息孤岛

改变传统园区工作与生活"状态"去掉线下低效的沟通环节。采用统一的平台，将园区内的空间资产管理、物业管理、服务管理、办公管理、企业服务和公众服务等一系列功能应用统一运营管理，打通各个系统的数据，实现信息联动，提高管理效率和决策科学性。

（2）塑造园区 style

MyBay 平台功能丰富、操作简单，形成多元化、多层次服务模式。通过平台的功能服务，培育用户使用习惯，增加园区企业、人员和园区之间的黏性，形成园区的特色服务。

（3）联动专业资源

发挥平台集聚效应，聚集园区及周边资源，从而打造服务生态链，提升产业运营与服务水平。

（4）数据沉淀

通过一系列服务，形成数据沉淀。经过后台分析处理后的数据，可反向优化园区运营，为进一步产业升级提供支撑。

（5）运营效果

深圳湾上线 MyBay 园区智慧运营管理平台后，取得了卓越的成果。例如，截至 2021 年 6 月 7 日，累计注册用户数达 72 万人，累计停车缴费流水达 8752 万元，累计资源预订流水 897 万元和累计发布活动数达 434 次，如图 10-8 所示。

首先，通过梳理产业园发展历程，调研和分析产业园运营管理现状及存在的问题，发现大部分产业园主要存在园区主导产业定位不准、园区运营管理模式缺乏创新、园区经营市

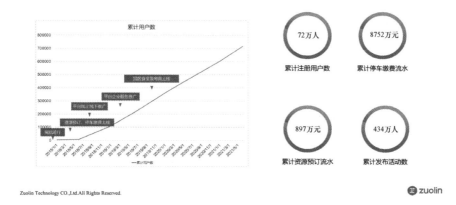

图 10-8　相关运营数据

图片来源：深圳市左邻永佳科技有限公司官网。

场化程度不高和数字化技术支持能力不足的问题。其次，通过深入了解现代产业园运营管理需求，并结合未来发展趋势，提供五大优化策略，主要有：产业培育和服务、坚持产业集聚理念不动摇、以龙头企业带动上下游企业协同发展、加强产业园区企业间的沟通交流和推动园区运营管理向数字化转型五大策略。产业园应发挥平台作用进行产业培育、产业集聚，并引进行业龙头企业带动上下游企业协同发展，延伸产业链条，聚集产业资源，帮助解决企业融资、人才引进和市场营销等方面难题；通过数据化转型升级，将设备设施互联互通、数据资源开放共享，实现对园区资源优化配置与集约化利用，提高园区运行效率，有效降低运营管理成本。同时，提高园区数字化、在线化、智能化和精细化管理水平，提高办事效率，缩短办理流程和时限，为园区入驻企业和人员提供更优质、更便捷的服务，增加客户黏性，从而达到园区运营增值创收的效果。最后，通过深圳湾科技园区项目实践案例，介绍如何有效提高园区运营管理与服务水平，可以为国内其他产业园提供良好的参考与借鉴。

本章参考文献

［1］卢启建. 产业园区运营管理的问题研究及策略分析［J］. 住宅与房地产，2023，（24）：39-43.

［2］广东招商网. 松湖智谷产业园［EB/OL］. https://gd.zhaoshang.net/yuanqu/detail/12503/intro，2024-5-10.

［3］左邻永佳官网［EB/OL］. https://www.zuolin.com/.

［4］方东平，张新长，陈向东，等. 智慧园区应用与发展［M］. 北京：中国电力出版社，2020，11.

［5］白云龙. 产业园区运营管理趋势及其设施设备管理问题与对策［J］. 商展经济，2022，（16）：112-115.

[6] 高成. 5G对提升产业园区运营管理水平和产业集聚度的影响研究——以上海产业园区为例［J］. 企业改革与管理, 2022,（07）: 153-155.
[7] 华声在线. 阳卫国: 在发挥产业优势中拉长链条、补齐短板［EB/OL］. http://opinion.voc.com.cn/article/201712/201712210834516117.html, 2017-12-21.

第 11 章 绿色与可持续建筑技术专篇

11.1 绿色与可持续发展理念与实践

随着全球对气候变化问题的日益关注，低碳发展已成为国际社会共同应对挑战的关键举措。双碳目标的提出，即实现"碳达峰"和"碳中和"，展现了我国在保护环境和履行国际责任方面的决心。低碳发展还能够促进产业升级和结构调整，推动传统制造业向更加环保、智能化的方向发展，实现高质量发展，为经济增长注入新的活力。

绿色制造和低碳发展是当前工业生产的重要趋势，工业建筑通过引入可持续技术和提高能源效率，可以减少工业生产对环境的负面影响，进而实现经济的可持续增长。工业企业生产采用环保技术，提高能源效率，减少污染物排放，有助于降低能耗和提高资源利用率，为企业生产带来实实在在的经济效益，提升其市场竞争力。

11.1.1 绿色工业建筑国内发展情况

1. 绿色工业建筑发展情况与趋势

随着我国工业体系的不断扩大，建筑能耗和碳排放量呈上升趋势，政府和相关机构出台了一系列标准和导则，推动绿色工业建筑的发展。

在政策层面，住房和城乡建设部于 2010 年颁布了《绿色工业建筑评价导则》，为工业建筑的规划设计和运行管理提供了绿色建筑技术应用指导。2014 年《绿色工业建筑评价标准》开始实施，该标准针对工业建筑的全生命周期提出了明确的计算和统计要求，特别是在能耗和水资源利用方面。标准的出台为绿色工业建筑的评价和实施提供了依据。

为更好地实施评价标准，住房和城乡建设部发布了《绿色建筑评价标准》进行具体指导。现行国家标准《绿色建筑评价标准》GB/T 50378 将绿色工业建筑定义为能够最大限度地节约资源、减少污染、保护环境，并提供适用、健康、安全、高效使用空间的工业建筑。评价分值权重倾向于节地、节能、节水、室外环境等方面，如图 11-1 所示。

在工业建筑的发展趋势上，随着高科技新技术的快速发展，传统的简单体力劳动工业生产流程逐步向智能制造方向升级转型，工业建筑的使用内涵开始发生变化。因此，为生产者提供良好的生产工作条件、实现以人为本的作业环境成为工业建筑关注的内容。绿色工业建筑在设计中也开始考虑满足安全性能、提升使用环境品质标准等因素。

表 4　GB/T 50378—2019《绿色建筑评价标准》
Table 4　GB/T 50378—2019 Assessment standard for green building

项目	总分值	评分项（项数）	分值
安全耐久	100	安全（5）	53
		耐久（4）	47
健康舒适	100	室内空气品质（2）	20
		水质（3）	25
		声环境与光环境（3）	30
		室内热湿环境（3）	25
生活便利	100	出行与无障碍（2）	16
		服务设施（3）	25
		智慧运行（4）	29
		物业管理（4）	30
资源节约	200	节地与土地利用（3）	40
		节能与能源利用（6）	60
		节水与水资源利用（4）	50
		节材与绿色建材（5）	50
环境宜居	100	场地生态与景观（5）	60
		室外物理环境（4）	40

图 11-1　《绿色建筑评价标准》评分表

高标准厂房作为绿色制造的主体和载体，在推动工业可持续发展和生态文明建设方面发挥着重要作用。根据国务院发布的《中国制造 2025》文件中的规划内容，高标准厂房的建设被明确列为"绿色制造工程"的重要目标之一。通过制定绿色产品、绿色工厂、绿色园区、绿色企业标准体系，并开展绿色评价，促进工业领域的绿色转型和升级。

工业和信息化部发布的《关于开展绿色制造体系建设的通知》进一步明确了高标准厂房在绿色制造中的核心地位，并优先在钢铁、有色金属、化工、机械、汽车、轻工等重点行业开展高标准厂房创建。创建工作则通过采用绿色建筑技术、预留可再生能源应用场所、优化能量流和物质流路径、采用清洁生产工艺技术和高效末端治理装备等手段，推动工厂的绿色发展。2018 年发布的《绿色工厂评价通则》作为"工业上楼"厂房评价的基础指南规定了高标准厂房评价体系的框架，如图 11-2 所示。《通则》强调了厂房在用地集约化、原料无害化、生产洁净化、废物资源化、能源低碳化等方面的表现。

2. 绿色工业建筑特点

绿色工业建筑已成为推动工业领域绿色转型的关键力量。与民用建筑对比，绿色工业建筑在设计时，首要考虑其生产工艺的特定需求。与民用建筑相比，绿色工业建筑在平衡

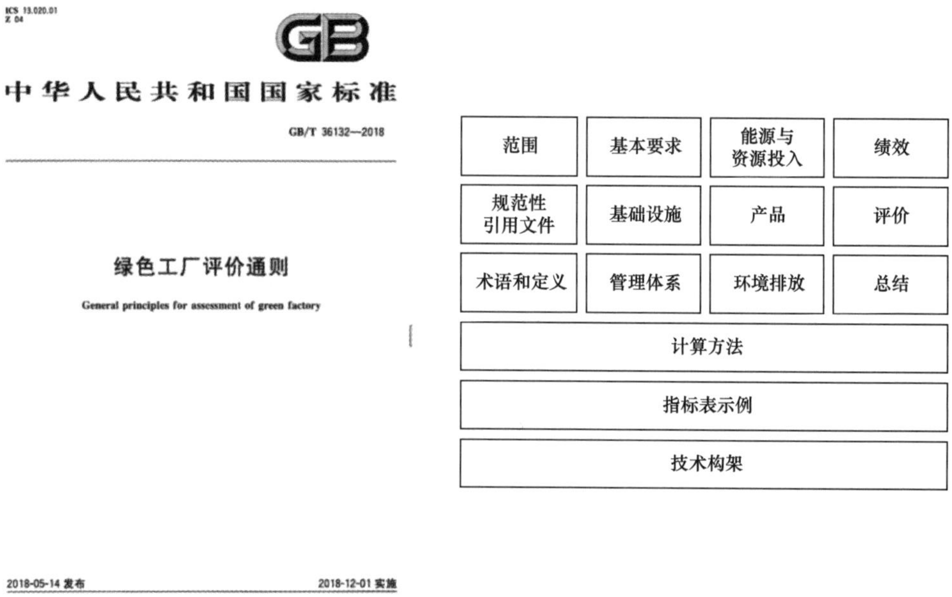

图 11-2 《绿色工厂评价通则》内容引导绿色工厂发展方向

环境效益与生产效率方面面临着更为复杂的背景，如图 11-3 所示。"工业上楼"模式通过在有限的空间内实现更高的生产效率，提高土地利用率，减少对自然土地的开发需求；通过集中化的管理和高效的设计，降低工业活动的能耗和排放，减少生态足迹，在城市规划中促进环境友好型工业的发展。

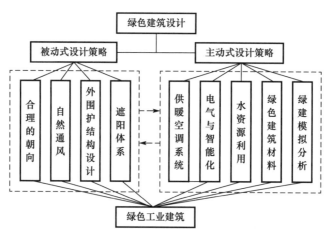

图 11-3 从绿色建筑到绿色"工业上楼"建筑

3. 绿色工业建筑的类型特点

为确保生产过程的稳定性和效率，《绿色工业建筑评价标准》相对高于普通民用建筑，特别是在需要特定热、湿、风速或空气质量环境的生产空间中尤为突出。同时，对于大部分工业空间，须遵循如现行国家标准《工业企业设计卫生标准》GBZ 1 等规范，以保障生产人员的职业健康,除了主要生产空间外,生产辅助空间如办公室、值班室和操控室等也需要满足人员的热舒适性要求,确保员工在相对舒适的环境中工作。

"工业上楼"厂房空间功能种类繁多,可能在同一栋楼或同一楼层里涵盖从加工厂到储藏库到运输出货等各种用途。如一些加工厂可能需要更多的自然通风来减少热量和湿度,而上下楼层的储藏库则可能需要更好的保温性能来确保存储物品的质量,连续生产和批量生产对空间布局和环境控制的需求也各不相同。在采用绿色设计策略时,需要根据高层厂房独特的环境需求和性质进行分析研究,根据需求进行调整;通过对不同类型的工业厂房应用相应的设计策略,提升绿色工业建筑的环境性能和生产效率,推动工业建筑的绿色发展和可持续发展。

11.1.2 "工业上楼"可持续发展意义

建筑可持续概念强调在全生命周期内实现资源(包括土地、能源、水和材料)的最大化节约、环境保护以及污染减少,为居民和工作者提供健康、舒适且高效的工作与生活空间,如图11-4所示。绿色建筑设计的实践不仅遵循综合性的规划原则,还深入分析场地特性、建筑功能与特点,确保达到节能环保和绿色生态的高标准。

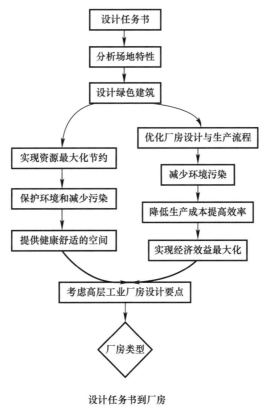

设计任务书到厂房

图11-4 "工业上楼"厂房绿色设计方法(一)

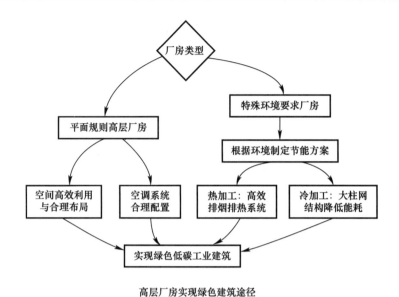

高层厂房实现绿色建筑途径

图 11-4 "工业上楼"厂房绿色设计方法(二)

在现代工业发展中,绿色低碳生产有助于大幅减少生产活动所产生的如废气、废水和固体废弃物等环境污染,而且可以通过优化厂房设计与生产流程,有效降低生产成本并提高生产效率。绿色低碳设计在应用于不同类型的高层工业厂房时,须关注多个关键设计要点。对于平面相对规则的高层厂房,应着重考虑空间的高效利用和流线的合理布局,同时重视空调系统的合理配置,以确保良好的通风排气效果。对于生产加工过程环境要求较高的厂房,则应根据加工时的环境,如冷加工和热加工的不同特点,分别制定环保节能方案,热加工厂房须配备高效的排烟排热系统,而冷加工厂房则应考虑采用大柱网结构,以便工件运输并降低能耗。这些设计要点共同构成了实现绿色低碳工业建筑的基础框架,旨在推动工业生产的环境友好性和经济效益双向提高。

1. 绿色建筑设计的应用价值与原则

在工业建筑设计中,融入绿色建筑设计理念目标在于保护环境、节约资源,并同时满足工业化生产的需求。绿色建筑实践不仅体现在整合环保理念、使用环保材料和技术方面,还注重创建健康的建筑空间,实现资源的持续利用,以及最小化施工活动对环境的负面影响。确保工业建筑的功能需求与外在形态能够和谐地融入周边环境。

绿色建筑设计标准要求在整个工业建筑设计和施工过程中实现资源的高效利用,需要保护周边生态环境。设计应兼顾工业生产的具体需求和空间的适宜性,强调功能性与区域产业发展特色的融合。设计时需要深入理解绿色理念,通过创新设计手法,保证建筑与自然环境的协调共生,强调对自然资源和地形的尊重与有效利用,以实现低碳目标和后期使用的功能优化。

绿色工业建筑技术的选用强调"被动技术优先,主动技术优化"的设计原则。工业建筑密度高，体量大，设计注重被动式方法的采用可以确保技术的经济性、适用性、可靠性。通过结合项目所在地的特定条件，采用低成本高效益的原则，在景观规划、建筑设计、建造施工技术和运营维护等多个方面应用适宜的绿色技术，推动"工业上楼"与产城融合的高标准实现。

2. 双碳目标下工业建筑的节能减碳策略

工业建筑的节能设计在严格遵循现行国家标准《工业建筑节能设计统一标准》GB 51245 和绿色建筑相关规定的前提下，实现绿色节能工业建筑设计的关键要素包括外部环境，设计时须考虑周围环境对建筑能耗表现与可持续发展的影响。温度、太阳辐射等自然因素直接影响内部运行能耗，通过有效节能设计控制内部温度，同时建筑周边环境设计与考虑生态环境保护，确保建筑与城市风貌的协调。绿色工业建筑作为一种以可持续生产发展为目标的建筑实践，强调建筑设计和生产运营过程中对环境影响的最小化，确保生产或使用空间的人们能享受到高质量环境。

"双碳"目标提出后，我国陆续发布了重点领域和行业碳达峰实施方案和支撑措施，构建起"1+N"政策体系，确保如期实现碳达峰、碳中和。实现工业建筑节能减碳的目标，需要从设计、施工到运营全过程进行综合考量和创新实践，如图 11-5 所示。方案和策略包括采用高效节能材料、利用可再生能源、优化建筑布局和形态，以及应用智能控制系统等措施。工业建筑的节能减碳是一个系统工程，需要政策支持、技术创新和行业协作共同推进。

图 11-5 双碳"1+N"目标政策体系

11.2 能源利用与碳排放优化

在应对全球气候变化和推进绿色可持续发展的当下，优化工业建筑的能源利用和减少其碳排放成为一项紧迫的任务。在规划空间与建筑设计、采用环保建材与执行绿色施工过程、实现节水节能措施、部署绿色电气暖通系统，以及在运维阶段监测节能减碳排放等方面，可通过科学规划和技术创新，使工业建筑达到环境友好和资源高效利用的目标。本章节也涵盖节水方式暖通设计、电气设计和照明设计的节能减排策略与未来趋势，阐述如何利用智能技术和低碳技术，在建筑的运维阶段实现更好的能效和减少碳足迹。

11.2.1 规划空间与建筑设计绿色主动节能

1. 规划设计

在产城融合的大背景下，高标准产业园区的建设将"工业上楼"理念与现代化城市规划紧密结合，推动了工业与城市的高效协同，绿色规划设计理念特别强调规划与建筑的一体化。这要求在设计初期就全面考虑建筑的地理位置、环境条件、功能需求以及其与生产过程的协调性。

例如，点状绿地平面策略涉及在产业园区中散布小型的绿色空间，代表性例子包括小型公园或绿化带，其不仅增加了园区的美观性，还有助于提高生态价值，如提供野生动植物栖息地、减少城市热岛效应和改善空气质量；提升方法关注于如何在较小的空间内实现高效利用和美观，例如通过安装垂直花园、屋顶绿化，或是设置户外休息区，如图11-6所示。

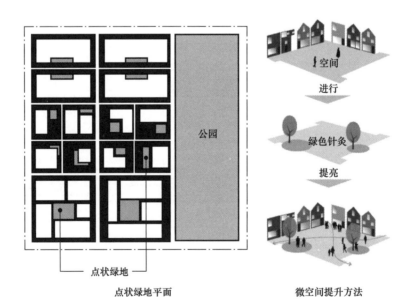

图 11-6　工厂与公共区域空间内点状绿地微空间

产业园绿地规划关注点包括延伸绿道次街轴线和开放绿地空间剖面两个核心元素。一方面，次街轴线通过在园区内部设置连续的绿化带，增加了通道的视觉美感和生态功能，同时可以提高步行和骑行的舒适性。另一方面，开放绿地空间剖面专注于设计多功能的公共绿地，绿地集休闲、社交与生态服务于一体，通过使用多样的本土植被、透水铺装及合理的休息和活动设施布局，增强了地区的渗水能力和生物多样性，绿色景观设计不仅需要关注自然条件，如光照、降水和地形等，还要求注重建筑对周边社会环境的影响，包括废弃物管理和污水处理系统的整合等方面，如图11-7所示。

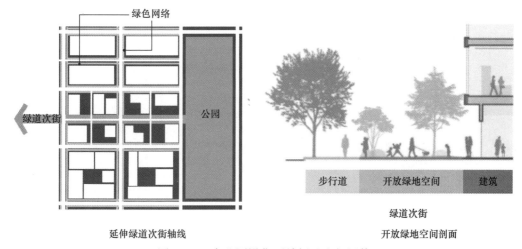

图 11-7 产业园沿街开放绿地空间网络

从规划阶段开始，尊重并保护自然生态的表现包括合理开发土地资源，顺应地形特点，限制土方量，以降低建设过程中的能耗，增加绿道与注重环境提升，并保护自然景观。

场地通风是规划厂房与产业园中重要一环：规划时的建筑布局直接影响场地的通风条件，对于需要良好通风的生产工艺，通过优化自然通风可以减少不必要的能源消耗。通过运用计算机模拟技术，对园区室外风环境进行模拟分析，以指导建筑布局的优化，如图 11-8 所示，从而营造更为舒适的微气候环境。

规划时需要考虑不同季节主导风向对规划区域内风速和风向的影响，还须注重冬季防风措施以降低采暖能耗，同时在夏季和过渡季节利用自然通风设计，减少空调能耗，提升室内外的热舒适度和空气质量。环境噪声预测与分析预防也是规划中的重要步骤，一般通过噪声分析软件，对园区进行环境噪声预测与分析，以指导建筑平面的布局优化，并采取有效的降噪措施。

规划植被选择时，应优先考虑适应本地气候的乡土植物，并采用多层次绿化策略。通过结合乔木、灌木和草本植物，提高植物的存活率，降低维护成本，同时强调本地植物资

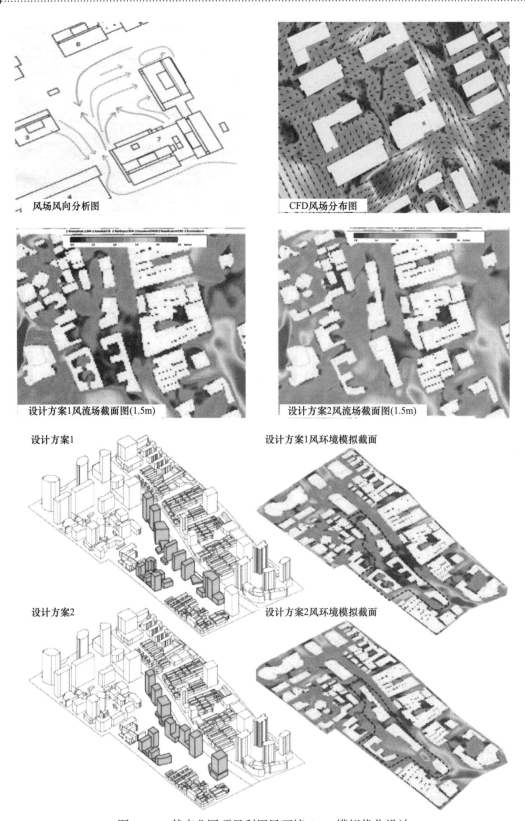

图 11-8 某产业园项目利用风环境 CFD 模拟优化设计

源的多样性和特色。植物多样性绿化策略有助于提升园区的生态美观度，通过吸收空气中的有害物质、减少噪声和调节微气候等方式，改善园区的整体环境质量。同时，提升工厂绿化覆盖率，需要通过丰富工厂的绿化环境，营造良好的微气候，调节空气温湿度，吸收有害气体，留存并净化水资源，有效降低热岛效应，最小化工业生产对环境的影响。

高标准产业园在规划设计中应融入"海绵城市"理念，通过选用植草砖、透水砖等环保材质，并在部分绿地采用下沉式绿地设计，以有效应对城市雨水管理和生态恢复的需求，如图11-9所示。"海绵城市"规划做法有助于提升园区的雨水利用效率和防洪排涝能力，还通过减少径流污染和改善水生态环境等方式，为城市可持续发展作出了积极贡献。

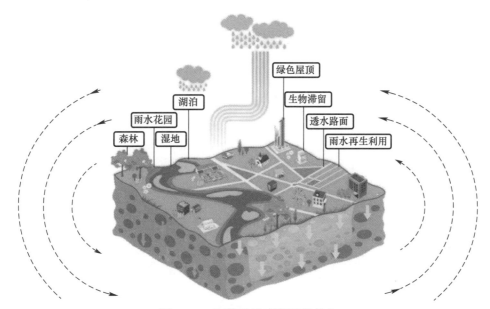

图 11-9　海绵城区建设运营理念

2. 建筑空间设计

高标准工业厂房设计应在满足现行国家标准《公共建筑节能设计标准》GB 50189 的贯彻实施的前提下，确保建筑设计的合理性、节能性以及环境友好性。建筑立面设计充分考虑夏季遮阳和室内光环境的需求，实现有效的外遮阳，确保室内光照的舒适性和均匀性，提升建筑的环境性能。为了优化产业园区内的工作环境，建筑设计应积极采用开放式空间设计，如大开间敞开式空间、玻璃隔断等，促进团队协作和交流，提高空间的灵活性和利用效率，创造舒适且高效的工作环境。

建筑出入口应考虑无障碍设计，在产业园中创造一个包容性的环境，确保园区内工作人员与园区生活人群都能方便地使用建筑设施。道路、建筑入口、电梯以及公共卫生间等都按照无障碍设计的要求进行规划，体现人性化的关怀，提升园区的可达性和便利性。

(1)建筑空间被动式设计策略

被动式设计策略是一种依托自然原理（如阳光、风力、气温、湿度）的建筑设计方法，通过规划、设计和环境配置，改善并创造舒适的居住环境，尽量减少能源消耗。通过合理利用自然资源，降低对机械设备的依赖，以实现建筑节能和环保目标。同时结合地域性的传统建筑智慧与现代建筑技术，创造更适应自然环境、节能高效的工业建筑。

工业建筑空间绿色设计方法途径包括合理的朝向：通过考虑建筑的方向，最大化自然光的利用，减少能源消耗；自然通风：利用自然风力来提供有效的通风，减少对空调系统的依赖。优化建筑的外围护结构，提高其保温隔热性能，减少能耗，遮阳系统设计中通过遮阳装置减少夏季过量阳光的直射，降低室内温度，减少冷却需求；基于被动式设计的绿色建筑模拟分析，运用模拟分析工具，优化设计方案，确保建筑的节能效果。

华阳国际东莞产业园研发楼项目设计以岭南的气候条件为核心思路，采取将建筑底层四周架空并嵌入双中庭结构的创新措施，在建筑的两端加设了户外楼梯，确保建筑整体的开放性和通风性，优化了风场的流动性，如图11-10所示。为了促进垂直方向上的通风，设计中在中庭的屋顶部分安装了电动百叶窗，利用烟囱效应产生的风压差，促进外部风力穿透建筑内部，有效散热降温，提升建筑内部微气候的舒适度。

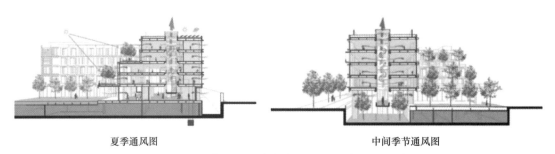

夏季通风图　　　　　　　　　　　　中间季节通风图

图11-10　华阳国际东莞产业园研发楼通风设计

在绿色建筑设计中，被动式设计与主动式设计相辅相成。主动式设计主要依赖于机械设备和先进技术手段来优化能源使用效率，而被动式设计则更加注重通过自然条件的利用和建筑设计的智慧来达到节能的效果。

(2)形体设计的集约化

形体设计的集约化有助于优化空间利用率，减少建筑对土地的占用和环境破坏，同时通过减少建造过程中的材料消耗和能源需求，促进成本节约。集约式建筑形态有助于提高热稳定性，降低能源供应设备的负担，还为园区内外部的生态环境建设提供更多的空间，使建筑与自然景观和谐融合。

(3)局部空间设计

在空间设计方面，采用浮力通风和院落采光等策略，可以有效提高建筑的自然通风和采光效率，减少对人工照明和空调的依赖。例如，通过热压通风实现自然温度调节和通风，以及通过院落设计引入自然光照，均有助于降低建筑的能耗。通过不同功能区的空间环境分区，可以根据各区域对环境舒适度的不同需求，实现资源的合理应用和能源的高效利用。

（4）遮阳界面设计

界面设计通过围护结构的保温隔热、绿化设计和采光设计等技术，降低建筑能耗和碳排放。保温隔热设计减少热量损失，立面和屋顶绿化通过植物吸收二氧化碳并提供阴凉，以减少建筑表面温度，而屋顶采光则提高了车间内部的自然照度，减少了对人工照明的需求。

在高层厂房建筑设计中，合理的遮阳设计是关键因素，其直接影响到室内的舒适度和能源效率。遮阳设计通过减少阳光直射面积和时间，有助于降低室内温度和减少冷却设备的能耗，从而实现节能目标并提高室内舒适性。有效的遮阳还能防止眩光，提升视觉舒适度，进而提高工作效率。

在选择遮阳形式时，根据厂房的建筑特点和功能需求，可以选择采用内部遮阳或外部遮阳。内部遮阳通过安装百叶窗、窗帘等设施减少阳光直射，而外部遮阳通过设置遮阳板、遮阳棚等构件直接阻挡太阳光线，减少热量传递。在实践中，外部遮阳由于其在阻断太阳辐射方面的高效性，常被视为更优选项，如图11-11所示。遮阳构件与厂房的一体化设计强调遮阳功能的实现，同时也注重建筑美学和整体性。通过遮阳构件与立面设计结合，从而赋予厂房独特的地域特色和美感。

深圳低碳城的标志性建筑"绿坊"

深圳南头古城"创意工厂"

图11-11 多层厂房绿色围护结构

3. 结构设计

工业建筑的绿色节能设计需要在建筑结构方面进行优化，可以采用先进材料和合理设计，以减少能源消耗和环境影响。选用高强度、长寿命的材料不仅能提升高层工业建筑的抗冲击能力，可以为建筑提供更为坚固的基础，还能减少因维修或更换材料而产生的资源消耗。例如，采用高性能混凝土和钢材，可以有效提升结构的耐久性和抵抗自然灾害的能力，从而降低整体的维护成本和环境影响。其次，合理的采光与通风装置布局不仅能够确保室内光线充足、空气流通，选择合理结构体系，优化结构设计，在满足规范和计算要求的基础上尽量减少混凝土等传统高碳排放建筑材料的使用，使建筑物达到可持续发展的要求，同时还要考虑自身建筑结构及使用功能的综合需求，尽可能降低能源消耗。

在建筑设计过程中，应用节能环保材料也能很好地体现可持续理念。环保材料有助于降低能源消耗，提升建筑的整体性能。同时，还需要充分考虑建筑的结构和使用功能，确保设计方案能够兼顾美观与实用，实现经济与环境的双重效益。为确保建筑的安全性、经济性和适用性，同时减少材料浪费和环境污染，在高层工业建筑中采用高性能材料，如预拌混凝土、预拌砂浆以及 HRB400 以上的高强度钢筋等材料。

结构设计应该遵循国家相关标准，综合考虑地质条件、建筑功能、抗震设防等级以及施工技术等多方面因素。从地基基础到结构主体，再到构件选型，以确保最终方案的安全性、经济性和适用性。这种以材料节约和环境保护为核心的设计理念，为产业园区的可持续发展奠定了坚实基础。

4. 构筑物与围护结构的节能改造

高标准产业园区的建筑设计需要注重提升围护结构的保温隔热性能和降低能耗。在满足功能需求的同时，实现建筑能耗的最小化，降低运营成本，提升工业建筑的整体性能：鉴于工业建筑生产过程中可能会面临高温、高压、高湿、高寒等特殊生产条件，为提升其整体性能，通常在建筑物外部加装保温隔热材料，或对设备外壳进行专门设计，合理配置生产与能源设施，调整建筑内部设备布局，强化设备保温技术，并精确控制室内温度。

昆山和椿科技二号厂房在设计过程中采用计算流体动力学（CFD）技术，对建筑内部的通风流量和温度进行了模拟，如图 11-12 所示。利用结构构件，将其与通风窗、天窗巧妙结合，该方案实现了全建筑的空气对流和温度调节，同时引入自然光照，降低了建筑的能源消耗。建筑采用了中空表皮设计，增强了自然采光效果，促进了空气的自然对流。

通风井道内部

通风井道整体

图 11-12 昆山和椿科技二号厂房（一）

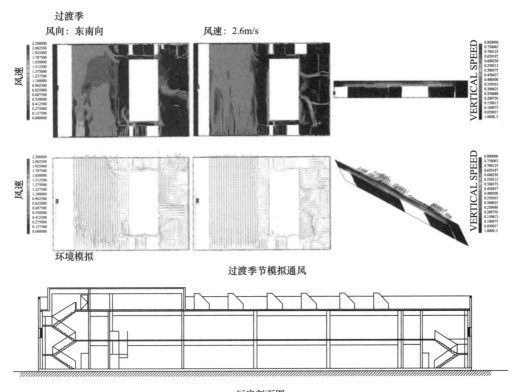

厂房剖面图

图 11-12 昆山和椿科技二号厂房（二）

11.2.2 环保建材与绿色施工过程

在高层工业建筑建设过程中，建筑和装修设计的同步进行也是高标准产业园区建设中的重要一环。确保装修与土建、结构、给水排水、暖通和电气等专业的紧密合作，从方案设计到施工图制作保持高度协调，实现设计和施工的无缝对接，降低材料消耗和装修成本，确保建筑结构的整体性和安全性。

在进行工业化建筑设计建设的过程中需要遵循可持续发展原则，加强对施工过程中环境的保护，避免施工废材对施工地点周边环境造成污染，坚持可持续发展目标。相比于传统工业建筑施工建设，环境保护理念极大地影响了现代工业化建筑类型，也对工业建筑设计起一定的规范作用。

绿色节能施工技术科学应用是确保工业建筑施工各步骤能够有效利用新技术降低碳排放的关键。施工技术应用涉及人力、物力资源的投入，包括技术信息和设施设备的支持，当这些因素之间协调一致时，技术应用才能达到最佳效果。

在工业建筑中，包括可回收的钢材和混凝土在内的绿色环保材料促进了废旧材料的二次利用，同时减少对自然环境的潜在危害。施工过程中不断加强对建筑周边环境的实时监控与数据分析,借助大型计算机网络系统来收集和处理相关工程数据,设计施工团队能够基于实时数据对设计方案进行有效分析、优化和完善,确保建筑设计的实用性和施工过程的高效性及可持续性。

临港重装备产业区厂房施工通过采用装配整体式钢筋混凝土框架结构,并设置黏滞阻尼器,如图 11-13 所示,从而实现消能减振,增强建筑的抗震防灾能力,此设计还通过减轻构件自重,促进预制装配率的提升,采用预制预应力混凝土的双 T 板叠合楼盖技术,实现大跨室内空间实际,对框架梁、柱以及节点的配筋和连接方式进行优化,提高了装配式框架的施工效率。

施工现场箍筋　　　　　　　　　减振设施

图 11-13　临港重装备产业区厂房施工现场图

工业建筑的绿色环保程度贯穿其开发和应用的全过程。因此,工艺设计步骤也应从绿色环保角度进行优化,以最小化对环境的负面影响,同时满足建筑的外观和功能需求。具体到施工和工艺细节,绿色建筑节能技术的应用(如 BIM 技术)可以通过先进的建筑工程模拟软件观察并优化建筑项目的整体或核心工艺步骤的环保效果。

11.2.3　建筑节水节能

在高层工业建筑给水排水设计中,通过采用先进的节水技术和节能设备,可以降低建筑在使用过程中的能源和水资源消耗。通过优化给水排水系统设计、选用高效节能的水泵和管材、推广雨水收集和利用等措施,可以实现建筑给水排水的节能减排目标。

1. 调整工业用水结构

随着工业化的快速发展,水资源短缺问题日益严峻。工业企业应改变传统的用水观念,注重节水节能。通过引入先进的节水技术、优化生产流程、提高设备效率等措施,降低单位产品的水耗和能耗。同时,加强用水管理,通过建立完善的计量和监控体系,确保水资源的合理利用。

其次,工业企业应积极推广水循环利用技术。通过将废水进行处理和回用,减少城市供水的使用量,降低生产成本和环境压力。园区运营方应积极探索雨水收集和利用的途径,将其作为补充水源,提高水资源的利用效率。

2. 给水排水系统的合理规划

给水排水系统的合理规划是确保生产顺利进行和环境保护的关键。设计人员在进行规划时,需要全面考虑生产区的建设规划、水资源状况以及环保要求等多方面因素。设计应深入了解生产区的建设规划,包括生产规模、工艺流程、设备布局等,以确定给水排水系统的需求和限制;还需要考虑水资源的可靠性和可持续性,确保系统能够满足长期的生产需求。给水排水系统的规划应与道路系统相协调。由于管道通常铺设在园区道路下方,设计人员需要精准掌握工程布局,避免与道路系统发生冲突。同时还需要根据地基布局图对给水排水系统进行精确设计和优化,确保管道的走向、埋深、管径等参数符合规范要求。

设计时应优先选择高效、节能的水泵、阀门等设备,并采用先进的控制技术,实现系统的自动化和智能化管理,如图 11-14 所示。通过雨水收集、中水回用等措施,提高水资源的利用效率,减少废水排放对环境的影响。

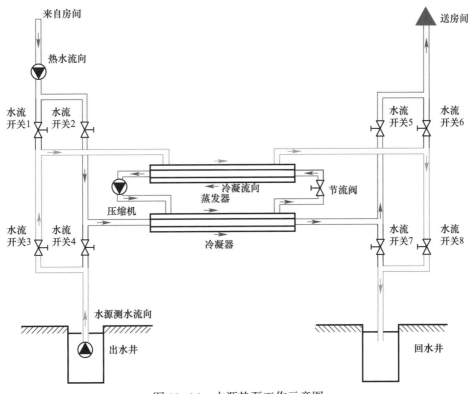

图 11-14 水源热泵工作示意图

3. 科学选用管材

管材的选择对于工业建筑给水排水系统的正常运行和水质保障十分重要。不同材质的管材具有不同的性能特点和使用场景，在给水排水设计过程中，需要根据实际需求和用途科学选择管材。例如，建议采用铜管、不锈钢管、聚丙烯管等更经济且环保的管材；使用优质水箱，如搪瓷钢板水箱、组合式玻璃钢水箱等，提升选材的合理性与针对性。对于地下集水坑的污废水排水管，应选择具有耐腐蚀、耐酸碱等性能的管材，如钢塑复合管等；对于排水横支管，可采用耐酸碱、耐腐蚀的 UPVC 塑料排水管等。通过科学选用管材，确保给水排水系统的安全性、耐用性和环保性，为工业建筑的可持续发展提供有力保障。

在建筑给水排水系统设计中，管道材质的选择通常根据用户的用水量来确定。部分地区已开始对建筑给水管道的最大压力值进行限制，为了确保系统的稳定性和持久性，需要考虑水质和影响人体健康的因素，选材时须格外谨慎。在选择管道材质时，还需要综合考虑其他因素，如管道的承压能力、耐温性能、抗冲击性以及环保性等。只有全面考虑这些因素，才能确保所选管道材质既符合建筑给水排水系统的设计要求，又能满足长期使用的需要。

4. 改进中水废水管道设计

在市政工程中，供水管道的水压是恒定的，但对于高层工业建筑来说，在其高峰时期供水量大的前提下，保证水流稳定需要特殊考虑。城市中水管网与城市污水处理流程，如图 11-15 所示。为了确保高楼层的正常供水，一般需要对原有的供水管道进行优化设计。高层用户采用优化设计后的给水排水管道，而低楼层用户则使用市政工程给水排水管道，这样可以更好地平衡水压，确保高层用户的正常用水。

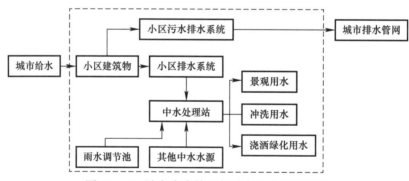

图 11-15 城市中水管网与城市污水处理流程

选择性能较好的设备也能提升给水排水系统节能减排效果。在高层建筑的热水供应中，传统的电能加热方式能耗较高，目前，我国的光伏太阳能利用技术已经相当成熟，许多建筑供水系统都开始采用太阳能作为热能供源，太阳能作为一种清洁能源，具有巨大的应用潜力。

随着工业化的快速发展，工业废水的排放量不断增加，给区域水资源生态环境带来了严重的污染。为了缓解这一问题，中水回用技术应运而生。中水是指经过处理后可以再次利用的生活污水和工业废水。通过中水管道系统，将废水收集起来进行集中处理，然后回用于冲厕、绿化、道路清洗等用途。同时，引入先进的处理技术和设备可以提高中水的利用率和处理效果，采用生物处理技术、膜分离技术等对中水进行深度处理，以去除其中的有害物质和杂质，提高水质标准。同时，可以考虑将中水回用于冷却循环水系统、景观水体补充等更多领域，以进一步拓展其应用范围。

5. 设置雨水管道

雨水是通过收集和处理后可以作为多种非饮用水用途，在建筑给水排水系统设计中设置雨水管道是实现雨水收集和利用的重要手段之一，如图11-16所示。

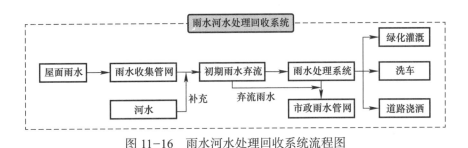

图 11-16 雨水河水处理回收系统流程图

雨水作为一种天然的水资源，其合理利用对于提高工业建筑给水排水系统的效率和可持续性具有重要意义。通过科学设计雨水收集系统，将自然降水进行有效收集和储存，经过适当的处理后，可用于绿化喷洒、灌溉等用途，从而减少对新鲜水资源的需求。雨水收集系统的设计还须考虑与市政管道的协调，避免增加市政管道的负担。有效利用雨水资源与建立完善的中水系统也是实现节能减排的重要途径。通过建立中水系统，将废水收集起来进行处理，然后用于冲厕、绿化、道路清洗等用途，从而实现对水资源的最大化利用。这不仅可以节约大量的自来水资源，还可以减轻城市污水处理厂的负担，促进城市的可持续发展。

为了实现废水零排放的目标，需要重视工业建筑给水排水设计中的废水回收与再利用。通过高效的废水处理技术和设备，将生活污水和工业废水进行二次开发与利用，可以提高水资源的利用率，有效减少新鲜水的需求，进而达成节能环保的目的。在给水排水设计初期，优先考虑废水的回收和处理系统，确保废水在经过适当的净化和沉淀后，能够再次用于工业建筑中的冲洗、道路喷洒等非饮用水用途。

6. 节水新方式与未来趋势

高标准产业园区的给水排水设计需要充分考虑节水要求、水环境规划以及可利用水资源等实际情况，因地制宜的水资源利用方案得以制定，实现水资源的最大化利用和节约。

为了确保热水的连续供应，可以采用闭式系统的承压式空气源热泵热水系统，与同源同质的设计理念相结合，有效控制无效冷水量，确保系统的节水节能效果。同时，太阳能热水系统的设计应考虑运行管理条件、集热系统布置方式等因素，以实现热水耗热量的有效控制，减少冗余量，提高水资源利用率。合理利用市政供水压力、设置减压阀以及采用变频加压供水设备等措施，保证了供水压力的稳定和适宜。

在未来园区规划时，优先整合先进的水资源回收技术，并采用太阳能技术为节水设备供能，可以减少资源浪费，降低工程成本和运营成本，同时利用自动控制技术提升给水排水系统的节能效果和室内环境质量。

11.2.4 绿色电气暖通（HVAC）系统

高标准产业园区的暖通设计要求高效且节能。为提升工业建筑的整体性能，尤其是面对高温、高压、高湿和严寒等生产条件，应在暖通设计上采取相对应的措施。

1. 暖通设计

通过合理配置能源设施、调整工业建筑内部设备布局，加强外墙保温技术以及控制室内温度等措施，达到降低建筑整体的能耗水平并提升能效的效果。通过监测能耗数据和对节能改造技术进行优化，改善建筑整体性能。

过渡季节，引用新风系统替代全新风运行，利用自然通风降低能耗，既节能又环保。以及地下车库、卫生间等关键区域的机械通风设计，可以确保系统高效运行，同时降低能源消耗。在工业园区中引入能源回收系统（Energy Recovery Systems，ERS），高效节能技术逐渐成为趋势，该系统的核心在于通过不渗透的隔墙实现两种流体（如空气或水）之间的显热交换，而无需这两种流体直接接触。系统利用导热介质隔离具有温差的流体，在确保不相互污染的前提下进行热量传递。在建筑领域中，能源回收系统通常作为热交换器使用，广泛应用于排风管道、锅炉烟囱或废热管道中，回收其中蕴含的热量。通过并置送新风或送净水管道与排废气或废水管道，再利用传热介质实现能量转移，降低建筑在加热新风或净水过程中的能耗。该系统是在热需求量大且新废流体温差大的情况下，使用能源回收系统所带来的经济和环境效益尤为显著。

个性化送风系统是一种创新的空调技术，其为用户提供了一种高度定制化的送风体验。该系统能满足用户的独特热舒适需求，通过允许用户在工作区附近的末端风口自主调节送风量和方向，实现对局部热湿环境的精细化控制，确保新风能够直接送达用户的呼吸区，为用户创造一个舒适、健康的工作环境，还因其针对性的送风方式，降低空调系统的整体能耗。

2. 通风设计

"工业上楼"建筑通风在保证室内环境控制和排放限值要求的前提下，应从以下几个方面进行分析并采取措施，才能践行绿色发展理念的要求。

(1)通风分区设计

随着技术的进步,工业建筑面积增大,多种工艺流程并存,产生不同种类的污染物。依据国家职业卫生限值标准,不同污染物具有不同的室内浓度限值。通过计算得出各自所需的控制通风量,建筑内部通风应合理分区,降低总通风量,提高能耗效率。

(2)通风量控制设计

工业生产中污染源强度随工艺变化而呈周期性变动。若通风系统设计基于最大强度,则会导致捕集效率降低,形成无效通风。通过精准掌握污染源变化规律,实施通风量控制设计,调整通风量以匹配污染源控制需求,可提升污染物捕集效率,降低系统通风量及能耗。

(3)捕集装置的选型及优化设计

控制污染物逸散是工业建筑通风的重要目标,以保障工作场所职业卫生。不同通风罩的效率各异,因此在通风设计中须优化捕集装置的选择。优化措施包括工艺优化、捕集装置选型及其与污染源相对位置的优化,可以降低通风量和能耗,同时防止车间气流对捕集效果的干扰,提高捕集效率。

(4)全面通风优化设计

控制室内污染物浓度是工业建筑全面通风的主要目标,满足职业卫生标准或工艺要求。在高污染工业建筑通风设计中,应避免无组织补风,减少能耗和避免空调或供暖系统效率降低等问题。同时考虑局部通风时,应提高污染物控制效果,减少逸散,慎重采取全面通风措施,并考虑自动化环境下工作人员固定的位置和行走路径,采取个体防护措施保护人员职业健康。

在盐城市城南新区南海未来城智慧学习中心项目中,一个高达34m的中庭不仅从视觉上连接了建筑的下部与上部体量,创造了一个活力四溢的垂直公共空间,更在功能上发挥了作为热压竖井的重要角色。

热压竖井,作为一种被动式建筑设计策略,能够有效地利用自然通风原理,优化建筑内部的微气候环境。该中庭的设计巧妙地结合了热压机制下的自然通风和低压置换通风,形成了一种高效的混合通风策略。其顶部大面积开启的设计,配合上小下大的文丘里管效应,有效地提高了中和面,使中庭内部形成了有序的气流组织。为了验证中庭设计的通风效果,项目团队使用了模拟软件 Openfoam v6 进行中庭风压通风与热压通风情况的模拟,如图 11-17 所示。速度场模拟结果清晰地显示了中庭对空气流动的促进作用,而温度场模拟结果则揭示了与中庭连通的空间有明显的热量被从中庭上空带出的情况。

在中庭顶部设置天窗的设计增强了空间的开放感和通透性,引入自然光为公共活动空间提供了柔和、均匀的照明环境,如图 11-18 所示。为了防止顶部采光可能带来的照度过强问题,设计师巧妙地在天窗下设置了漫反射遮阳百叶。这些百叶将从天窗倾泻下来的太阳光进行漫反射,确保进入公共活动空间的光线柔和且不刺眼,为使用者创造了一个舒适的光环境。

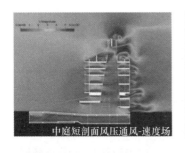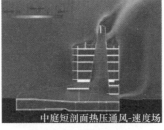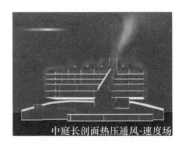
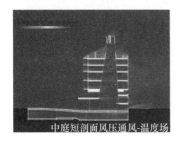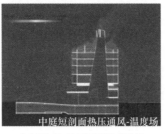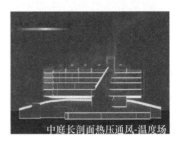

中庭风压与热压通风情况模拟

图 11-17 中庭风压通风与热压通风情况模拟

图片来源：东南大学风土建筑工作室，仲文洲绘制。

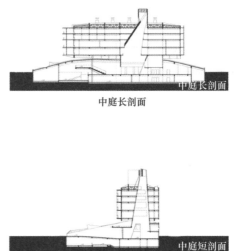

图 11-18 中庭效果图及长短剖面图

图片来源：东南大学风土建筑工作室。

3. 电气设计

高标准产业园区的电气设计同样聚焦于能效提升和能耗降低。公共区域如走廊、楼梯间、地下车库等，选用 LED 灯具，并通过延时、定时、分组控制等策略实现智能照明，减少不必要的能耗。变压器、水泵、风机等关键设备均满足国家节能标准，从源头上控制能源消耗。

产业园内能耗监测系统的实施，使建筑内各系统能耗得到分项计量和分类管理，实现了用能的精细化监控与管理。夜景照明设计则应控制光污染，确保照明光线仅限于所需区域，减少眩光现象。

4. 供暖通风与空调系统（HVAC）的能源管理优化

供暖通风与空调系统（HVAC）在室内环境舒适度调控中涵盖了温度、湿度、空气质量及空气循环的综合控制。鉴于其在建筑运营阶段能耗占比的显著性，对于"冷热源获取—输配系统—末端使用"各个步骤的能耗控制变得尤为关键。在设计和实施时，应优先考虑使用可再生能源及废热等低品位能源，并提升整体能效，以实现能源的高效利用。

5. 照明设计

光导照明技术作为一种通过利用自然光作为室内主要照明来源的绿色设计策略，通过从自然环境捕获光线，并通过全反射原理在导光装置内传导，最终将光引导至所需照明区域。自 19 世纪 70 年代首次出现光导管以来，该技术经历了从内置金属反射层薄膜光导管、棱镜全反射光导管，到当前广泛应用的光导纤维的发展过程，使得光导照明系统所营造的室内光照效果日益接近自然阳光。

光导照明系统是一种节能且高效的照明解决方案，该系统主要由光源发生器、导光装置和出光装置三个核心部分组成。导光装置采用的材料如光导纤维和棱镜薄膜可根据照明需求进行选用，以适应不同的光源需求，例如点光源或线光源。出光装置可结合彩色滤光装置，根据需求调整光线的色彩。光导照明技术不仅能降低电力消耗，减少室内温度升高，减轻空调负荷，还能在易燃易爆的特殊环境中提供安全可靠的照明，同时与建筑空间设计技术美学融合，预留光导管道便于后续的安装与维护。光导照明系统还可以通过被动式和主动式聚光模式与建筑智能综合管控系统集成，实现采光照明的智能化管理，尤其是主动式聚光模式能根据太阳运动自动调整，最大化采光效率，提升建筑采光的效能与智慧化水平。

华阳国际东莞产业园研发楼采用光导管照明设计系统，覆盖了 $450m^2$ 的地下室范围，如图 11-19 所示。这一系统的运用使得年度用电量减少了近 1 万 kWh，相当于每年可节约 7.8t 二氧化碳的排放。

智能照明系统利用全数字、模块化、分布式总线型的控制架构，为现代建筑带来革命性的改变。通过智能分配控制职责给各个功能模块，该系统能够基于区域功能、时间变化以及外部光线条件，精确调节照明强度，从而创造出既舒适又节能的光环境。照明的控制策略多元化且高效。场景控制允许用户根据需求预设照明场景，一键切换，营造不同的氛围。定时控制则让用户能够设定特定时间进行照明调整，实现能源的优化利用。天文时钟功能则使系统能够自动根据当地经纬度计算并调整照明，与自然界的日出日落节律相协调；光感探头控制通过传感器实时探测光线强度，并据此调整照明，确保光线的自然过渡和节能效果。

室内中庭底层

室内中庭顶层自然光照

图 11-19 华阳国际东莞产业园研发楼

随着物联网、传感和识别技术的飞速进步，照明系统得以结合节能光源与先进的人体及光照信号检测传感器，如图 11-20 所示。这种系统以其低能耗、高光效、环境友好和长寿命等特点，在现代建筑中占据了一席之地。特别是其内置的人体信号检测传感器和光照检测传感器，能够在检测到人体活动时自动开启照明，并根据自然光强度调整室内照明，实现舒适与节能的双赢。

厂房人工照明

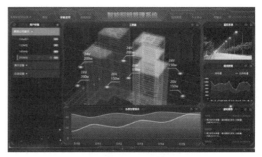
照明系统IoT技术监控

图 11-20 智能照明系统与物联网 IoT 结合促进绿色低碳发展

在实际应用中，智能照明系统展现出了巨大的节能潜力。在楼梯间、车库等低频使用的区域，该系统能够实现高达 75%～95% 的电能节省。这不仅有助于减少能源消耗，还降低了碳排放，对环境产生了积极影响。

更重要的是，智能照明系统的引入不仅提升了建筑的节能效率，还极大地增强了居住和工作空间的舒适度和灵活性。用户可以根据需要随时调整照明，营造出理想的光环境。这种技术的广泛应用，充分体现了绿色建筑和智慧城市设计中对环境可持续性和居住者体验的高度重视。

高要金利五金智造小镇项目（图 11-21）作为产城融合示范区设计容纳人口较多，考虑到当地资源匮乏,设计团队在建筑施工中充分融入绿色环保理念,引入水源热泵可再生能源利用技术,并取得了良好的成效。该技术主要是构建水源热泵系统,然后利用水体中的太阳能资源进行重复利用,之后将其作为冷热源,通过能量转换,发挥供暖空调系统的作用。

园区入口图　　　　　　　　　　　园区航拍图

图 11-21　高要金利五金智造小镇建筑利用周边水体与土壤集热

基地周边水体、土壤就是一个大型的太阳能集热器装置,能够很好地接收储备太阳能辐射能力并将这些热量发散出去,并且其能量接收和发散相对均衡。该项目在绿色建筑设计中充分利用当地地下水、河流等水体丰富的区域优势,使用水源热泵技术,让太阳能或者地能为项目所用。该技术相对传统的空调系统来说,不仅效率高、低污染,而且运行成本能够降低 30%～40%。

6. 太阳辐射的利用

太阳能作为一种清洁、可再生的能源,对于多层工业化工建筑的节能设计十分重要。通过对建筑进行实时的太阳能热辐射分析,能够更加精准地利用太阳能资源,有效降低建筑的能耗。在设计中,集成光伏板是一个关键步骤,这不仅可以收集并存储太阳能,为建筑内部设备供电,还能起到隔热、调节室内温度的作用,为建筑内部创造了一个更为舒适的工作环境。

11.3　绿色生产与循环利用

11.3.1　产业循环利用优势的策略与实践

1. 采用节能设备

在工业建筑的节能实践中,科学规划与选用高效节能设备是降低能源消耗、提升生产效率的关键。通过深入分析生产线的具体需求,选择经过能效认证、技术领先的设备与系统,定期的设备检修与维护,确保设备持续运行在最佳状态;通过引入环境友好技术,如清洁生产和可再生能源利用,减少能源消耗和污染排放,提升企业的环保形象和市场竞争力。对于能效低下的老旧设备，及时制定更新替换计划，是实现工业建筑绿色、高效、可持续生产的重要保障。

2. 节能技术与手段在工业建筑生产中的应用

在实现工业建筑的绿色可持续生产过程中，积极采用有效的节能技术和手段，根据建筑的特定使用功能以及实际条件，有针对性地确定节能措施，通过不断强调环保和可持续发展的理念，并将其融入生产流程中，提高能源利用效率，减少环境污染，推动产业向更加可持续的发展模式转变。

面对工业建筑节能的技术创新，通过实施先进技术和手段，加大工业建筑节能改造的力度，在生产过程中，强调环保和可持续发展的理念，并将其融入到生产活动中，提高能源利用效率，减少环境污染，推动实现可持续发展模式。通过不断的技术改进和优化，实现建筑物节能的目标，提升建筑的整体质量、延长使用寿命和提高运行效率，同时达到降低能耗损失和减少环境污染的效果。

3. 固体废物与粉尘控制

针对生产过程中产生的固体废物，应设立专门的垃圾处理和存储设施。通过对废物进行分类和临时存储，采取高效的回收和利用策略：如将生物秸秆发电厂的灰渣用做钾肥，可以减少土壤污染，推动资源的循环利用。应用粉尘控制技术可以实现工厂环境的净化，采用顶部负压通风罩和多通道排气控制系统，结合静电除尘技术，可以有效治理工厂产生的粉尘和废气。

11.3.2 现代废弃物处理技术

在工业建筑设计中，由于工业生产过程中可能产生酸、碱、盐及侵蚀性溶剂等有害物质，这些物质对建筑质量安全、作业人员健康及环境均构成威胁。因此，设计过程中须明确这些介质的影响范围，并采取相应的防护措施。

合理的排放管道设计能避免有害物质对建筑的直接接触。同时，选择具有防腐蚀性的材料十分重要。对于特定排放点的布置，应充分考虑风向和水流的影响，确保污染最小化。同时加强建筑金属构件和重要结构的防腐措施，如采用耐腐蚀涂料等。在工业产业园的地坪设计中，也应考虑防腐要求。通过合理的排水设计，结合耐腐蚀材料的选择，如沥青混凝土等，可以有效减少侵蚀性介质对地坪的影响。

11.3.3 绿色 BIM 理念节能设计要点

1. 模拟环境与建筑设计管理

在实施绿色 BIM 理念的化工建筑节能设计时，要先模拟和分析建筑周边环境，通过应用先进的模拟技术，如流体力学模拟和压力分析，BIM 模型能够帮助设计人员精确掌握室外通风状况，从而优化建筑的自然通风设计。同时结合化工工艺的具体要求，实现建筑设计与工艺需求的完美融合，确保建筑功能的高效与协调。

2. 建设项目设计模拟

BIM技术在建筑前期设计阶段的应用，如同给设计团队装上了"透视眼"。通过构建精确的模拟模型，复杂的结构设计和化工工艺设计得以轻松实现。设计师可以在虚拟环境中预演通风、噪声控制、光照等关键要素，即时发现并修正设计中的潜在问题。

建筑的围护结构是节能设计的重点。对于屋顶，通过巧妙运用不同形态和材料，如高平顶、坡顶及特殊颜色的屋顶材料，可以有效实现节能目的。外墙则采用如防水黏土砖、加气混凝土块等高效节能材料，减少室内外温差带来的能耗。同时，窗户设计也不容忽视，合理控制窗户墙比对于限制能耗十分重要。BIM技术在此过程中发挥着关键作用，通过精确设定材料参数，优化节能施工方案，确保每一项节能措施都能落到实处。

BIM技术为设计工作带来了相对传统图纸模式更高的协同性和效率。通过其可视化模型平台，各参与单位可以更加直观地交流和协作，共同探索各专业构件间的相互关系。BIM技术还支持三维扫描功能，帮助设计师快速识别并优化设计中的错误，从而减少设计变更次数。BIM能从多角度对项目进行绿色评估，如室外风环境、热环境模拟等，为高性能造型和复杂结构体系提供有力支持。在追求绿色、可持续的建筑设计中，资源的最大化利用和分配显得尤为重要。通过BIM技术的三维建模和能耗分析功能更加精确地调整建筑设计，确保其符合节能标准。以空调、水电暖通系统为例，通过采集太阳能、风能等可再生资源，并利用BIM技术对设备的安装过程进行优化，从而实现建筑的节能环保。

◯ 本章参考文献

[1] 孙延超，刘俊跃. 走向园区的绿色建筑——深圳湾科技生态园的绿色实践[J]. 南方建筑，2015，（02）：21-27.

[2] 赵彦革，孙倩，魏婷婷，等. 装配式建筑绿色建造评价体系研究[J]. 建筑科学，2022，38（07）：134-140.

[3] 李鑫. 绿色建筑在工业建筑设计中的应用[J]. 居业，2020，（09）：52-53.

[4] 王与祥，周书东，邢潇璇，等. 老旧工业厂区绿色改造设计研究——以东莞市楷模家居用品有限公司改造项目为例[J]. 工业建筑，2022，52（07）：48-54.

[5] 潘丽. 绿色节能设计在工业建筑设计中的运用[J]. 门窗，2019，（07）：24-26.

[6] 郑义，黄鹏，刘明亮. 绿色节能技术在工业建筑中的应用研究[J]. 中国建筑装饰装修，2023，（09）：86-88.

[7] 周国义，林伟，周书东，等. 绿色生态导向的"工业上楼"设计研究——以东莞松湖智谷产业园为例[J]. 重庆建筑，2022，21（09）：13-14.

[8] 蔡适然. 绿色智慧建筑的自然维度与可持续性设计策略[D]. 南京：东南大学，2019.

[9] 李隆飞. 绿色建筑设计理念在现代化工工业建筑中的应用[J]. 天津化工, 2023, 37(02): 118-119.

[10] 吴彤, 郭力艳. 绿色建筑设计理念在工业建筑设计中的应用探析[J]. 中国住宅设施, 2019, (07): 78-79.

[11] 李隆. 绿色建筑设计理念在工业建筑设计中的体现[J]. 大众标准化, 2023, (09): 91-93.

[12] 俞文杰. 绿色建筑设计理念在工业建筑设计中的体现[J]. 河南建材, 2019, (05): 188-189.

[13] 于涵. 绿色建筑设计理念在工业建筑设计中的体现[J]. 建筑技术开发, 2019, 46(04): 28-29.

[14] 孔令宇. 绿色建筑技术在厂房改造项目中的应用研究[D]. 深圳: 深圳大学, 2018.

[15] 孙文中. 绿色工业建筑之钢结构单层工业厂房结构设计探讨[J]. 现代物业(中旬刊), 2019, (01): 124-125.

[16] 郭建昌, 陈欣. 绿色低碳语境下高德中心夏广场的骑楼空间演绎[J]. 南方建筑, 2022, (12): 18-25.

[17] 付鸿浩. 现代工业厂房的绿色低碳设计分析[J]. 中华建设, 2022, (09): 95-96.

[18] 陈星豫. 智慧物流园区可持续设计策略研究[J]. 建筑与文化, 2024, (03): 48-50.

[19] 王清勤, 叶凌, 朱荣鑫. 国家标准《既有建筑绿色改造评价标准》GB/T 51141—2015的主要技术内容和特点[J]. 工程建设标准化, 2016, (08): 74-77.

[20] 宋海英. 工业建筑绿色节能设计理念及应用[J]. 智能建筑与智慧城市, 2023, (10): 120-122.

[21] 靳飞. 我国绿色工业建筑被动式设计策略探析——以某标准化通用冷加工工业厂房为例[J]. 华中建筑, 2021, 39(09): 55-60.

[22] 郭振伟, 吕丽娜, 石磊. 我国工业建筑绿色发展现状分析[J]. 建设科技, 2020, (14): 51-54+58.

[23] 吕玲. 工业建筑环保设计与绿色工业建筑理念[J]. 中国高新科技, 2022, (05): 118-119.

[24] 雷明旺. 建筑设计中绿色建筑技术的优化策略——以某造纸厂厂房为例[J]. 造纸装备及材料, 2022, 51(04): 210-212.

[25] 宋高举, 张英沛, 孔文, 等. 工业建筑通风绿色设计主要影响因素分析[J]. 暖通空调, 2018, 48(11): 1-6.

[26] 马浩林. 工业建筑绿色评估关注趋势思考[J]. 工业建筑, 2020, 50(07): 175-180.

[27] 魏青. 工业建筑绿色节能设计理念及应用[J]. 节能, 2019, 38(03): 9-10.

[28] 田炜, 李海峰, 罗淑湘, 等. 工业建筑绿色化改造技术研究与工程示范[J]. 建设科技, 2018, (16): 46-48+52.

[29] 曹光. 工业建筑环保设计与绿色工业建筑理念[J]. 城市建筑, 2020, 17(17): 56-57.

[30] 张涛. 工业建筑中绿色节能技术的应用和效果[J]. 山西建筑, 2019, 45(04): 200-201.

[31] 夏炳岐. 工业建筑中的可持续性设计[J]. 门窗, 2019, (13): 134-135.

[32] 倪振红. 工业与民用建筑施工中绿色节能环保措施[J]. 建筑技术开发, 2020, 47(09): 146-147.

[33] 江峰. 将绿色建筑设计理念融入工业建筑设计中[J]. 佛山陶瓷, 2023, 33(10): 85-86+101.

[34] 王伟杰. 大型工业项目给排水专业的绿色化和智能化设计[J]. 成组技术与生产现代化, 2021, 38(03): 51-54.

[35] 汤季春, 董恬, 胡鹏, 等. 基于绿色智慧导向下的"工业上楼"规划研究——以蔡发工业区城市更新单元规划为例[C]//中国城市规划学会. 人民城市, 规划赋能——2023中国城市规划年会论文集(02城市更新). 深圳市城市规划研究院股份有限公司, 深圳市城市规划研究院股份有限

公司宜居中心，2023：15.

[36] 管仁波，宁旭艳，张贺，等. 基于绿色工业建筑评价体系的PCB行业工业建筑设计研究[J]. 建设科技，2020，(12)：73-75+79.

[37] 吴腾飞. 基于绿色工业建筑的纺织厂设计研究[D]. 郑州：中原工学院，2018.

[38] 张颖. 基于绿色BIM理念的多层工业化工建筑节能设计[J]. 天津化工，2022，36（01）：110-113.

[39] 牛秋蔓，许远超，李海波，等. 基于建筑节能的绿色工业建筑优化设计——以河北某焊装厂房为例[C]//中冶建筑研究总院有限公司. 土木工程新材料、新技术及其工程应用交流会论文集（下册）. 机械工业第六设计研究院有限公司，中机十院国际工程有限公司，2019：5.

[40] 钱艳，任宏，唐建立. 基于利益相关者分析的工业遗址保护与再利用的可持续性评价框架研究——以重庆"二厂文创园"为例[J]. 城市发展研究，2019，26（01）：72-81.

[41] 李虹瑾. 产城融合背景下的产业园区绿色综合体规划设计研究[D]. 重庆：重庆大学，2018.

[42] 宿子敬，曹丹阳. 以绿色工业建筑理念为思路的医药洁净厂房暖通节能设计探讨[J]. 暖通空调，2023，53（增1）：318-320.

第12章 消防规划专篇

"工业上楼"在成为解决土地资源紧张问题的有效策略的同时,建筑空间伴随着工业活动向垂直空间的扩展,工业建筑中的消防安全管理问题日益突出,火灾风险的管理和控制在这些工业结构中变得更加复杂和困难,消防与防火设计成为其安全设计中的重点。

在探讨"工业上楼"模式下的消防规划问题时,在强调消防安全在"工业上楼"设计与管理中的核心地位前提下,通过系统分析"工业上楼"与传统工业建筑在消防安全管理上的差异,包括结构设计、风险评估、消防设施配置和紧急疏散路径等方面,提出针对性的消防规划策略和技术应用,降低火灾风险,提高应急响应效率和人员疏散的安全性。

12.1 "工业上楼"消防的重要性

在现代城市的工业建设项目中,防火设计是一个贯穿项目全周期的核心考虑因素。从项目的最初策划阶段开始,就需要将防火安全纳入重要议程,确保在设计、施工,以及后期维护各个阶段都能满足高标准的防火要求。

现阶段,工业标准厂房消防安全管理工作中存在消防设施及管理不完善的问题,主要体现在厂房负责人缺少对消防设备应用的规划及消防设计审核环节的关注,不同厂房之间所处的距离较短,消防基础设施数量较少,消防车道距离工业厂房建筑设置较远,都会在一定程度上影响消防安全管理效率,致使火灾事故救援难以顺利开展。同时,受到工业标准厂房内部水压流量和水管网管径与标准要求不符的限制,火灾事故的延伸速度会逐渐加快,严重威胁工业标准厂房安全。

12.1.1 "工业上楼"与传统工业的消防差异

"工业上楼"建筑与传统工业建筑在消防安全管理上存在差异。传统的工业建筑通常占地面积大,层数少,单层高度高;相比之下,"工业上楼"单层面积较小,单元较多,且垂直交通枢纽集中,其发展特性使得火灾风险管理和控制更加复杂。"工业上楼"的设计不仅需要考虑到传统工业建筑的防火要求,还必须充分考虑高层环境下特有的安全隐患,如垂直疏散路径的设计、高层建筑的烟气扩散特性等。设计人员在"工业上楼"项目的早期阶段,就需要探讨和理解防火安全在"工业上楼"设计中的体现,必要时还应进行消防专项评审,确保设计方案的科学性和有效性。

在具有相同防火条件的前提下，与多层建筑或者单层建筑相比，高层工业建筑更容易出现火灾危害，并且火灾发生后，也比较容易出现重大的伤亡事故和损失。其火灾特点如下：

（1）高层建筑具有复杂的功能，存在诸多起火因素。一些高层建筑具有较多的层数或者面积较大，呈现出火险漏洞较多、管理制度比较松弛、使用单位多以及内部功能复杂等特点，所以更容易出现大的火灾事故。

（2）缺乏完善的消防设施，扑救难度较大。当前在对高层建筑的火灾进行扑救时，往往以室内消防给水设施为主，但是因为限制了消防设施条件，往往会增加扑救工作的难度。

（3）高层建筑出现火灾时，对人群进行疏散具有较大的难度，导致重大伤亡事故。其原因与高层建筑的自身特点有关：1）人员密度大，安全疏散难度大；2）高层建筑具有较多的层数，具有较远的垂直距离，其疏散时间也较长；3）发生火灾时，烟气和火势蔓延呈现出竖向的特点，具有较快的速度，使安全疏散的难度增加，并且由于不防烟和停电等诸多因素的影响，也会导致电梯停用。

（4）高层建筑火势蔓延具有诸多的途径，且具有较大的危害性。如果高层建筑的电缆井、管道井等竖向井没有进行很好的防火分隔，楼梯间每层没有设置封闭的防火门，一旦发生火灾，像烟囱效应一样，火势就会很快地沿着竖向管井快速蔓延。

12.1.2 高层工业建筑的消防设计

1. 高层工业建筑平面布局设计

在进行"工业上楼"项目厂房选址时，需要避开那些易燃易爆的建筑物以及其他相关的危险场所，也避免选在建筑群太过拥挤的地方。高层厂房建筑的选址应选择在与城市交通相连接或者是相对便捷的地方。在设计时，还要保证其与周围的建筑之间保持有一定的防火间距，应保留适当的绿地、景观以及水面等，在较宽敞的区域。高层厂房建筑主体的周围还应当设置有环形的消防车道，保证其足够的消防扑救面。在对消防车道、回车场以及扑救面进行设置时，一定要以大型的、登高的消防车为标准进行考虑。

在"工业上楼"项目的总体规划和设计中，防火安全是一个不可忽视的要素。合理的平面布局设计应充分考虑工业企业的生产流程、储存需求，以及与周边环境的协调，同时重点关注火灾危险性的管理。为此，设计时须综合地形、周边环境及主导风向等因素，科学划分生产区、储存区、辅助设施区及行政办公区等，确保火灾危险性相近的建筑物集中布置，便于实施专门的防火和防爆措施。

2. 高层工业建筑的防火隔离设计

工业企业内的建筑物应保持适当的防火间距，防火间距的确定应考虑辐射热影响、消防作业需求以及合理利用土地资源等因素。合理的防火间距设计有助于防止火灾在建筑物间蔓延，还能为消防灭火和紧急疏散提供必要的空间。工业厂房的布局需要根据火灾风险、外墙材料的燃烧性能、室内可燃物的种类及数量等多个因素综合评估防火间距。

（1）水平防火隔离设计

水平防火隔离设计要充分兼顾建筑平面，考虑到建筑本身的布局，在高层工业厂房中，标准层屋内平面一般为分散式和集中式两种。分散式是将单独的部分和单元通过重组设计成防火分隔布局，能够有效将火情分隔从而实现建筑安全防火。另一种集中式的设计标准则是按照一定的面积规划，集中进行防火设置，能够有效保证建筑内一定区域的火情安全。

重视建筑内防火分隔区的区域功能。主要表现在工业建筑内仓库、车间等功能区域，一旦发生严重火情，将会导致火势蔓延或造成巨大损失。因此，在进行相关的防火隔离设计时，必须重视防火分隔区的区域功能。为安全起见，应该将仓库与其他建筑单元的防火隔离区域分隔，并采用相应的水平防火隔离设计。

在进行防火区域水平划分时，还要注意防火分隔物与防火墙的灵活设计，对于具有租赁性质的工业厂房而言，建筑内部的平面结构往往不用过多划分，而应该根据客户本身的租买状况所决定。在投入使用后，客户如果产生了更换、变迁，设计方就应该灵活地对防火分隔物进行调整。在此基础上，还要大力地投入对新型防火材料的研究，保证建筑防火设施的先进性和安全性。

（2）竖向防火隔离设计

在高层工业厂房建筑的设计中，竖向防火设计是确保建筑整体安全的关键部分。竖向设计主要关注建筑内部竖向结构，如电梯井、楼梯间等的防火措施，这些部分在建筑中占用的面积相对较小，且多位于厂房外侧及外廊，但在火灾发生时，竖向空间对火势纵向蔓延的推动作用可能会造成严重后果。

设计人员在考虑高层工业建筑防火策略时，应重视竖向结构的防火处理。竖向防火分隔设计的核心在于有效处理各楼层间楼板开口、裂缝及井道等关键位置的防火隔离。对于必须设置的竖向井道，应采取封闭的电梯间或走廊中配置防烟楼梯相应的防火隔离手段。在管道井中，须利用每2～3层的楼板间隙填充有效的防火及耐火材料。

竖向防火隔离设计主要涉及电梯井的防火隔离和楼梯间的隔离设计两个方面；电梯井应远离安全通道设置，同时在每层电梯门上涂抹防火材料，在井内通风口附近设置防火板，以有效阻止火势通过电梯井蔓延至其他楼层。楼梯间作为火灾时的紧急逃生通道，加强楼梯间的结构优化和隔离设计，在楼梯间平台处铺设防火材料，可以在火灾发生时有效减缓火势的向上蔓延。防火材料的选择和应用须根据楼层高度和建筑层高数据综合考量，确保其防火效果。

竖向防火隔离设计旨在有效控制火势在建筑内部的纵向蔓延，同时保持必要的通行功能，以最大限度地降低火灾对建筑结构和人员安全的威胁。高层工业厂房的窗口和墙洞也是火灾蔓延的潜在途径。高层厂房建筑为缩短工期和减轻负重,多采用轻质墙体材料,如玻璃墙、幕墙等,在火灾中可能发生炸裂和蔓延等危险情况。

3. 门窗防火要求

(1)位于转弯处的防火墙

门窗防火应重点关注内转角两边门窗的最近横向距离不能小于4m,防火墙两边门窗的最近横向距离不能小于2m,《消防法》第7.1.5条对此作了明确指示。防火要求也适用于防爆墙。在工程设计中,靠近防火或防爆墙两边的门窗间距小于2m,并且在设计中不能忽略。

(2)防火门的要求

"工业上楼"建筑防火墙上的门应选择a级防火门,而最常用的是b级防火门,这在设计中容易漏掉。密封式楼梯间的房门,可采用b级防火门,也可以使用双向弹簧门,空调房门、消防值班室、固定消防设备房门统一都是b级防火门;c级防火门主要应用于管道井以及电缆井的检修房门;干净厂房之内的洁净室生产区和非洁净区隔墙上的门也需要使用c级防火门。

4. 高层工业建筑消防通道设计

消防通道的合理设置对于确保火灾发生时消防车的畅通无阻十分重要。特别是对于占地面积较大的工业建筑,应根据建筑类型和用途设置环形消防车道或沿建筑物长边设置消防车道。高层工业建筑周围应设置环形消防通道,以便消防车辆快速到达火场。消防通道的设计须满足一定的宽度和高度要求,且考虑消防车停留的空地坡度,以及消防车取水的便利性。环形消防车道应保证与其他车道的良好连接,确保消防车道在紧急情况下的有效运作。在设计消防通道时,可遵循以下原则:

占地面积大于3000m² 的甲、乙、丙类厂房或占地面积大于1500m² 的乙、丙类仓库,应设置环形消防车道,确有困难时,应沿建筑物两个长边设置消防车道或设置可供消防车通行的且宽度不小于6m的平坦空地。高层工业建筑(高架仓库)周围应设置环形消防通道。当建筑物的沿街部分长度超过150m或总长度超过220m时,均应设置穿过建筑物的消防车道。

消防车道的净宽度和净空高度不得小于4.0m,这是为了避免空间限制妨碍消防车的通行。供消防车停留的空地坡度不宜大于3%,确保消防车的稳定性。对于取水点,如天然水源和消防水池,必须便于消防车道接近,以保障灭火水源的顺畅供应。

消防车道的布局和连接方式也需考虑灵活性和实用性。环形消防车道应至少有两处与其他车道连通,而尽头式消防车道则应设置回车道或至少12m×12m的回车场,以便消防车能够轻松转身。消防车道下方的管道和暗沟必须能够承受大型消防车的重量,避免因承重不足导致道路损坏或救援受阻。

5. 安全出口和疏散楼梯规划

在综合性工业厂房安全出口和疏散楼梯的规划中，应严格遵守有关规定，对远近、数目、宽度和组织进行合理设计。然后按照厂房实际需求，保障安全出口的设置不会对平面划分的灵活性产生影响，尽量减少出口过少、楼梯过多的情况。疏散楼梯可进行集中布置，也可分散布置，具体布置方式应根据疏散楼梯和电梯的紧凑程度确定。如果建筑楼层不超过20层，其屋顶可以设计成一个开放的避难所，日常还能作为工人小憩的场所。若工业厂房面积较大，厂房内员工较多，则疏散难度较大，可在高层厂房内增设一些辅助疏散装置和避难场所。

⊃ 12.2 消防系统与技术在"工业上楼"中的应用

12.2.1 建筑消防系统的分类

高层工业建筑的消防系统一般常见类型为消防给水系统与气体灭火装置。

建筑消防给水系统是专门为水灭火系统（如自动喷水灭火系统和消火栓系统）设计的，以确保在火灾发生时可供应可靠的消防用水。系统分为自动喷水灭火系统和消火栓灭火系统两大类，前者为控制和扑救初期建筑火灾最有效的自救方式，具有自动探测和灭火的双重功能；后者则因其简便、经济和易于管理而被广泛应用。在高层建筑中，现行国家标准《建筑设计防火规范》GB 50016规定所有高层建筑无论在何种情况下都必须配备这些系统（特定场合除外），突显了消防给水系统在建筑安全设计中的核心地位。

气体灭火装置在淘汰对大气臭氧层有害的卤代烷灭火剂后，使用二氧化碳及其他替代品。二氧化碳通常不在民用建筑中使用，其替代品惰性气体（如IG-541）、气溶胶和七氟丙烷等已在国内外广泛应用并展示良好效果。气体灭火系统能够有效扑灭固体、液体表面火灾，特别是在电气火灾中成为首选方案。

灭火系统根据现行国家标准《建筑设计防火规范》GB 50016的规定安装，尤其适用于高层建筑的通信机房、变配电间、自备发动机房、计算机房以及存放珍贵文物或重要文档的场所。监管部门会根据场所的财产价值、火灾特点和重要程度来决定装设这些灭火系统。

1. 建筑消火栓给水系统

（1）消火栓给水系统形式

工业厂房、民用建筑的设计参数见表12-1，高压消防给水系统需要系统能够在任何时间和地点满足消防需求的水流量和压力，无需额外安装消防泵。在火灾发生时，现场人员可以直接利用消火栓进行灭火操作。系统设计须确保即使在建筑物的最高点，水枪的水柱也能够达到或超过 10m 的高度。

工业厂房、民用建筑的设计参数　　　　　　表 12-1

火灾危险等级		净空高度（m）	喷水强度（L/min·m²）	作用面积（m²）
轻危险级		≤8	4	160
中危险级	Ⅰ级		6	160
	Ⅱ级		8	
严重危险级	Ⅰ级		12	260
	Ⅱ级		16	

注：系统最不利点处喷头的工作压力不应低于0.05MPa。

临时高压消防给水系统：此系统需要装备消防泵，以满足火灾发生时的压力和流量要求。当有火情时，系统会自动启动消防泵，确保水压和流量达到灭火需要。最初，灭火水源来自高位水箱，消防泵启动后，则由消防泵供水。同时，系统会通过声光报警信号通知消防控制室。

低压消防给水系统：此系统的水压较低，但能满足火灾时最不利点消火栓的最低水压要求，即从地面起至少 0.10MPa。在火灾发生时，消防员会打开室外消火栓，将其与消防车连接，通过消防车直接加压灭火，或将消防车通过水泵接合器连接到室内管网中。

（2）按服务范围分

独立消防给水系统：此系统需要为每栋建筑物配备一套专用的消防给水系统，保证了消防管网的独立性和互不干扰的特点。独立消防给水系统在初期投资较高，且管理相对复杂，但它为建筑物提供了专用的消防供水保障，增强了建筑火灾应对的直接性和有效性。

区域集中消防给水系统：这种系统通过一个共用的消防泵房和消防水池来满足多栋建筑的消防给水需求，其优点在于可以大幅节约投资成本，并且便于实现消防资源的集中管理。然而，由于安全可靠性相对较低，特别是在地震频发地区，区域集中消防给水系统在产业园中并不常见。在表 12-2 中，列举了几类区域集中消防给水系统的优缺点。

消防给水系统比较　　　　　　表 12-2

系统分类	缺点	优点
区域集中稳高压消防给水系统	对电源要求高，维护管理复杂，能源消耗大	始终满足消防要求
区域集中常高压消防给水系统	高位水箱一次性投资较大	任何时候都能满足消防要求，管理方便，安全可靠
区域集中临时高压消防给水系统	水头损失大，系统复杂	便于管理，投资费用少，系统消防能力高

（3）竖向分区

1）分区原则

压力限制：消防给水系统的水压不得超过2.40MPa，确保安全且有效。消火栓系统的栓口静水压力峰值限制为1.0MPa，而自动喷水灭火系统的报警阀工作压力不超过1.2MPa。由于建筑高度不同，消火栓管道系统的上下压力有差异。为此，建筑高度超过50m的应进行竖向分区，确保每个分区的消火栓处最大静水压不超过0.8MPa，分区高度一般在45～55m之间。

2）分区方式

并联减压水箱方式：通过在高、低区分别设置高位水箱和消防泵，形成各自独立的给水系统。这种方式优点在于系统互不干扰，供水安全可靠，易于维护和管理，适用于高度不超过100m的建筑。

串联水箱方式：水箱设置在建筑中部某一楼层，高区火灾需要低区消防泵联动供水。此方式适用于超过100m高，有2个以上消防分区的超高层建筑，但安全性较低，管理较困难。

3）减压阀分区给水方式，该给水方式可分成两种：一种是在消防立管上装设减压阀（图12-1），一类高层建筑要求消防立管管径不能小于DN100，流量不能小于15L/s，若建筑的建筑面积比较大，其消防立管数量是非常多的。其优点体现在高低区的分界点没有设置水平环状的消防管网。

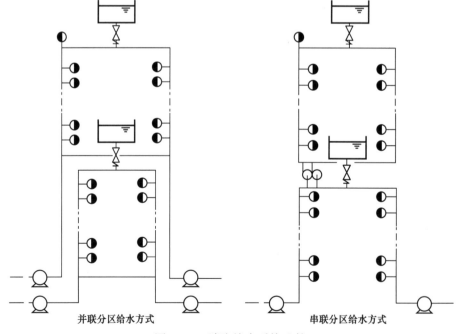

图12-1 消防给水系统比较

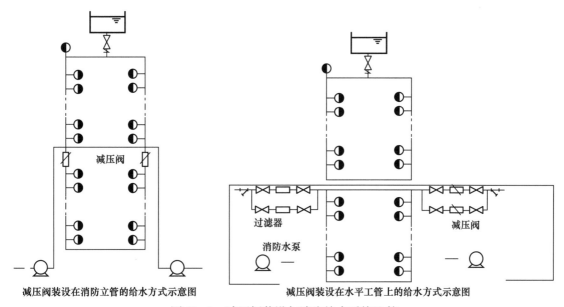

图 12-2 减压阀装设与消防给水系统比较

另一种则是在水平干管上装设减压阀（图12-2），该给水方式的优点是不占楼层的面积。高、低区会合用一套消防泵，因此设备用房面积减少了，也减少对设备的投资。其缺点就是产品费用比较昂贵，分界层需要大概 500~600m² 的空间面积，便于在水平面上装设消防的环状管网与减压设备。

2. 自动喷水灭火系统分类

自动喷水灭火系统有很多的分类，如图12-3所示。自动喷水灭火系应用非常广泛，通常可以根据建筑物的不同性质以及应对不同火灾的发生、发展特性进行分类，如水幕系统、雨淋系统、湿式系统、干式系统、预作用系统、自喷—泡沫混合系统，这些是根据自喷式灭火系统在火灾中不同的用途和配置进行划分的；还有根据系统中不同洒水喷头类型，可分为开式与闭式等。

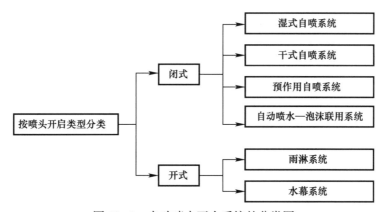

图 12-3 自动喷水灭火系统的分类图

（1）湿式自喷系统

适用范围：湿式系统是最常用的自动喷水灭火系统，系统工作及原理如图12-4所示。适宜环境温度在4~70℃之间。

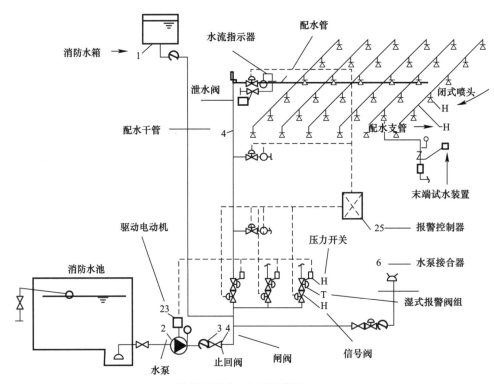

湿式自动喷水灭火系统示意图

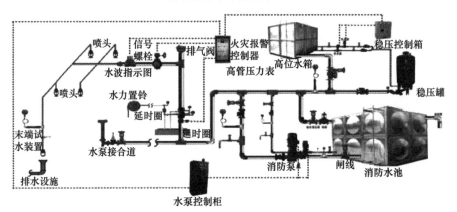

湿式自动喷水灭火系统工作图

图12-4 湿式自动喷水灭火系统

（2）干式自动喷水灭火系统

核准工作状态时配水管道是有压气体，系统无污染的闭式系统，系统工作及原理如图12-5所示。

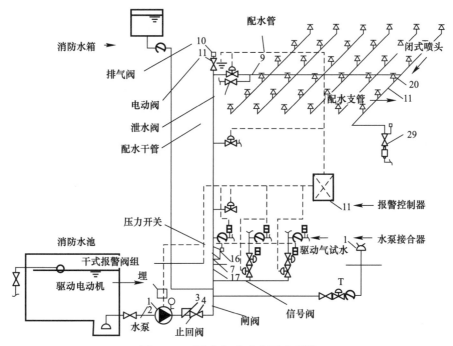

图 12-5 干式自动喷水灭火系统

干式自动喷水灭火系统准工作状态时配水管道是有压气体,系统无污染的闭式系统,适用范围为干式系统适宜环境温度小于 4℃,或大于 70℃ 的地方。

(3)预作用系统

预作用系统的工作原理基于一个独特的设计,其在正常状态下,系统的配水管道内不包含水,而是充满有压气体。系统工作及原理如图 12-6 所示。这种设置旨在防止非火灾情况下的误喷。在火灾发生时,火灾自动报警系统探测到火情后,会自动启动雨淋报警阀。发生火警时,管网内的气体被排出,同时充水至管道中,系统随即从干燥状态转换为湿式系统。在闭式喷头动作之前完成这一转换,确保喷头一旦打开即可立即进行喷水灭火,提高灭火效率和响应速度。

预作用系统适用于特殊环境和场所,尤其是在寒冷冰冻气候、高温环境的地区,以及对误喷有严格限制的重要场所。预作用系统能够有效地结合早期报警和快速灭火,减少因火灾可能造成的损失,同时避免因系统误操作带来的水渍残留问题,一般用于环境的保护和火灾安全有着较高要求的场所。

与干式系统相比较,预作用系统同样在准工作状态下保持管道干燥,适合用于冬季易冻结且不便采暖的建筑。不同之处在于,预作用系统在检测到火灾时可以迅速将水引入管网而不需等待排气完成,缩短灭火救援的准备时间。相对于雨淋系统,预作用系统的另一个优势在于其早期报警能力。虽然雨淋系统也能提前报警,但预作用系统通过有压气体填充的管网更容易及时检测到漏水,从而提高系统的可靠性和安全性。

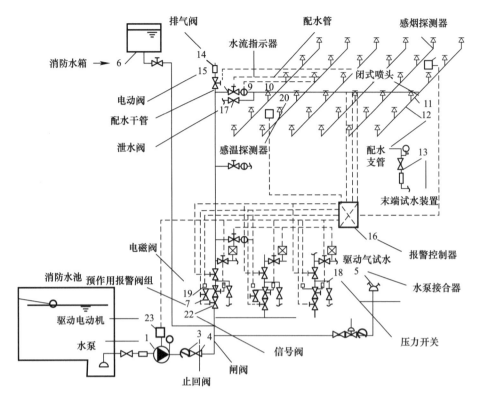

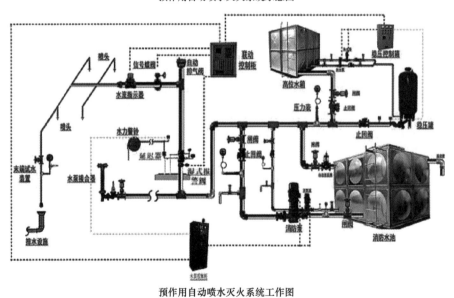

图 12-6 预作用自动喷水灭火系统

（4）雨淋系统

在标准工作状态中，雨淋系统在稳压设备设施的作用下保证雨淋阀前管网内的充水压力。发生火灾后，火灾报警系统或者传动管能够自动控制打开雨淋报警阀及消防泵，向管道内开始供水，开式喷头也同时开始喷水。

雨淋系统喷水范围靠雨淋阀控制，该系统常被需要大面积喷水，要求在灭火迅速的危险场所使用，以及室内高度超过规定值的初期火灾、闭式喷头不能做到有效覆盖、火灾水平方向蔓延迅速或者属Ⅱ级严重危险级别的场所，都可装设雨淋系统（图12-7）。

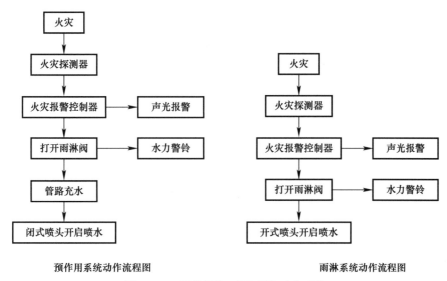

图12-7 预作用与雨淋系统灭火系统

12.2.2 高层工业建筑消防给水系统设计

在消防系统的设计过程中，必须严格遵循实用性和安全性的原则，以确保消防系统能够在关键时刻充分发挥其功能，有效减轻火灾带来的危害。针对不同类型的消防系统，设计人员需要采取不同的设计策略。

对于低压型消防给水系统的设计，考虑到这套系统主要适用于小型建筑物以及在火灾情况较小的场景下使用，设计人员应着重考虑系统的便捷操控性、位置可调动性以及给水管的独立分段等方面。这样的设计能够确保在火灾发生时，系统能够迅速响应，以最少的资源达到控制火灾的目的。而在设计高压型消防给水系统时，重点则在于保证灭火设施的压力和流量供应的连续性。在结合实际工程的环境下，探讨消防系统设计方案在不同层高建筑的选择，并且有针对性地加以优化和改良。

1. 设计室外消防系统

首先，安全系数要求大。高层建筑消防难度高，高层建筑消防给水设计的安全性要求必须匹配；其次，科学性。对高层建筑进行合理地管道布置、准确计算供水量、管道承压都十分重要；第三，复杂性。高层建筑内部多个系统在高消耗、高频率状态下使用，火情隐患颇多。

2. 消防水池

在设计高层建筑储水池设置的过程中往往要注意两个方面的问题，一个是消防用水池和生活用水池的合建分建决定，另一个是储水池的容积的确定。

（1）消防用水池和生活用水池的合建分建

合建式储水池缺点是容量要求大，水更新速度缓慢，水质容易变坏，须定期进行水处理，增加了储水开支；并且工作人员进行消防检测十分不便，需要区分水源，延长消防水池的换水周期，容易造成水的浪费。高层建筑群之间共用消防水池，可以保证消防水源，节约投资。由于消防用水需要保证水质，保障措施比如设置导流墙、进出水管对置；消防用水量很大，如水量不足，可以用园林绿化保洁等用水来补充，所以将生活、消防水池分设是优先考虑。

（2）消防储水池的设计

高层建筑储水池容积的确定。不同的建筑结构、不同的需求等都是影响容积的因素，计算时应综合考虑水池进水管径变化、生活出水量转换为消防出水量和消防储水组成和用量等元素。对水池的容量设计要求在室外给水管网能充分供给室外消防用水量的前提下，火灾延续时间内室内消防总用水量要小于消防水池的有效容积；当室外给水管网不能满足室外消防用水量时，消防水池的有效容积应保证火灾延续时间内室内消防用水量和室外消防用水量不足部分之和的用量。用水量的计算还应加上火灾时消防水池正常补水的量。总需水量要依据灭火时间、消防水泵的规模，以及火灾延续时间，从而推出消防水池的容积。

（3）火灾延续时间与消防补水量计算

火灾延续时间，影响的因素有火灾荷载、建筑物装修材料燃烧等级及建筑物性质、建筑内部消防设施的完备及科技先进程度等。补水量依据市政供水管路情况结合火灾延续时间进行确定，若市政管道情况不明确，可按消防水池进水管直径，以室外管网水压为 0.1MPa、流速为 1.0m/s 时的流量加上火灾延续时间综合计算。为减小消防水池的容积，也可加粗引入管。要增设旁通管，旁通阀门平时关闭，保证在维修检修管道高层建筑的消防安全，当发生火灾时，可以开启旁通阀门从而降低周边建筑物的水压。

3. 消火栓优化设计

消火栓是消防员进行灭火的主要工具之一，必须确保其设计合理、使用方便。消火栓的位置应易于寻找且方便接近，其数量应满足建筑物的灭火需求。消火栓的压力和流量应经过计算确定，以确保其能够提供足够的灭火用水。

高层工业建筑消防给水系统设计中首先保证消火栓布置应有效合理，仔细对照现行国家标准《建筑设计防火规范》GB 50016，准确计算消火栓参数，保障多层建筑自身有足够的消防水源。设置减压稳压装置，防止多层建筑消火栓超压。

消火栓布置合理与否直接影响火灾的控制及扑救。高层建筑消火栓的间距须保证两支水枪充实水柱覆盖同层任何部位。消火栓的布置应以主楼梯为起点，设在走廊与楼梯等易于取用的明显地点。消火栓间距按照现行国家标准《建筑设计防火规范》GB 50016 规定："高层建筑不应大于 30m，裙房不应大于 50m"，且需要把平面功能布局及隔断功能的因素归纳其中，并且不能防止跨越防火分区。

12.2.3 防烟设计通则

1. 自然通风

采用自然通风方式的封闭楼梯间、防烟楼梯间，应在最高部位设置面积不小于 $1.0m^2$ 的可开启窗或开口；当建筑高度大于 10m 时，应在楼梯间的外墙上每 5 层内设置总面积不小于 $2.0m^2$ 的可开启外窗或开口，且布置间隔不大于 3 层。前室采用自然通风方式时，独立前室、消防电梯前室可开启外窗或开口的面积不应小于 $2.0m^2$，共用前室、合用前室不应小于 $3.0m^2$。

2. 机械通风

不满足自然通风条件时，采用机械加压送风系统。防烟楼梯间、独立前室、共用前室、合用前室和消防电梯前室的机械加压送风的计算风量应由现行国家标准《建筑防烟排烟系统技术标准》GB 51251 第 3.4.5～3.4.8 条的规定计算确定。机械加压送风系统的设计风量不应小于该系统计算风量的 1.2 倍。加压送风风机应设置在专用机房内，机械加压送风系统应采用管道送风，且不应采用土建风道。

排烟设施涉及对建筑的火灾危险等级和建筑面积的综合评估，以决定是否必须设置排烟设施，根据现行国家标准《建筑设计防火规范》GB 50016、《火力发电厂与变电站设计防火标准》GB 50229 的相关规定进行设计。排烟系统的设计要考虑自然排烟和机械排烟两种方式。自然排烟依赖于建筑内的防烟分区划分、排烟量的计算以及自然排烟窗的设置。防烟分区的设计基于房间净高来确定最大允许面积和长边最大长度，以及最小清晰高度。排烟系统设计风量应不小于计算风量的 1.2 倍，不同净高的建筑空间有其特定的排烟量计算标准。自然排烟窗的面积、数量和位置须根据现行国家标准《建筑防烟排烟系统技术标准》GB 51251 的规定进行精确计算，确保每个防烟分区内的自然排烟窗布局合理，且与最近的排烟窗水平距离不超过规定值。这一系列设计要求旨在保障排烟系统的有效性和可操作性，同时也须考虑建筑外观的协调性。

当自然排烟条件不满足时，设计人员需要转向机械排烟系统的设计。机械排烟系统应优先采用管道送风，避免使用土建风道，并且排烟风机应置于专用机房内。这种设计方案提供了另一种有效的排烟手段，确保在火灾情况下能够迅速清除烟雾，降低火灾风险。必要时可采用补风系统：除地上建筑的走道或建筑面积小于 $500m^2$ 的房间外，设置排烟系统的场所应设置补风系统。补风系统应直接从室外引入空气，且补风量不应小于排烟量的 50%。

12.2.4 紧急疏散与逃生路径规划

防排烟系统的自动控制设计是为了确保火灾发生时能迅速有效应对，具体来说，一旦火灾被检测到，相应区域的温感器或火灾报警系统立即向消防控制中心发送报警信号，消防控制中心则自动或手动激活该区域的多个送风口及排烟口，并联动启动加压送风机、排烟风机和补风机。将排烟风机入口管道上的熔点为 280℃ 的防火阀联锁关闭，以防火势扩散。这些设施的开启或关闭状态通过消防控制中心的灯光信号进行显示，同时，所有关键设备都配备了备用电源，以确保在主电源失效时系统依然能够运行。

为了提高系统的可操作性和灵活性，在消防控制中心的远程操作之外，还应在现场设置手动启动装置，使得现场人员能在紧急情况下直接操作设备。在发生火灾时，为避免烟雾通过空调系统扩散，消防控制中心会切断非消防用的通风系统电源。排烟风机和补风机的控制方式多样，包括现场手动启动、火灾报警系统自动启动等，确保在任何情况下都能快速响应，为火灾扑救和人员疏散提供有力支持。

12.2.5 高层工业厂房建筑特殊防火设计

1. 强化灭火与报警装置

适当放置报警装置与灭火系统：报警装置和灭火系统的位置对消防效果十分重要，应根据建筑物的布局和使用功能进行合理设计。报警装置应能够灵敏感知火灾信息，并及时发出警报。灭火系统应能够快速启动，有效控制火势蔓延。

充分地利用和强化自动灭火装置与自动报警装置，会对火灾的发生起到很好的预防和遏制作用。一般而言，这两套装置设于消防紧急控制中心，主要用于对火灾现场报警、排烟、灭火、疏散等工作的指挥和调度，并能对消防电梯、紧急照明、防火门窗进行控制。

2. 高层厂房防火设计中的注意事项

高层厂房的建筑防火，重点工作是做好防火隔离与安全疏散的设计。另外，厂房本身的结构、防火保护以及耐火等级等一系列因素也制约着高层工业厂房的防火安全。

（1）设计方应该注重对钢结构和混凝土结构建筑材料的防火预防保护，这两种结构在目前的工业厂房中使用比较普及，因此采取对这两种结构的防火措施有着一定的成熟性，但在具体的防火措施中，还应该灵活地掌握并加以应用。

（2）除了做好建筑防火的措施，还需要运用消防烟雾系统、监控火灾系统、自动灭火系统等。要充分与建筑防火措施相结合，共同构建安全完善的应急防火体系，并形成系统的消防框架，才能保证高层工业厂房的火情安全。在室内消火栓的设置上，首先考虑到室内人员自救的范围，其次要考虑消防队员对火灾现场的及时救援，最好设置于防烟梯与消防梯的合口处，便于消防队员尽快地开辟安全通道。

（3）防排烟系统：高层工业建筑防排烟系统没有特殊部分，按照国家规范进行设计即可，但是需要注意的是，对于防烟系统，超过100m需要分段设置，低于或等于100m可按一个系统设置。

（4）动力系统：绝大部分类型的工业建筑都需要压缩空气，部分需要氮气和真空，为了将来建筑适应更多的工业类型，并减少后续施工过程中的修改和改造，在设计时须预留出空压机、氮气机、真空泵等动力设备用房，建议面积不低于总建筑面积的1%，另外高层工业建筑竖向较长，为了减少传输距离，可以将预留的动力设备用房在竖向分散预留。

（5）消防应急照明和火灾报警系统：建筑高度大于70m的高层厂房同样需要依据现行国家标准《建筑设计防火规范》GB 50016的要求设置消防应急照明和灯光疏散指示标志，其备用电源的连续供电时间不应小于1.5h，应设置火灾自动报警系统。为加强安全预防火灾隐患，非消防用电负荷配电回路应设置电气漏电火灾监控系统。

3. 消防楼电梯的设计规划

在高层工业建筑中，消防电梯是消防员快速到达火灾现场的重要通道。消防电梯应具有防火、防烟功能，且能够在火灾发生时保持正常运行。电梯前室应设置灭火设施，方便消防员在紧急情况下使用。

在"工业上楼"的消防规划中，消防楼梯和消防电梯的设计前，必须通过模拟分析周围环境在发生大规模火灾时对建筑物的冲击荷载和性质，以此确定必要的缓冲距离和安全防火边界。科学地确定防火间距是确保在火灾情况下，火势不会迅速蔓延到相邻建筑物的重要措施。同时，消防楼梯和消防电梯的规划还应考虑适当增加疏散通道的宽度及数量，以便于在紧急情况下，人员能够通过多种逃生途径快速安全地疏散。消防车道的设计应考虑用地环境的特点，严格遵循国家及当地的规章制度，通过环形的方法和路线设置，确保消防车辆能够迅速到达并有效开展救援活动。

电梯以及管道的竖向井道还应该设置于主体建筑之外，方便管道线缆的及时维修和保养，同时也便于火情发生时有效地疏散人群和保持通风顺畅。

4. 标准层水平面布置的疏散设计

消防安全因素是高层厂房标准层平面构成的重要因素之一。考虑到高标准厂房的标准层的平面尺度通常情况下都是在2000~4000m²/层。如果面积过小，那么一个单位就会占用几层，垂直运输就会过多，每层的疏散就会非常不便。

5. 标准层的服务空间疏散设计

对标准层平面而言，其服务空间布置的核心是实现对这一高层厂房的上下层空间中的人和物的传递、运送，厕卫设置，以及通风排气等的井道与空间的控制。在进行具体布置时，可以将这些井道和空间集中到一处。

紧急疏散和逃生路径规划是确保在发生火灾时人员能够安全、迅速疏散的关键。设计时要预留足够数量的疏散出口，还要考虑出口的分布位置，确保无论火灾发生在建筑物的哪个部分，都能有安全的逃生路径可供选择。

6. 水平疏散走道的设置

疏散走道是建筑疏散时，人员从房间内至房门口，或从房门口至疏散楼梯间或防烟前室或合用前室或外部出口的全过程所经过的走道就称为疏散走道。在火灾情况下，人员要从房间等部位向外疏散，首先要经过疏散走道，其防火管理中的一般设置重点为：走道要简明直接，尽量避免弯曲，尤其不要往返转折，因此不能在走道内设置文件柜、衣柜等物品，而给疏散造成阻力和产生不安全感。疏散走道内不要人为设门（防火分区的门除外）、台阶、门垛、管道等，以免影响疏散。

7. 垂直方向疏散系统

该系统主要包含下列几个组成部分：

（1）楼梯疏散系统—类建筑与高度超过 33m 的建筑，要布置防烟楼梯；二类建筑应根据设计方案的实际要求，设置封闭或者敞开式的楼梯间。高层建筑以及裙房还应该布置独立的楼梯间，避免两侧人员疏散存在相互干扰的情况，以保障人员的安全性。

（2）避难层系统。按照目前我国的防火设计标准与规范，其中规定在 100m 以上的高层建筑，应布置专用的人员疏散避难层，每 15 层都要设置一个避难层，加强对人员的保护。通常来说，应该将避难层利用防烟楼梯间隔进行分隔、交错设置，而避难层并不是唯一通道，其他的通道依然可以进行人员的上下疏散。

高层建筑疏散的时间较长，通常在 1～2h。为了使得人员安全性得到保护，避免火势的进一步蔓延，通常会在楼内布置多个避难区。消防人员可以通过避难层展开救援，楼梯内部的第一个避难层的楼面到救援现场的距离应该在 50m 以内，通常间隔 12～15 层设置一个避难区，两个避难层间距在 50m 以内，面积按照 5 人 /m^2 设置，从而保证人员可以进入避难层，且具备照明、排烟等设施，达到安全性的要求。

目前，我国使用的避难层根据围护的结构形式分为以下类型：

1）敞开式避难层。周边没有设置任何的围护结构，就是敞开式的避难层，通常将其设置在顶层或者平屋顶上，结构比较简单，成本比较低，但是防御能力较差，无法阻隔烟雾进入，也不能遮风挡雨。

2）半敞开式避难层。周边有高度在 1.2m 以上的防护墙，上部设置窗户以及固定的金属百叶窗，通风性能比较好，能够自然排烟，还能预防烟气入侵到内部，但是该避难层不适用于北方地区，在寒冷的情况下难以达到应有的效果。

3）封闭式避难层（间）。周边设置有防火墙的结构，并且有独立运行的排烟系统，外墙以及隔墙通常不开启窗户。如果需要开窗，则应用甲级防火门窗。该类型的避难层可以有效地阻隔烟雾侵入，并且内部温度适宜，气候条件干扰较小。

8. 应急照明与疏散指示标志

在建筑物发生火灾时，正常电源的切断会导致环境陷入黑暗，增加人员疏散的困难，甚至引发恐慌和混乱。因此，火灾应急照明和疏散指示标志成为确保人员安全疏散的重要设施。这些系统必须实现两路供电或双回路供电，包括日常使用的电源和紧急情况下的备用电源，后者可以是自备发电机组或蓄电池提供的。为保障足够的照明时间，紧急备用电源的供电时间应不少于20min，对于高度超过100m的高层建筑，则不应少于30min。应急照明系统需要能够在常用电源断开时自动切换至备用电源，并在常用电源恢复时自动切断备用电源，以确保连续性和可靠性的照明供应。

12.2.6 工业标准厂房消防安全管理工作相关策略

1. 组织开展消防安全知识教育

工业建筑的所有部门需要对建筑内的员工进行全面的消防安全知识教育，包括组织各种培训并确保员工获得相应的职业资格证书，同时增强他们的消防安全意识和素质。产业园内建立健全的消防安全管理制度，包括明确消防法规、人员配置、分工与责任等，确立消防安全的主体责任，加强安全操作规程的制定，保证消防设施的维护保养及防火安全措施的落实，同时消防部门应加强监管，确保工业厂房的安全管理制度和体系的完善性及其重要火灾防护措施的执行情况。

2. 定期排查厂房内的消防安全问题

在工业建筑工程建设阶段，设计部门应首先参照建筑自身的使用功能，进行全面消防安全评估和科学、合规的消防设计，并提交给相关部门进行审核、登记；施工部门在施工阶段对与相关规范工程设计不符的地方及时整改；建设单位在验收过程中发现不合格情况时，要坚决禁止其施工或投入使用。

针对工业厂房的设备材料等进行消防安全问题排查工作或者针对现有的设施设备，需要进一步增加消防安全问题的排查力度，比如防火墙、灭火器等，检查其是否按照规定设计，又或者是否在使用期限内。在一些如空气不流通或者消防安全风险高发空间的特殊作业场所中，需要相关工作人员提高排查的力度，做到防患于未然，避免出现火灾风险。

3. 建立健全消防安全管理制度

消防法规的设立可以具体到工业厂房等建筑类别。然后在人员配置方面要求一定数量的专业人员或设立专门机构，还可以明确分工与责任，落实安全主体及主要责任人。单位应当确立消防安全的主体责任,并建立完善的组织管理体系。同时,加强安全操作规程的制定,确保消防设施的维护保养制度和关键部位的防火安全措施得以落实。消防部门也应该落实监管责任,掌握责任区域内的消防安全基本情况,了解不同工业厂房的安全管理制度和体系是否完善。

4. 开展消防安全演练

工业厂房在生产过程中应该每半年开展一次消防培训,集合所有员工进行集中培训及火灾消防演练。并结合员工身体和心理健康情况,针对性地进行逃生自救教育和防火常识教育。工业厂房应该不定期组织员工进行逃生演练、急救演练和消防安全演练,在其他时间应该制定好科学的应急方案。

5. 针对消防设备的管理及维护

企业在使用工业厂房时,应该按照相关规定加强消防设备的管理与维护。在具备条件的工业厂房中,考虑增加消防水池的容积,或者在靠近天然水源的位置设置取水码头,以确保水源的充足供应。针对采用钢结构的高层工业厂房,则应该引导职工学习防火知识,并发挥各个消防站基层消防宣传阵地的作用,科学进行消防设备的管理与维护。

6. 严格开展火灾危险定性与申报手续

进行火灾危险定性的过程中,应采取科学、准确的方法,包括对厂房的物理性质、生产工艺和材料特性进行详细调查及研究,以确定潜在的火灾危险源和可能的火灾风险。基于火灾发生的原因和可能的结果,对火灾进行准确定性和概率性的评估,选择合适的火灾危险等级。其次,开展火灾危险定性的申报手续需要建立规范的程序和机制。在申报手续中,应准确地描述火灾危险源和风险等级,提交相关的技术资料和数据支持。

7. 加强消防安全管理信息化建设,完善火灾监控系统

企业须建立一个综合的消防安全管理信息化系统,整合消防安全管理任务到一个数字化平台上以促进信息共享和数据分析,通过网络连接各部门和站点,利用人工智能技术分析和预测数据,提升消防安全的预防性和主动性。企业应配置高级的消防设施和设备监控系统,采用传感器等现代技术实现实时监控和预警,及时发现并处理异常情况,防止事故发生。同时建立应急预案的信息化系统,包括应急预案管理平台和应急调度系统等,支持紧急情况下的快速响应和有效决策。

12.3 "工业上楼"消防的发展方向

随着人工智能和物联网技术的发展,未来将看到更多智能化的消防系统被开发和部署,这些系统能够实现更加精确的火灾检测、预警和自动响应。"工业上楼"消防规划的

未来发展趋势将更加侧重于利用新技术和新材料来提升消防安全性能。例如，采用高性能防火材料和结构，以减少火灾蔓延速度和烟气产生等。"工业上楼"消防特点发展顺应数字化趋势，结合物联网，数据驱动与智能系统等方面不断发展，并逐渐在实际工程中应用。

12.3.1 火灾预警系统

在"工业上楼"（高层工业建筑）中，火灾预警系统可以借助数据采集、分析技术，实现对火灾风险的早期预警，从而提高整体的消防安全管理效率。

1. 传感器的高效部署

在高层工业建筑的关键位置部署烟雾、温度和气体传感器，使火灾预警系统能够对这些多层次和复杂的环境进行实时监控。特别是在电气室、生产区域以及储藏区等高危区域，传感器的监控能够迅速侦测到火灾风险并发出预警。

2. 自动触发报警的精准性

对于高层工业建筑来说，系统能够在火灾风险超出预设阈值时自动触发报警，及时通知建筑内的所有相关人员，并迅速采取应急疏散及灭火行动。

3. 针对"工业上楼"的火灾检测准确性

通过应用智能消防技术，利用最新的传感器与数据分析技术，提高了工业建筑中的火灾预警系统的火灾监测准确性。在高层工业建筑中，系统的高度准确性可以有效避免误报和漏报，确保能够及时且准确地作出响应。

4. 降低"工业上楼"火灾事故损失

及时的火灾预警可以迅速采取行动以控制火势，能够有效防止火势在高层建筑中的蔓延，降低火灾带来的损失。在工业高层建筑这种结构复杂且人员密集的环境下工业高层建筑中火灾预警系统所提供的实时监控与报警功能，提升了火灾风险管理的时效性与准确性。这一系统还向消防部门提供了丰富的数据资源，帮助他们深入分析火灾的原因、发生频次及区域分布，从而制订出更为针对性的预防措施和优化资源配置策略。

12.3.2 智能化监控与报警系统

在高层工业建筑的消防安全管理中，智能化监控与报警系统实现了对高层建筑复杂环境的全方位的实时监控，关键覆盖生产区域、储存区、电气室及消防通道等重点部位，保障在夜间或能见度低的情况下也能持续清晰地监控。一旦检测到火灾或其他紧急情形，系统会立即启动报警，通过声音、光闪和手机短信等多元化方式迅速传达警报，提供包括报警时间、地点和类型在内的关键信息，确保快速反应和有效疏散。为应对高层工业建筑的复杂性，系统融合了多种监测技术如视频监控、红外感应及温度和气体传感器等，实现对各类情况的精确监测和即时响应，大幅提升了火灾及其他突发事件检测的准确率，为消防人员及时处理提供了坚实的信息支撑。

监控与报警系统实现了全面实时监控，同时支持远程监控与控制，让消防人员和管理者能够通过移动设备随时查看监控画面并执行远程操作。系统对火灾易发区域和关键消防设施区域实行了特别加强的监控，通过提高监控设备的部署密度和范围，提升火灾预警效果和火灾防控的技术支持，有效减少火灾风险。

12.3.3 数据驱动的消防安全管理

在高层工业建筑中，数据驱动的消防安全管理策略通过集成传感器、监控设备和数据库技术，实现了从数据收集、存储到分析、预测、警报、决策支持及风险评估的全面应用。这套系统实时收集关键信息，包括火灾历史、灭火资源、人员疏散情况以及消防设备状态等，为消防安全管理提供了坚实的数据基础。利用先进的统计学方法和机器学习算法，对大量数据进行深度分析和挖掘，揭示火灾的发生规律和趋势，从而帮助消防部门科学制定管理策略，优化资源配置，降低火灾发生的可能性及其可能导致的损失。

应增强消防部门、建筑管理方和其他相关单位之间的沟通与协作，建立一个协同应对火灾的有效网络。这种机制可以实现快速有效的火灾响应，通过自动触发的警报系统，根据预设规则及时发出警报和提醒，确保关键人员能第一时间内掌握火情并采取紧急措施以尽可能减少损失。决策支持功能应通过提供实时更新的数据和可视化图表，助力消防部门快速了解火场情况，有效调配救援资源，制定出合理的应急响应计划。

12.3.4 智能消防系统的部署

随着科技的进步，智能消防系统成为"工业上楼"消防规划中不可或缺的一部分。智能消防系统包括烟感器、自动喷水灭火系统、紧急照明和指示系统，以及通过人工智能（AI）技术优化的火灾监测和预警系统。在设计阶段，要确保这些智能消防设备能够在火灾发生时合理且有效地运作，例如，烟感器和自动喷水灭火系统的布局应根据"工业上楼"内部的具体生产和存储流程进行优化，以确保在火灾初期能够迅速发现并控制火势。

传统的高层建筑中的报警系统主要包含人工报警与自动报警两种。人工报警是通过人员拨打电话或者按下按钮的方式，这种方式在火情紧急的情况下难以发挥作用。自动报警主要是通过先进的传感器设备进行报警，比如感烟探测器是在火灾发生后烟雾探测后发出警报，而感烟传感器是在火灾发生后温度变化而发出警报，发布比较及时。当火灾发生后，这些系统会给消防控制中心发出警告信息，可以达到防火的目的。通常来说，将该装置安装在首层和消防车道附近，与外部联系更加紧密。根据目前的高层建筑设计需要，还会设置防火门与耐火墙。

1. 智能灭火装备及其应用

智能灭火装备整合了先进的传感技术，可以自动检测并定位火源，有效缩短了火灾的发现时间，并为灭火操作提供准确的信息支持。同时，通过通信技术和数据传输，智能灭火系统能够及时调度灭火资源，根据火情的变化进行适应性部署。

在智能灭火装备的范畴内，自动化设备的应用提升了灭火操作的灵活性和效率。自动化设备可以进入人员难以到达的高温或有毒环境中执行灭火任务，有效减少消防员的风险。通过配合可穿戴设备和远程操控技术，自动化设备在灭火行动中能够实现实时监控和控制。智能灭火装备通过自动检测火源、实时调度灭火资源和精确执行灭火任务的集成应用，有效提升了灭火作业的效率和安全性。

2. 水幕系统

在"工业上楼"建筑中，生产设备通常需要重大的资金投入，并在生产过程中起主导作用。这些设备价值高，对环境条件有严格要求，而且一些精密仪器设备对水的敏感性较高。遭遇水浸可能会导致设备损坏，甚至报废，为企业造成经济损失。因此，设计消防系统时，需要同时考虑灭火的效率与速度和对敏感设备的保护。

水幕系统通过在设备周围形成一层水幕隔离带，在不将水直接喷洒到设备上的同时，有效地隔绝火焰和高温，保护设备避免火灾直接损害。水幕的冷却效果还有助于降低周围环境温度，减轻火灾热辐射对设备的影响。同时，水幕系统具有隔离效果。火灾发生时，系统能迅速形成一道水墙，有效防止火势向相邻生产区域蔓延。其隔离功能不仅限于火焰，还能阻挡烟雾和有害气体，为消防人员赢得灭火和疏散的时间，同时尽可能减少对生产设备的间接损害。因此，在装备有高价值且对水敏感的生产设备的"工业上楼"建筑中，水幕系统既是一种有效的灭火手段，也是保护设备的重要策略。

3. 其他新型装置

面对现代建筑趋向大型化、多功能化和高层化的发展趋势，建筑内部结构的复杂性和高人员密度使得紧急情况下（如火灾或恐怖袭击）的人员疏散变得更加困难。在这种情况下，仅依靠疏散楼梯和消防电梯等传统疏散通道可能无法达到理想的疏散效果。"工业上楼"建筑需要灵活考虑逃生技术与装置应用，提高疏散效率，以下案例介绍一种适用于复杂多层和高层建筑的机械疏散一体窗，如图 12-8 所示，为紧急情况下的室内人员提供了一个安全可靠、易于操作的新逃生路径。

该装置可以迅速帮助人员疏散到相邻的安全楼层，或者直接从窗口疏散到地面，从而快速避开火灾等紧急情况。该疏散窗设计简洁、成本低廉、易于实现，同时不影响建筑外观的采光和通风效果。在平时，它可以作为窗框的一部分，兼具建筑装饰功能。

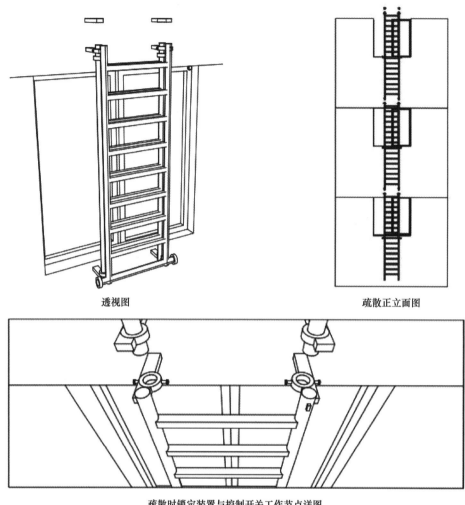

透视图　　　　　　疏散正立面图

疏散时锁定装置与控制开关工作节点详图

图 12-8　机械疏散一体窗示意图

➲ 本章参考文献

[1] 张波. 高标准多层物流仓库消防设计探讨 [J]. 消防界（电子版），2016，(05)：48-49.

[2] 李涛. 高层建筑消防给水系统优化设计 [D]. 合肥：安徽建筑大学，2018.

[3] 任艳楠，毕金全. 高层工业厂房内消防负荷等级判定研究 [J]. 建筑电气，2021，40 (07)：61-63.

[4] 黄文诺. 高层写字楼火灾模拟及消防设施与人员疏散优化研究 [D]. 湘潭：湖南科技大学，2022.

[5] 赵新宇. 高层公共建筑消防韧性评估 [D]. 唐山：华北理工大学，2022.

[6] 石宝明. 高层乙类厂房室内消防工程的设计实例 [J]. 化工管理，2020，(25)：183-184.

[7] 孙城. 网格化在消防安全管理中的应用研究 [J]. 今日消防，2023，8 (12)：92-95.

[8] 杨鹏. 简谈工业厂区给排水及消防系统设计 [J]. 大众标准化，2020，(23)：64-65.

[9] 明金阳，曾现磊，张静园. 硅基六英寸半导体厂房给排水及消防水系统设计实例 [J]. 给水排水，

2022，58（增2）：354-358.

[10] 王竟萱. 电子洁净工业厂房建筑消防设计分析[J]. 工程建设与设计，2023，(12)：43-45.

[11] 赵明，陈浩浩. 消防安全管理中智慧消防技术的具体应用分析[J]. 数字技术与应用，2024，42（01）：128-130.

[12] 刘道俊. 消防安全管理与企业可持续发展的协同机制研究[J]. 今日消防，2023，8（12）：82-85.

[13] 刘丙亮. 浅谈工业建筑中的水暖消防设计[C]//中冶建筑研究总院有限公司. 2021年工业建筑学术交流会论文集（下册）. 中冶京诚工程技术有限公司，2021：4.

[14] 贾凤伟. 某高层建筑消防系统分析及设计[D]. 北京：北京建筑大学，2018.

[15] 赵莉. 旧工业厂房改造的消防安全及疏散设计策略研究[D]. 上海：上海应用技术大学，2019.

[16] 范思雨，赵诗乐，余兵，等. 放射性厂房消防设计——以某核电厂放射性机修厂房为例[J]. 给水排水，2020，56（增1）：61-63+67.

[17] 彭海进. 探讨多层建筑消防设计[J]. 江西建材，2022，(11)：174-175+180.

[18] 刘颂辉. 打造联合应急指挥体系新形态迪马工业超大型多级扩展智能指挥车亮相中国消防展[N]. 中国经营报，2021-10-18.

[19] 张喜冬. 工业建筑给排水及消防系统设计要点分析[J]. 房地产世界，2020，(24)：47-49.

[20] 贾佳敏. 工业建筑消防安全管理的问题及对策[J]. 江苏建材，2023，(02)：142-143.

[21] 李书恒，邓景顺，寇安. 工业厂房给排水与消防设施设计要点研究[J]. 工程建设与设计，2022，(22)：11-13.

[22] 林晨. 工业厂房消防安全管理存在的隐患及防火对策[J]. 消防界（电子版），2021，7（20）：102+104.

[23] 杜嘉婧. 工业厂房内消防疏散指示系统设计研究[D]. 上海：东华大学，2020.

[24] 李志汉. 关于工业厂房消防安全管理中的问题及解决策略探析[J]. 大众标准化，2023，(19)：74-76.

[25] 赵唐斌. 关于做好工业标准厂房消防安全管理工作的思考[J]. 消防界（电子版），2023，9（12）：12-14.

[26] 李文娟. 医药工业洁净厂房的火灾危险性分析及建筑防火设计[J]. 科技情报开发与经济，2010，20（02）：227-228.

[27] 颜炜. 医药工业洁净厂房的火灾危险性分析及消防安全总结[J]. 广东科技，2013，22（08）：205-206.

第13章 "工业上楼"案例简析

⊃ 13.1 松湖智谷

13.1.1 项目概况

松湖智谷位于广东省东莞市,是一个集科技创新与生态宜居于一体的产城融合"工业上楼"示范项目。项目利用其在粤港澳大湾区的地理优势,日渐成为该地区高新技术企业的孵化基地,推动地区经济的快速发展。松湖智谷项目覆盖了大约 10 万 m^2 的面积,现建成总面积达 70 万 m^2,最早已于 2020 年 9 月投入使用,目前部分区域正在陆续建设与开放(图 13-1)。

图 13-1 松湖智谷效果图

松湖智谷项目旨在通过高度集成的规划和设计,创造一个多功能、高效的现代产业园区。该项目是一项集产城融合和"工业上楼"理念于一体的创新型产业园区建设案例,代表了现代园区发展的新趋势项目通过先进的设计和规划,展示了在有限的城市空间中实现高效、可持续发展的典型案例(图 13-2)。

项目的核心特色包括各个层面,从物理空间规划到场所文化符号等,从很多方面都打破了以往设计产业园的传

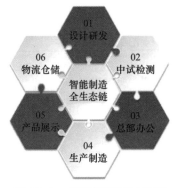

图 13-2 松湖智谷园区功能

统设计思路,颇具代表性的设计亮点包括其全面的交通规划、开放空间设计、多功能组合空间等。其中交通规划为应对高强度的交通需求,采用了总量大、功能复合和立体化的设计理念。通过多平台功能梳理和人车分流系统,松湖智谷有效管理了密集的人流和车流,确保了园区内部的交通流畅和安全。综合性的交通设计不仅考虑了实用性,也兼顾了环境的可持续性。

在开放空间设计方面,松湖智谷强调了互动与体验的去中心化,创造了优化的空间利用和美学融合。通过紧凑和密集的布局,设计师最大限度地利用了有限空间,同时维持了空间的通透性和开放性。工业大厦的灵活设计提供了空间上的高度可调节性和灵活分隔能力,既满足了工业生产的需求,也为未来的业务扩展或空间重组提供了可能。研发中心的设计则注重扩展性和视野,创造一个有利于创新和团队协作的环境。一站式服务中心和专业运营团队为园区内的企业提供全方位的服务,从政策服务到科技孵化器,一站式服务模式简化了企业寻找外部资源和服务的过程,提高了资源利用的效率和效果。

13.1.2 项目创新点

松湖智谷项目提升了城市空间的使用效率,也为城市的可持续发展提供了重要的借鉴。项目展示了如何通过创新的建筑设计和规划手段实现环境可持续性和美学价值的共融,为未来城市规划和产业园区建设提供了创新的思路和实践经验。

1. 功能复合

松湖智谷融合了多种功能区域,包括工业大厦、办公空间、商业中心、酒店和住宅区等。这种功能上的多样性使得交通需求极为复杂。工业区的物流需求与商业区的顾客流、办公区的通勤流的交通模式截然不同。有效地融合这些复合功能的交通流线,需要精心规划和设计(图13-3)。

园区多层交通　　　　　　　　　不同区域二层连廊

图13-3　松湖智谷多层交通

(1)交通立体化:松湖智谷的交通规划突出立体化设计,通过地下、地面和高架等多层次的交通网络，优化空间利用，同时缓解地面交通压力。立体化的交通网络允许不同层次的功能和流线得到有效分离和管理，大大提高了园区内交通的效率和安全性。人行和车行分流：在高密度的人流和车流环境下，松湖智谷采用了垂直分层的设计理念，实现人行和车行的有效分流。例如，地下层和地面层分别用于不同类型的交通流线，避免了不同流线间的冲突。

功能区域融合：项目的多功能区域设计要求交通规划须考虑各个区域间流线的有效连接，使工业区的货运通道与商业区的客流通道相互独立而高效。

（2）平台转换节点：在密集的开发环境中，不同功能区域的人流在不同层级之间转换。例如，将人行流线从地下商业区直接引导至地面的办公区或高架的休闲区，需要精心设计转换节点，这些节点不仅是交通流线的转换点，也是提升园区交通体验的关键。与周边交通系统的高效连接可以处理大规模的交通流量，以达到高效连接效果。

2. 空间开放设计分析

松湖智谷项目的开放空间设计通过强调互动性、美学、灵活性和情感影响，提高了空间的实用性和美观度，同时促进了社区成员间的积极互动，为居住和工作提供了优质的环境。

开放式园区设计的核心在于提升人际互动和生活体验的质量。通过创造透明和互动的环境，项目提高了社区成员之间的联系，也增强了对园区的整体认同感。设计理念强调用户体验，使园区成为一个活跃和充满活力的社区。人们在这样的环境中可以更自然地交流、合作，从而促进了创意和知识的共享。在开放空间的设计中，空间利用率的提高与美学的融合是关键考虑因素。通过紧凑和密集的布局，设计最大限度地利用有限的空间，同时保持空间的通透性和开放性。开放式设计还能增加自然光线的引入，提升整体的环境质量和视觉舒适度。

开放式园区的设计重点在于促进园区与其周边环境的融合和互动。这不仅涉及物理空间的设计，还包括了与周围自然和城市环境的和谐相处。通过灵活运用对景和借景的设计手法，园区能够更好地融入周围的自然景观，增强了空间的舒适性和吸引力。同时，设计支持园区内部的功能空间根据需求灵活调整，以适应不断变化的使用需求和条件。

开放式设计不仅关注物理空间的布局，还考虑到对人们情感和心理的影响。通过创造明亮、通风和宽敞的空间，能够激发人们的积极情绪，如活力、乐观和开放性。在这样的环境中，人们更容易感到满足和幸福，从而提高他们在园区内的生活和工作质量。

3. 多功能组合空间设计详细分析

松湖智谷项目的多功能组合空间设计通过其创新和人性化的设计理念，为工业、研发和居住提供了一个高效、灵活且充满活力的环境。

松湖智谷的工业大厦大多采用了一字形设计，其结构的优势在于其空间的高度可调节性和灵活分隔能力，为工业生产提供了必要的空间效率，同时也为未来可能的业务扩展或空间重组留出了余地。一字形结构在优化内部空间流动性的同时，也保持了外观的简洁和统一。

项目中对空间高度和层次的规划体现了对多功能空间的使用。首层较高的层高使得该区域可以容纳更多样的活动和设施，如展览空间或接待区，而标准层的合理层高则更适合办公和轻工业生产活动。层高的设计在满足功能性的同时，也为室内环境带来了更多的光照和通风（图13-4）。

图13-4 松湖智谷多功能空间

研发中心的设计突出其扩展性和良好的视野。开阔的楼距和高层高为研发活动提供了必要的空间灵活性，有利于创新和团队协作。同时，良好的视野也有助于激发创造力，为研究人员提供舒适的工作环境。

4. 智慧服务平台与一站式服务体系

松湖智谷的一站式服务体系通过提供全面、整合的服务和资源支持，为企业的成长和发展创造了良好的环境。服务模式增加了园区的吸引力，提高了企业的运营效率和市场竞争力，一站式服务中心和专业运营团队为园区内的企业提供全方位的服务。这些服务内容广泛，包括政策服务、人力资源服务、品牌建设服务、鹰眼服务、产业服务、科技服务、财税金融服务、定制服务以及科技孵化器等。全面的服务范围旨在支持企业的各个发展阶段，满足其不同的需求。同时一站式服务模式特别强调资源的聚合。通过收集和整合企业成长过程中所需的各种资源和要素，松湖智谷能够精确地为企业提供全生命周期的服务。

为了更有效实现企业全领域服务，松湖智谷利用了智慧服务平台。这个平台通过互联网连接各种服务和资源，提供了一个集中的、高效的服务接口。智慧化的服务模式使得服务更加快捷、方便，并能够根据企业需求进行快速调整。

5. 绿色建筑

松湖智谷项目采用了垂直绿化技术，绿色墙体既可用于室外也可用于室内环境。垂直绿化作为一种节约土地和开拓城市空间的有效手段，代表了建筑与绿化艺术的有机结合。通过将建筑物的空间潜能与绿色植物的多种效益相结合，垂直绿化不仅美化了建筑的外观，还提供了额外的环境效益，如空气净化和温度调节。通过在建筑物上实施垂直绿化，松湖智谷项目有效地节约了土地资源，同时在有限的城市空间中创造出更多的绿色区域（图13-5）。

在松湖智谷项目中，垂直绿化不仅是一种美化手段，也代表了一种创新的建筑设计理念。设计理念力求将建筑物的功能性与自然美感融为一体。垂直绿化的应用让建筑物不仅是人类活动的空间，还使其成为生态系统的一部分。设计方式改变了传统的建筑观念，强调建筑与自然环境的和谐共生。通过在建筑物表面种植绿色植物，项目实现了一种视觉上的和谐与自然美的共存，同时也提高了城市环境的整体质量。此外，垂直绿化还通过提供新的生态栖息地，增加了城市生物多样性。设计还具有改善空气质量的作用，植物能够吸收二氧化碳并释放氧气，从而有助于降低城市空气污染水平。

垂直绿化　　　　　　　　　　　　复式办公空间

图13-5　松湖智谷绿化与办公空间图

13.2 欧菲光·湾区科创中心

13.2.1 项目概况

欧菲光·湾区科创中心被定位为第五代产业园区。欧菲光作为国内精密光电薄膜元器件的制造商，凭借其自主知识产权的精密光电薄膜镀膜技术，在研发、生产和销售方面取得成就，符合第五代产业园区的龙头企业标准。

项目启动之初，该产业园区围绕绿色低碳发展和产城融合核心理念，创建了一个宜居、宜业、宜游的智慧型产业园。欧菲光·湾区科创中心以创新研发为主题，增大了研发空间的比例，从而推动工业科技 4.0 的进一步提升。研发空间的多样性和灵活性，以及为高科技人才提供的配套智慧公寓，都是该项目的亮点。

欧菲光·湾区科创中心基地位于东莞市滨海湾新区，紧邻深圳宝安沙井和珠江交椅湾，南望深圳著名的海上田园景区。基地地处广深沿江高速与外环高速交汇处，向东直连深圳宝安、光明及龙华区，西通东莞市及广州市，通过京港澳高速实现快速连接。位于深圳与广州之间的这一重要位置，在粤港澳大湾区的发展中凸显了其区域性战略优势，交通便捷，与深圳紧密相连。整个园区规划"产城一体化、工商同步化、配套社会化、生活家庭化"的发展模式。

在建筑及结构形式层面，本项目一期包含 4 栋大楼，内设一层地下室。其中 1 号厂房地上 13 层，建筑高度为 68.5m，首层至 3 层层高 8m，4 层层高 6m，其余标准层层高 4.5m，采用框架—剪力墙结构。2 号厂房地上 14 层，建筑高度为 69.5m，首层层高 8m，2 层和 3 层层高 6m，其余标准层层高 4.5m，采用框架—剪力墙结构。3 号研发设计楼地上 4 层，建筑高度为 19.5m，首层层高 6m，其余标准层层高 4.5m，采用框架结构。4 号研发设计楼地上 33 层，建筑高度为 141.6m，首层层高 6m，其余标准层层高 4.2m，采用框架—核心筒结构，为 B 级高度超限高层建筑工程。主要均布活荷载取值分别为：厂房首层 15kPa，厂房 2 层 10kPa，厂房其余层 8kPa；3 号研发楼首层 5kPa，4 号研发楼首层 8kPa，3、4 号研发楼其余层 2kPa（图 13-6）。

图 13-6 欧菲光·湾区中心效果图

13.2.2 项目创新点

1. 创新驱动发展的模式转变

欧菲光·湾区科创中心将研发置于核心地位，这是对传统产业发展模式的转变。在传统模式下，生产和制造往往是主导，而研发仅作为辅助。然而，欧菲光通过增大研发空间比例，明显地展示了对创新驱动战略的坚定实施。模式转变有助于促进技术创新和产品升级，实现长期可持续发展（图 13-7）。

| 人行流线 | 车行流线 | 货车流线 |

图 13-7 欧菲光·湾区中心流线图

2. 绿色可持续发展理念

欧菲光·湾区科创中心通过实施绿色建筑和节能技术，中心提高了自身的环境绩效，为整个行业树立了可持续发展的典范。作为一个第五代产业园区，欧菲光·湾区科创中心的设计充分考虑了智慧化的要素，不仅在生产和研发方面，也在日常生活服务中体现了智慧科技的应用。湾区科创中心的规划和建设特别关注于为高科技人才提供优质的工作和生活环境。通过提供多样化的研发空间和配套智慧公寓，提升了园区的吸引力，也是确保长期创新能力和竞争优势的关键。

13.3 信鸿湾区智谷

13.3.1 项目概况

湾区智谷项目，作为粤港澳大湾区核心区域的重要产业项目，承载着对区域发展和国家战略的深刻理解与响应。这个项目在设计上融合了国际经济形势的重大变化和时代的发展脉搏，展示了对产业园区设计理念的思考和长远规划（图 13-8）。

图 13-8 湾区智谷效果图

湾区智谷项目位于东莞市西南部,位于广州至东莞、深圳、香港等大中城市发展轴带的中间,珠三角经济圈的几何中心。这一地理优势使得项目具有重要的区域发展战略意义,成为连接这些主要城市的重要节点。项目所在的区域环境优美,临近东江南支流出海口与狮子洋交汇处,提供了丰富的自然资源和生态环境。其靠近广深高速出入口,仅需5min车程,这样的交通便利性极大地提升了项目的区域连通性和吸引力(图13-9)。

湾区智谷不仅致力于打造一个宜居、宜业、宜游的优质生活圈,而且力图成为高质量发展的典范。在这样的历史背景下,项目必然面临着产品升级换代的压力,同时也承担着引领区域经济发展的重要任务。

滨海湾新区卫星图

图13-9　湾区智谷卫星图

该项目的发展也支持了"工业上楼"新发展理念的贯彻实施,加快新动能的培育和创新驱动发展。该项目的设计和规划显示了团队对于当前国际和国内经济形势的敏锐洞察,以及对未来产业发展趋势的深刻把握。通过在松湖智谷基础上的再次创新,该项目有望成为引领区域发展和技术创新的重要平台。

本项目一期包含3栋塔楼,内设一层地下室。其中1~3号厂房地上13层,建筑高度为63.5m,首层层高8m,2层层高6m,其余标准层层高4.5m,均为框架—剪力墙结构;2号厂房与3号厂房之间,由单层的厂房连接,连接厂房高度为8m,采用框架结构;纯地下室层高约为3.9m,采用框架—剪力墙结构。主要均布活荷载取值分别为:厂房首层12kPa,厂房2层10kPa,厂房其余层8kPa(图13-10)。

俯拍效果图

鸟瞰效果图

图13-10　湾区智谷效果图

13.3.2 项目创新点

1. 生态环境的深度融合

湾区智谷项目在生态环境方面的创新体现在其对绿色建筑和生态规划的深度融合。项目在延续松湖智谷的生态绿化基础上，采用了垂直绿化和空中花园的设计理念，实现了与自然环境的和谐共生。垂直绿化作为一种节约空间和增强生态功能的策略，有效地提升了建筑物的美学价值和环境效益。同时，项目在后期运营和维护中对生态系统进行了精心管理，确保了生态设施的可持续性和效能。通过这些措施，湾区智谷项目不仅提升了区域的环境质量，也体现了对可持续城市发展的深刻理解和承诺，展现了现代城市中生态与建筑的完美结合。

2. 现代化建筑群的设计

湾区智谷项目在建筑设计方面采取了创新的方法，致力于打造一个安全、经济、高效、舒适、便利和灵活的现代化建筑群。设计理念集中体现了对功能需求和现代信息技术应用的紧密结合。项目通过采用最新的建筑技术和智能系统，实现了建筑物的高效能源管理、智能化控制和环境友好性。这些建筑在外观上呈现现代化和创新性，也在内部功能和空间利用上展现了高度的灵活性和效率。项目在确保安全和经济性的同时，也重视为园区内的工作者和访客提供舒适和便利的环境。现代化建筑群的设计提升了园区的整体形象，为企业和员工提供了一个高品质的工作和生活环境。

3. 区域发展战略的响应

作为粤港澳大湾区核心区域的重要组成部分，项目通过建设世界级城市群和国际科技创新中心，推动了区域内的经济发展和技术创新。此外，湾区智谷项目还有助于贯彻落实新发展理念，深入推进供给侧结构性改革，加快新动能的培育，实现创新驱动发展。项目还致力于深化改革和扩大开放，为建立与国际接轨的开放型经济新体制，打造高水平参与国际经济合作的新平台作出了贡献。

湾区智谷项目的发展目标在于打造一个前景广阔、发展强劲的产业基地。通过打造这样一个产业基地，湾区智谷项目旨在吸引各种高新技术企业和专业人才，进而推动区域内的经济增长和产业升级。项目的设计理念和发展目标展现了对未来城市发展趋势的深刻理解，致力于在提供优质商业和生产空间的同时，也创造一个有利于居民生活和休闲的环境。

4. 商业活力的创新策略

湾区智谷项目在商业活力方面采取创新策略，力图吸引园区内外的人流。项目在商业设计方面不仅依靠园区内部消费的传统模式，而是着眼于如何吸引周边区域的人流进入园区，以激活商业活力。为此，项目在前期方案构思中考虑了不同阶段的设计理念，并与甲方、室内设计、景观设计、幕墙等专业团队进行深入的思维碰撞和方案磨合。对商业空间创新思考的策略，有助于提升园区的商业效益，也为园区内的企业和居民提供了更加丰富和多样的生活体验（图13-11）。

图13-11 湾区智谷中心流线图

⊃ 13.4 力合科创（双清）创新基地

13.4.1 项目概况

力合科创（双清）创新基地二期位于东莞市清溪镇，总建筑面积194987m²，用地范围分为3块宗地，中间被已建一期建筑分隔，两条规划路穿行其中，一期建筑功能主要为研发办公和宿舍，二期主要为新兴产业用房及配套。

项目地块南临香山路及山体公园，景观视野良好，地块之间规划有两条市政路，交通便利。未来将成为包括产业研发办公、居住、商业及城市对话平台、公园绿化为一体的产城融合的科技创新中心、国际一流的生态产业区。设计中每块地都做足覆盖率，将厂房首层价值最大化。通过在地面解决尽可能多的停车位需求，减少地下开挖，控制厂房单方造价，立面标准化等措施实现了成本的最优化（图13-12）。

项目从城市设计的角度，采用中轴线对称布局。整体规划采用"一轴一带、三点五区"的规划结构。"一轴"为中轴线视线通廊，根据设计条件，该范围不能设建筑。以中轴视线通廊为核心，形成南有山体北有水系的空间轴线。"一带"为沿着周边城市道路设置休闲景观带，让园区与城市绿化实现相互渗透和融合。"三点"为三个点状生活配套服务区，主要功能为宿舍、商业、餐饮等。配套设施均匀分布，服务半径合理，且与生产区分区管理。"五区"为两个研发办公区，三个生产制造区，分别规划8栋研发办公楼以及8栋高端厂房（图13-13）。

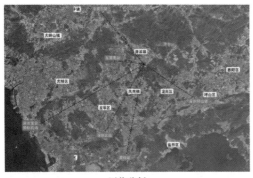

| 区位分析 | 周边交通 |

图 13-12　区位和交通分析

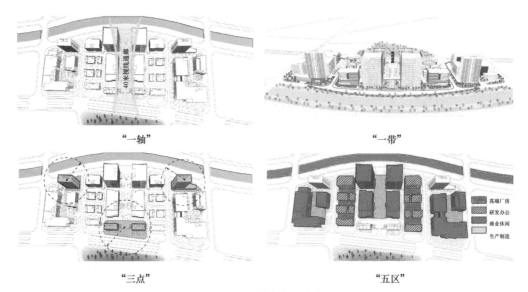

图 13-13　中轴线对称布局

建筑整体呈现南高北低的态势，屋顶设计绿化休闲设施，为园区提供活动场地的同时也丰富了城市第五立面，形成南侧山体、北侧水系、中轴线植被、屋顶休闲绿化、节点广场、建筑高低错落等多层次、多维度城市空间形象（图 13-14）。

高低错落的建筑界面

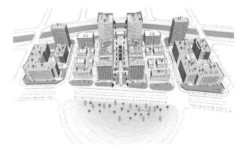

园区绿化

图 13-14　园区界面与绿化图

13.4.2 项目创新点

1. 充满活力的园区空间

方案设计综合考虑园区与城市空间关系，景观设计重点在于对各个路口节点空间广场的打造，以达到对城市空间友好的景观形象，相互渗透、衔接与融合。

园区以生产制造业为主，交通场地需求大，为尽可能打造良好的景观环境及活动空间，设计充分发挥建筑的第五立面，利用屋顶平台设置体育活动场地，满足园区娱乐休闲与健身运动的需求，同时尽可能扩大配套宿舍前广场空间，采用绿荫、景观导流等方式组织园区慢行系统，旨在打造快乐生产和生活的社区模式。

利用3号地块40m的视线通廊，项目打造了一个中心公园，以为园区使用者提供积极的室外交往空间。人们可以在此休息、交流、慢跑等，从而创造一种充满活力、共存共生、欣欣向荣的企业工作环境。

2. 建筑立面肌理

建筑立面设计概念来源于电子信息产业中的集成电路芯片，模仿布线的肌理，简洁而富有科技感。充满时代感的线条为肌理，强化了科技园区的空间氛围，整体规整大气（图13-15）。

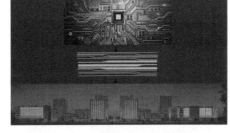

图13-15 集成电路芯片布线肌理

立面通过大胆采用看似简单的黑白线条，结合局部增加的金属构件等细节，赋予其律动的表皮，形成建筑独有的立面特征。外墙采用窗墙系统，避免使用幕墙，节约成本，并尽量降低窗墙比，通过细部设计提升建筑品质（图13-16）。

图13-16 立面效果图

3. 灵活多变的产品组合

为了平衡容积率与产业用房的生产需求，规划中将货车及卸货场地集中设置，用满建筑密度，打造高密度、低楼层的工业厂房产品。同时北侧临河区域及南侧临山区域设置生活配套的公寓与宿舍，打造宜居的生活环境。厂房平面布局规整，可以做到独梯入户和客货分离，生产单元划分方式灵活方便，可满足不同生产模式的企业灵活选择（图 13-17）。

图 13-17 平面功能示意图

⇨ 13.5 惠城高盛智谷

13.5.1 项目概况

惠州高盛智谷项目，定位为高科技产业园区，位于中国广东省惠州市，紧邻深圳，占据了地理上的优势。该项目的开发旨在响应粤港澳大湾区战略，促进惠州市的产业升级和经济发展。作为一个重要的区域发展项目，高盛智谷集中体现了现代化城市规划和先进的产业布局。

高盛智谷项目位于惠州市惠城区工业大道，是粤港澳大湾区核心的产业园区。项目占地约 25 万余 m^2，一期总建筑面积约 24 万 m^2，以 M1 一类工业用地为主，拥有 50 年国土红本产权。该项目的厂房面积灵活，可从 1000～1 万 m^2 自由组合，适应不同企业的需求。产业定位涵盖电子信息、智能制造、新能源和新材料等高新技术产业。

本项目一期包括 1～8 号工业生产厂房（丙二类），1 层厂房层高 8m、均布活荷载标准值为 20kPa，2、3 层厂房层高 6m、均布活荷载标准值为 10kPa，4 层以上厂房层高 4.5m、均布活荷载标准值为 8kPa，其中 1、2 号厂房采用框架—剪力墙结构，3～8 号厂房采用框架结构。二期包括 1～4 号生产厂房，均采用框架—剪力墙结构，厂房均布活荷载标准值为：1 层厂房层高 8m、均布活荷载标准值为 20kPa，2 层厂房层高 6m、均布活荷载标准值为 10kPa，3 层以上厂房层高 4.5m、均布活荷载标准值为 8kPa（图 13-18）。

项目重点在于构建一个集高端制造业、科技研发以及软件开发为一体的综合产业生态。这一生态不仅涵盖了传统的制造业，也包括了新兴的高科技领域，如智能制造、电子信息技术、新能源和环保技术等。通过引入这些高增值产业，高盛智谷计划将惠州市打造成为大湾区内的一个重要的科技创新中心。

图 13-18 高盛智谷设计概念图

高盛智谷的地理位置优越，紧邻 1 号公路，距离惠霞高速出口仅 200m，连接深圳、广州等主要城市。项目通过惠州北站，18min 可达深圳北站，35min 抵达广州，展现其在区域交通网络中的重要地位。此外，平潭机场的存在使得项目与全国各主要城市连接更为便捷。

高盛智谷的建筑设计突出现代感与实用性。项目注重绿化与生态，绿化率达到 20%，提供宜人的工作环境。外墙采用玻璃幕墙和退台式空中露台，顶层绿化，为工业厂房带来创新的视觉形象。建筑层高灵活，首层 8m，2～3 层 6m，4 层以上为 4.5m，满足不同产业的空间需求（图 13-19）。

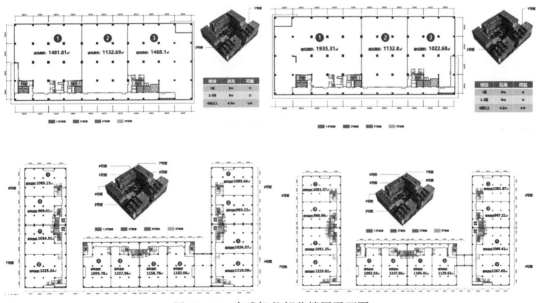

图 13-19 高盛智谷部分楼层平面图

13.5.2 项目创新点

园区内将设立一站式产业服务中心，为企业提供从生产到生活的全方位服务。项目还包括政策申报与解读、市场对接等增值服务，以及产业基金、产业研究院、专家智库等专业服务，旨在打造产业共赢生态圈。高盛智谷周边配备完善的城市生活设施，如优质教育资源、高端酒店、花园住宅、商业综合体及大型医疗机构，确保园区精英能享受高品质的都市生活。

该项目还注重于基础设施的完善和公共服务的提升。计划中的现代化交通网络，包括高铁、城际铁路和城市轨道交通，将极大地提升惠州市的区域连通性，促进城市与城市之间的经济和技术交流。项目还包括对教育、医疗和商业等公共服务设施的建设和改善，以支持高技术人才的吸引和留存，为产业园区提供必要的人力资源支持（图13-20）。

图 13-20　高盛智谷效果图

该项目标志着惠州市产业结构的转型，也是其融入区域经济并提升竞争力的关键步骤，项目通过引入和发展高端制造业、科技研发和新兴技术领域，展示了对传统产业结构的深度调整和优化。特别是在智能制造和电子信息技术领域，项目通过创新产业结构，促进惠州市成为区域内的技术创新中心。

高盛智谷项目在交通基础设施方面采取了先进的规划和建设策略。通过高铁、城际铁路和城市轨道交通等现代化交通网络，项目不仅提高了惠州市与周边城市的互联互通，也为区域经济的一体化发展提供了强有力的支撑。这些设施的优化旨在吸引和留住高技术人才，为产业园区的持续发展提供了坚实的人才基础。项目的规划和实施紧密结合粤港澳大湾区的整体发展战略，展现了对区域经济协同发展的深刻理解。高盛智谷通过与深圳、广州等城市的产业互补和错位发展，助力惠州市在大湾区的战略定位和区域经济中发挥更加重要的角色。